„DIE BESTEN

IDEEN KOMMEN

VON GOTT"

Joe Pytka, Werbefilmregisseur

MAX WERBE JAHRBUCH 1994

IMPRESSUM

Herausgeber
Dirk Manthey

Chefredakteur
Willy Loderhose

Autor/Reportagen
Hermann Vaske

Art Director
Julia Wagner

Autoren
Dr. Klaus Brandmeyer, Elke Gürlich,
John Kubicek, Tomas F. Lansky, Akif Pirinçci

Redaktion
Thomas Leidig, Volker Hummel

Mitarbeit
Mirco Keilberth, Markus Lehmann

Fotos
Thomas Leidig, Archiv Max,
Archiv TV-Spielfilm, dpa, AD-Bank,
Michael Llewellyn

Art Consultant
Helmut Kruse

Konzept/Idee
Willy Loderhose; Andrea Rink; Andreas Wrede;
Krabiell & Liedtke Werbeagentur GmbH

Titel
Krabiell & Liedtke Werbeagentur GmbH,
Van-der-Smissen-Str.2, 22767 Hamburg

Titelvorlage
meiré & meiré new communication gmbh,
Klosterhof, 82549 Königsdorf

Herstellung
Gaby Milchers

Reproduktion
Dreisatz GmbH
Mittelweg 22-24, 20148 Hamburg

Litho Partner GmbH
Kornkamp 46b, 22926 Ahrensburg

Druck
Laursens Bogtrykkeri A/S
Nørremarksvej 84, DK-6270 Tønder

Verlagsleitung
Jonas Kliemke

Objektleitung
Andrea Blessing

Vertriebsleitung
Lutz Zimmermann

Marketing
Frauke Eckert (Ltg.), Christiane Liesenfeld

Verantwortlich für den redaktionellen Inhalt:
Willy Loderhose

Verlag
Max Verlag GmbH & Co. KG
Verlags- und Redaktionsanschrift:
Milchstr. 1, 20148 Hamburg,
Telefon 040/44198-0, Telefax 040/458519

© Copyright für alle Beiträge bei der
MAX Verlag GmbH & Co. KG.
Alle Rechte vorbehalten. Vollständige oder
auszugsweise Reproduktion gleich in welcher Form
(Fotokopie, Mikrofilm, elektronische Datenverarbeitung
oder durch andere Verfahren), Vervielfältigung,
Weitergabe von Vervielfältigungen nur mit
schriftlicher Genehmigung des Verlages. Für unverlangt
eingesandte Manuskripte, Fotos und Zeichnungen
wird keine Haftung übernommen.
Gerichtsstand ist Hamburg.

ISBN 3-928479-10-5
1. Auflage 1994

[edɪˈtɔːrɪəl]

"It's Only Advertising":
Willy Loderhose,
Hermann Vaske

Die Werbung hat's nicht leicht. Sie soll nicht nur kreativ sein, sondern auch noch verkaufen. Sie soll Sympathien wecken, aber nicht manipulieren. Und das in einer Rezession, in der die Arbeitslosigkeit neuen Rekordmarken zusteuert und die Einkommen der Menschen weiter sinken. Kaum zu glauben, aber der Werbebranche geht es trotzdem gut. Wunderwachstum gibt es zwar nicht mehr, doch die starke Fernsehnutzung vieler Konsumenten beschert den Agenturen Aufträge. Und Einsteiger haben nach wie vor beste Chancen.

- Aber was ist kreative Werbung eigentlich?
  - Wie sieht sie aus?
- Unter welchen Umständen entsteht sie?
  - Und wer macht sie?

MAX informiert seit langem ein breiteres Publikum über die Kreativsten der Werbung. Mit dem vorliegenden Werk schließlich möchten wir vor allem Nicht-Profis einen Einblick in die faszinierende Welt der Werbung geben. Neben einer Reihe von interessanten Reportagen stellen wir Werbeagenturen mit ihren schönsten aktuellen Kampagnen vor. Diese Auswahl zu treffen war schwierig, denn natürlich gibt es viel, viel mehr Kreativität, als wir auf 260 Seiten vorstellen können.

Ohne die Mithilfe der vorgestellten Agenturen und vor allem ohne Hermann Vaske, selbst Agenturchef und preisgekrönter Werbefilmregisseur, der Interviews und Berichte zu den internationalen Top-Werbern beisteuerte, gäbe es dieses erste MAX-Werbejahrbuch nicht. WL

INHALT

Die Geschichte der Werbung 10
von Hermann Vaske

WERBEAGENTUREN

GIANTS 37
Sie stehen in den Ranglisten der Fachpresse ganz oben

CHAMPIONS 63
Sie gewannen auf Wettbewerben und Festivals viele Preise

MAX-FAVORITES 101
Sie hatten in MAX mindestens eine „Anzeige des Monats"

INTERNATIONALS 123
Sie sind auf weltweite Kampagnen spezialisiert

NEWCOMER 137
Sie gehören zu den aktuellen Shooting-Stars der Branche

REPORTAGEN

Creative Marathon — Ein Besuch bei Wieden und Kennedy,
der Erfolgsagentur von „Nike" 162
von Hermann Vaske

Vom Wort zum bewegten Bild — So entsteht ein Werbespot 174

Moderne Mythen — So wird eine Marke gemacht 188
von Hermann Vaske

Die deutsche Antwort — German Answer Productions 192
von Volker Hummel

Die Blaumeise — Warum ist die Werbung so eintönig? 196
von Dr. Klaus Brandmeyer

Let's Talk About Sex, Baby —
Visuelle Kommentare zu einem alten Thema 204
von John Kubicek

High-Tech-Highway — Die Zukunft der Werbung 212
von Tomas F. Lansky

Konsumterror — Ein Kommentar zum Mythos Werbung 222
von Akif Pirinçci

SERVICE

Hot Job Guide — Berufsbilder in der Werbung 230
Freedom of Choice — 100 Möglichkeiten, Werbeprofi zu werden ... 238
Akademien, Fachhochschulen, Universitäten 239
HdK Berlin — Kaderschmiede der Werbestars 242
Die 150 umsatzstärksten Agenturen in Deutschland 248
Competitions — Wettbewerbe und Preise 250
Advertising Slang — Ein Lexikon der Werbesprache 251
Werbers Pflichtlektüre — Die wichtigsten Zeitschriften und Bücher 256

Impressum 6

10   35

MAX-FAVORITES

101   122

162   173

192   195

212   221

GIANTS

36 — 62

CHAMPIONS

63 — 100

INTERNATIONALS

123 — 136

NEWCOMER

137 — 161

VOM WORT ZUM BEWEGTEN BILD

174 — 187

Joe Pytka moderne mythen

188 — 191

DAS BLAUMEISEN SYNDROM

196 — 203

LET's TALK ABOUT SEX, BABY..........

204 — 211

[KONSUMTERROR?!]

[KOMMUNISMUS]
KINO!
KULT?

222 — 229

SERVICE ['sɜːvɪs]

230 — 257

WERBEAGENTUREN

Axis 114
Baader, Lang, Behnken 67
Baums, Mang
und Zimmermann 64
BBDO 49
Benetton Werbung 128
Büro X 80
C + A Werbeabteilung 94
Calvin Klein Werbung 131
Chanel Werbung 124
DMB&B 38
Eisbrecher 150
Euro RSCG 56
FCB Hamburg 71
Godenrath,
Preiswerk & Partner 120
Grey 60
Hildmann, Simon,
Rempen & Schmitz/SMS 86
Huth + Wenzel 145
Intevi 152
Jung v. Matt 102
Knopf, Nägeli,
Schnakenberg 92
Krabiell & Liedtke 148
Leonhardt & Kern 98
Lintas 45
Lowe & Partners 138
Maksimovic & Partner 142
Mandel und Wermter 154
Maßmann, Neuser 158
McCann-Erickson 108
Meiré & Meiré 156
MPS Hunsinger 105
Ogilvy & Mather 42
Schirner 78
Scholz & Friends 90
Select 134
Springer & Jacoby 75
Toth Design 112
Wackerbarth 116
Wensauer-DDB Needham 54
Wüschner,
Rohwer & Albrecht 83
Young & Rubicam 52

Die Geschichte der Werbung.

Das Spiel mit der Neugier: P.T. Barnum war um 1860 ein Zirkus unter vielen. Werbe-Großplakate machten den Direktor zum bekanntesten Entertainer seiner Zeit.

Klebstoff-Klassiker in 3D: Die englische Agentur FCO Univas pappte ein Auto ans Plakat und textete trocken „Damit klebt man auch Henkel an Teetassen".

Airline-Kampagne mit Promis: Der New Yorker Werbepapst George Louis brachte Pop-Ikone Andy Warhol und Boxer Sonny Liston gemeinsam auf einen Braniff-Sitz.

Power-Sound, der umhaut: Die Maxell-Kampagne von Sam Scali und Ed McCabe brachte einige der aufmerksamkeitsstärksten Motive der 70er Jahre hervor.

Chiat Day gilt vielen als kreativste Werbeagentur der Welt. Ein aktuelles Beispiel sind die verbal-visuellen Spielereien fürs New Yorker Telefonbuch.

Die Geschichte der Werbung.

Seit Tausenden von Jahren versuchen Menschen über Sprache und Bilder andere Menschen zu überzeugen. Ein erigierter Penis wies den Weg zu einem Bordell im alten Pompeji. Die Geschichte der modernen Werbung begann erst vor 100 Jahren – Hermann Vaske erzählt sie.

VOM EIN-MANN-BETRIEB ZUM MILLIARDEN-BUSINESS

Die Geschichte der Werbung als ernstzunehmendes Business der Massenkommunikation ist kaum mehr als ein Jahrhundert alt. In dieser Zeit haben sich die Werbeagenturen von Ein-Mann-Betrieben zu Organisationen entwickelt, die Tausende von Leuten auf der ganzen Welt beschäftigen. Die Billings, die für Werbung ausgegeben werden, sind auf etliche Billionen gestiegen. Marken werden paneuropäisch, dehnen sich gar auf andere Kontinente aus. Milliarden von Menschen sehen die gleichen Jeans-Commercials. Zur Primetime kostet eine Minute Werbespot mehr als eine Million Dollar. General Motors und Ford zusammen geben fast 1,4 Millarden Dollar für Werbung aus. Und weil es immer weniger Unterschiede zwischen den Produkten gibt, gibt es immer mehr Werbung.

THE UNITED STATES OF ADVERTISING

Damit die Saat der Werbung richtig aufgehen kann, muß ein geeigneter Nährboden bereitet werden. Am besten gedeiht Werbung in einer Überflußgesellschaft, in einem komplexen System von Massendistribution und Massenkommunikation. Ende des 19. Jahrhunderts existierte nichts von alldem in den United States of Advertising.
Wenn man eine typische, moderne Full-Service Agentur betritt, erkennt man noch heute die lebendigen Resultate der historischen Anfänge der Werbung, die vor über hundert Jahren in Amerika gemacht wurden. Eine typische Agentur hat vier Abteilungen: Media, Kreation, Kontakt und Planung; jede mit ihrer eigenen Geschichte.

DIE MEDIA

Im Parterre findet man die Media-Abteilung. Die Media-Leute bleiben gerne mit den Füßen auf dem Boden, denn sie beschäftigen sich mit quantitativen Daten. Historisch betrachtet ist die Media-Abteilung die älteste Abteilung der Agentur.

Darstellung eines erigierten Penis als Outdoor-Werbung für ein Bordell in Pompeji, ca. 70 n. Christus.

Frühe Werbung diesseits und jenseits des Atlantik.

2500 WERBEBOTSCHAFTEN PRO TAG

Den Bewohner der Media-Abteilung erkennt man an seinem Hang zu Anzügen mit Nadelstreifen aus Ladenhausketten, zu Tischfußball und bierseliger Gemütlichkeit. Sein Job ist es, die 2500 Werbebotschaften zu plazieren, die der Einzelne im Durchschnitt täglich sieht und hört: in oder auf Zeitungen, Magazinen, Radio, Fernsehen, Plakaten, Toilettentüren – eben überall, wo der Mediamensch seine Werbung reinpacken kann. Das Verhandeln über Anzeigenrabatte und Plazierungen ist Sache des Mediamannes. Für die Kunden der Agentur muß er die Aufmerksamkeit der Konsumenten einkaufen.

ADVERTISING AGENTS

Der Mediamensch ist der ursprüngliche Werbemensch. Um 1860 waren die ersten „Advertising Agents" Anzeigenmakler, die den Anzeigenraum der Zeitschriften an die Hersteller und Kunden verkauften, die dort für ihre Produkte werben wollten. In einem typisch opportunistischen Frontwechsel schlugen sich die „Advertising Agents" schließlich auf die Seite der Hersteller. Dort kauften sie den Anzeigenraum von den Besitzern der Medien. Schließlich übernahmen sie gezwungenermaßen auch die Aufgabe, die Anzeigen zu entwerfen.

15 % KOMMISSION

Das wahrscheinlich wichtigste Ereignis in der Geschichte der Werbung (weil es wesentlich mit der Bezahlung zusammenhängt) fand 1868 statt. In diesem Jahr führte F.W. Ayer das 15%-Kommissions-System ein. Aufgrund dieser Regelung wurden die Werbeagenturen von den Medien mit 15% an der Summe beteiligt, die der Kunde in den Medien ausgab. Diese Art der Rückzahlung, findet man heutzutage leider immer seltener.

Die Geschichte des Mediamenschen ist eng verflochten mit der Geschichte der Medien, die sich in drei größere, sich überschneidende Epochen gliedert: das Zeitalter der Presse, das Zeitalter des Radios und das Zeitalter des Fernsehens. Jede Revolution, die mit jedem neuen Medium einherging, brachte der Werbebranche fantastisches Wachstum, den Agenturen Wohlstand und der Arbeit des Mediaeinkäufers mehr Komplexität.

DIE DRUCK-REVOLUTION

Die Druck-Revolution fand gegen Ende des 19. Jh. statt. Plötzlich wurde den Besitzern der Medien das Potential, das Werbung in Zeitschriften und Zeitungen bietet, klar. Zeitschriften wurden ursprünglich per Abonnement verkauft und enthielten kaum Werbung. Doch dann machten technologische Veränderungen – darunter der Wechsel vom Holzschnitt zum Halbtonverfahren und vom Handsetz- zum Linotypesetzverfahren – größere, schnellere und billigere Druckdurchläufe möglich. Von heute auf morgen waren Druck- und Verlagswesen revolutioniert. Die Werber stürzten sich darauf, die Seiten der Magazine zu füllen und pushten den Markt der Zeitschriften und Zeitungen zu neuen Höhen.

DIE RADIO-REVOLUTION

Die Radio-Revolution ereignete sich in den späten 20er Jahren. Wieder spielte die Werbung eine entscheidende Rolle: Zuerst sponserten Werber Musikprogramme (*Das Lucky Strike Radio Orchestra 1928*), dann schufen sie *Soap Operas*, schließlich machte Hitlers Propagandaminister Goebbels den Volksempfänger zu seinem Gral der Massenkommunikation. Und schließlich, als sich Radio

Big *Spender: General Motors und Ford.*

Der *Volksempfänger wurde von den Nazis zum Propaganda-Instrument entwickelt.*

als wahres Medium des Entertainment entpuppte, wurden die Werber auf die zweite Position zurückgedrängt. Anstatt große Hörspiele zu produzieren, hatten sie nun Unterbrechungen mit Werbung zu füllen.

DIE FERNSEH-REVOLUTION
Die dritte Revolution brachte das Fernsehen mit sich, des Werbers stärkstes Werkzeug in der Massenkommunikation. Die Ankunft des Fernsehens fiel zusammen mit verschiedenen anderen Phänomenen, die in Amerika Einzug hielten – ein geändertes Konsumverhalten, der Nachkriegswirtschaftsboom, die Liberalisierung von Geisteshaltungen etc.. Der Aufstieg des Fernsehens zum dominierenden Werbemittel war meteoritenhaft (1954 war die CBS das größte Werbemedium der Welt). Das Fernsehen folgte dem Entwicklungsmuster des Radios, zuerst sponserten die Werber das Fernsehen, daraufhin reifte es zu einem properen Unterhaltungsmedium, bei dem die Werber nunmehr nur noch die Rolle des Zahlmeisters innehatten.

ALBERT LASKER
Mit den drei Revolutionen gingen andere bedeutende Entwicklungen einher. Schon 1906 initiierte Albert Lasker wöchentliche Umsatzberichte, sogenannte Sales Reports seiner Klienten. So bewies er seinen Kunden, wie effektiv bestimmte Media arbeiteten. Die Herangehensweise war so erfolgreich, daß er sich 1906 rühmte: "We have a positive gauge on mediums and copy such is probably to be found nowhere else." Dieses Bestreben, genaue Mediadaten zu sammeln, war jetzt Priorität. Neue Tech-

Albert Lasker, einer der ersten und innovativsten Werber aller Zeiten. Er führte Sales Reports ein.

Levi Strauss, seit 1930 bei FCB.

nologien und die Computerisierung revolutionierten den Mediaeinkauf. Mit dem aufkommenden Mediawachstum wurde das Leben für den Mediamenschen ständig komplizierter. Denn er mußte mit sich diversifizierenden Medienlandschaften zurechtkommen, der fortschreitenden Internationalisierung der Märkte folgen und in einem Land wie Brasilien sogar mit der täglichen Mega-Inflation Schritt halten.

DIE KREATION
In der obersten Etage der Agentur, mit ihren Köpfen im Himmel, sitzt die Kreation. Die moderne Kreation enthält zwei Spezies: Texter (Worte) und Art Directors (Bilder). Das gängige Bild des Kreativen ist das eines Ideenmenschen. Während der Mediamensch die Zielgruppe einfängt, muß der Kreative sie ansprechen. Einen Kreativen erkennt man an seinem verdächtigen Benehmen, seinen unberechenbaren Schrullen, seinem empfindlichen Ego und manchmal an seiner Chuzpe.
Da die frühe Werbung den verbalen, textmäßigen Aspekt des Verkaufens schwerer gewichtete, haben die Texter die längste Geschichte.

DER TEXTER
Wozu brauchte man einen Texter? Texter wurden ursprünglich angeheuert, als die Werbeagenturen die Metamorphose von bloßen Einkäufern der Anzeigen zu den Machern der Anzeigen durchliefen und expandierten. Da Texter effektiv gesehen die richtigen Werbepraktiker waren, sich die Werbung ausdachten und sie verfaßten, sind sie es, die die Theorie der Werbung am meisten geformt und geprägt haben.

KENNEDY, HOPKINS UND DIE „REASON WHY" DOKTRIN

1904 promotete der Texter John E. Kennedy die Idee von Werbung als „Verkäufertum per Zeitung" (es gab zu dieser Zeit noch kein Fernsehen oder Radio). Werbung sollte die gleichen bedeutungsvollen Argumente enthalten, die ein talentierter Verkäufer benutzt, wenn er selbst etwas verkauft. Werbung in der Zeit vor Kennedy war, wenn überhaupt, negativ definiert. Dann entstand der Begriff „Allgemeine Reklame", eine vage Art von Marketing durch Marktschreierei. Erst Hopkins Schule der Werbung, später bekannt als „Reason Why", gab – wenn auch nicht völlig neu – der Werbung zum ersten Mal einen festen, theoretischen Unterbau.

Kennedys Gospel wurde erhört und beantwortet von Claude Hopkins, dem vielleicht größten Texter aller Zeiten. Er war scharf auf Coupons und Gratisproben, Direct Response – quantitative Werbung.

In den Anfängen der Werbung wurden wenige Visuals benutzt. Aber als die Werbung ihre Pubertät hinter sich ließ und in das 20. Jahrhundert einzog, begann der Siegeszug der Illustration und des Bildes.

Während Kennedys Reason Why-Doktrine von einem eher abschätzigen Bild des Verbrauchers ausging als einem dumpfen Kunden, der ganz straight forward und durch gesunden Menschenverstand verführt werden kann, hatte Theodore McManus eine höhere Meinung vom Konsumenten.

Seit 1910 favorisierte McManus eine weitaus suggestivere und scharfsinnigere Form der Werbung, die tiefere Sehnsüchte ansprach als die schnelle Begierde nach einem lukrativen Handelsabschluß. McManus war der König der assoziativen und atmosphärischen Werbung. Etwas, das man heute „Soft-Sell" oder kreative Werbung nennen würde.

Claude Hopkins, Textergenie aus Heartland, USA.

USP Papst Rosser Reeves. Freund von Bill Bernbach.

Raymond Rubicam brachte „Impact" in die Werbung.

MCMANUS UND „SOFT SELL"

McManus bekannteste Anzeige war „The Penalty Of Leadership". 1915 hatte McManus Cadillac zum Kunden. Der neue Motor von Cadillac hatte einen Konstruktionsfehler. Er neigte dazu, in Flammen zu explodieren. Packard und Chevrolet nutzten diese Schwäche für ihre kompetitive Werbung. McManus machte die Not des Cadillac zur Tugend, indem er schrieb: „Auf jedem Gebiet menschlichen Strebens ist der, der an erster Stelle steht, ständig dem grellen Licht der Öffentlichkeit ausgesetzt... wenn die Arbeit eines Mannes zum Maßstab einer ganzen Welt wird, wird sie auch zur Zielscheibe der Speerspitzen der Neidenden." Cadillacs Problem war gelöst.

NICHTS NEUES IN ADLAND

Die Geschichte der Werbung ist ein ständiges Hin und Her zwischen „Hard-Sell" à la Hopkins und „Soft-Sell" à la McManus, zwischen Steak und heißem Fett, zwischen Zuckerbrot und Peitsche, abhängig vom Produkt, der Wirtschaftslage und dem vorherrschenden Zeitgeist. Werbung tendiert dazu, ein kurzes Gedächtnis zu haben. Die Stile der Umsetzung sind vergänglich. Das einzige, was Bestand hat, ist die Erkenntnis, daß es nichts wirklich Neues unter der Sonne gibt. Fortschritt und technologische Erneuerungen sind nichts anderes als Blendwerke, um die Anzeigen für den modernen Geschmack ansprechender zu machen. „There is no news in advertising", sagt der große Art Director Helmut Krone.

In den dreißiger und vierziger Jahren folgte Raymond Rubicam der Tradition McManus'. Er förderte Exzentrik und Originalität als effektive Verkaufswerkzeuge.

Kreativpapst Bill Bernbach, bereits zu Lebzeiten heilig gesprochen.

Helmut Krone. Der Art Director der Art Directors – Prototyp fast aller heutigen Bild-Kreativen.

ROSSER REEVES, DER HARDLINER

In den fünfziger Jahren betrat Rosser Reeves die Szene, und es gab eine Renaissance des „Hard Sell-Advertising". Reeves war der Chefideologe der amerikanischen Agentur Ted Bates und erfreute sich großer Beliebtheit als Werbetheoretiker. Reeves glaubte, daß die Ausführung, der Stil und der Charme einer Werbung weniger wichtig waren als die Botschaft. Für ihn ging der Inhalt über die Form. Der wichtigste Bestandteil einer Anzeige war für Reeves der USP (Unique Selling Proposition) des Produktes. Der USP war das einzigartige Charakteristikum und die Seele des Produktes. Der Verkaufsvorteil, der es lohnenswert machte, dieses Produkt vor allen anderen zu kaufen. Wenn man den richtigen USP hatte, meinte Reeves, blieb nur noch eins übrig: ihn dem Konsumenten durch ständiges Wiederholen in den Schädel zu hämmern. Die Leute haßten Reeves' Ansatz, doch er funktionierte (wenn auch zugegebenermaßen nur für kleinere, häufig gekaufte Artikel). Reeves fürchtete Kreativität und warnte oft, „daß Werber unter allen Umständen „Originalität" meiden sollten". Originalität war für den Hardliner das gefährlichste Wort in der Werbung.

BILL BERNBACH'S KREATIV-REVOLUTION

Bill Bernbach, der kreative Heilige der Werbung, erlaubte es sich, anders zu sein, denn er glaubte, daß Originalität und Frische die effektivsten Waffen seien, die ein Werber gegen die Gleichgültigkeit der Konsumenten einsetzen könnte. Bernbach glaubte, daß Werbung die „Kunst des Überzeugens" sei, keine Wissenschaft, sondern eine Kunst. Bernbach schuf wegweisende Kampagnen für Ohrbachs, El Al, Volkswagen und Avis. Er emanzipierte den Art Director gegenüber dem Texter, er provozierte eine Synthese von Art und Text, eine kreative Fusion, die bis heute gültige Standards setzt für kreative Werbung. Sein Wahlspruch war: „Good advertising has to be different".

THE PENALTY OF LEADERSHIP

IN EVERY field of human endeavor, he that is first must perpetually live in the white light of publicity. Whether the leadership be vested in a man or in a manufactured product, emulation and envy are ever at work. ❡ In art, in literature, in music, in industry, the reward and the punishment are always the same. ❡ The reward is widespread recognition; the punishment, fierce denial and detraction. ❡ When a man's work becomes a standard for the whole world, it also becomes a target for the shafts of the envious few. If his work be merely mediocre, he will be left severely alone — if he achieve a masterpiece, it will set a million tongues a-wagging. ❡ Jealousy does not protrude its forked tongue at the artist who produces a commonplace painting. ❡ Whatsoever you write, or paint, or play, or sing, or build, no one will strive to surpass or to slander you, unless your work be stamped with the seal of genius. ❡ Long, long after a great work or a good work has been done, those who are disappointed or envious continue to cry out that it cannot be done. ❡ Spiteful little voices in the domain of art were raised against our own Whistler as a mountebank, long after the big world had acclaimed him its greatest artistic genius. ❡ Multitudes flocked to Bayreuth to worship at the musical shrine of Wagner, while the little group of those whom he had dethroned and displaced argued angrily that he was no musician at all. ❡ The little world continued to protest that Fulton could never build a steamboat, while the big world flocked to the river banks to see his boat steam by. ❡ The leader is assailed because he is a leader, and the effort to equal him is merely added proof of that leadership. ❡ Failing to equal or to excel, the follower seeks to depreciate and to destroy — but only confirms once more the superiority of that which he strives to supplant. ❡ There is nothing new in this. It is as old as the world and as old as the human passions—envy, fear, greed, ambition, and the desire to surpass. ❡ And it all avails nothing. ❡ If the leader truly leads, he remains—the leader. ❡ Master-poet, master-painter, master-workman, each in his turn is assailed, and each holds his laurels through the ages. ❡ That which is good or great makes itself known, no matter how loud the clamor of denial. ❡ That which deserves to live — lives.

Mit McManus „The Penalty of Leadership"-Anzeige für Cadillac begann die Ära des „Soft Sell".

Die Geschichte **der** *Werbung*

Raymond Rubicam kreierte Klassiker wie „Steinway", „Impact" und „Do not lick this page". Für Bernbachs Volkswagen-Kampagnen müßte man eigens eine „Hall of Fame" aufmachen.

Die Geschichte **der** Werbung

Vom „Esquire" Art Director ...

DIE REVOLUTION ENTLÄßT IHRE KINDER

Wie jede Revolution, so entließ auch die amerikanische Kreativ-Revolution ihre Kinder. Der gefeierte „Esquire" Art Director und Andy Warhol-Freund George Lois gründete eine Agentur, Jerry Della Femina schrieb „Flauschig weich wird selbst die Leiche" und Ed McCabe wurde zu einer Art Robespierre der Madison Avenue. Der Art Director Helmut Krone brachte die Denkweise des Bauhaus in die Volkswagen-Werbungen. Und Howard Gossage verhinderte mit einer Anzeige, daß aus dem Grand Canyon ein Staudamm wurde.

KREATIV-MEKKA LONDON

Seit den Siebzigern bewegte sich das kreative Feuer nach London. Die englische Mentalität, offensichtliches Verkäufertum zu scheuen, förderte einen indirekten, querdenkenden Ansatz von Werbung, der die englischen Agenturen an die Spitze der internationalen Kreativ-Hitliste katapultierte: Londons meistbekränzte Kreativ-Agentur Bartle, Bogle, Hegarty läßt Bernbachs Philosophie wiederhallen, mit dem Motto: Wir verkaufen nicht, wir bewegen den Konsumenten dazu, daß er etwas kaufen will.

WERBER EROBERN HOLLYWOOD

Anfang der achtziger Jahre machten sich die englischen Werbekreativen sogar dazu auf, Hollywood zu erobern. Im Gefolge des Agentur-Producers David Puttmann von Collett Dickenson & Pearce wurden Ex-Werbetexter Alan Parker („Angel Heart"), Ex-Werbe-Innenkontakter Adrian Lyne („9 1/2 Wochen") und die Ex-Werbefilmer Tony Scott („Top Gun"), Hugh Hudson („Die Stunde des Siegers") und Ridley Scott („Blade Runner") Regisseure von Weltruhm.

DIE 2. AMERIKANISCHE KREATIV-REVOLUTION

Die letzte kreative Revolution ereignete sich fernab von New York. Nicht nur der intellektuelle New Yorker hatte das Anrecht auf intelligente Werbung. Durch die Massenmedien war auch Heartland USA mittlerweile offen für gute Werbung. Jay Chiat gründete mit „Chiat Day" die kalifornische Kreativschmiede in Venice Beach, Goodby Berlin Silverstein gaben San Francisco den kreativen Kick, Fallon McElligott machten Minneapolis zu einem Weltzentrum der Werbung und Wieden & Kennedy liefen mit ihrem Nike-Etat im kleinen Portland, Oregon der Konkurrenz auf und davon.

...zum New Yorker Werbegenie George Lois.

Jay Chiat, Anführer der zweiten amerikanischen Kreativ-Revolution.

Bernbachs Nachfolger: Chiat Days Kampagne für Obdachlose, Fallon McElligott für Lee Jeans und die Zeitschrift Rolling Stone, TBWA für Absolut Wodka, Scali McCabe und Sloves für Volvo, Howard Gossage für Mill's Tower und die Londoner Kreativschmiede BBH für Levi's und Saatchis für Silkcut.

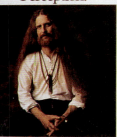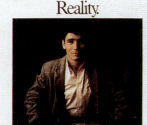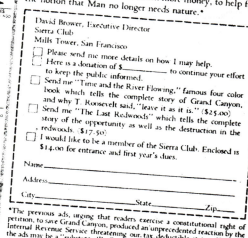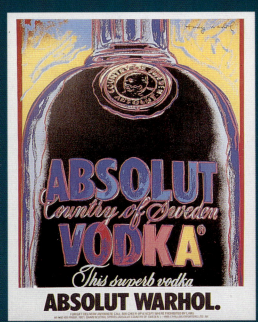

Die Geschichte der Werbung

DER KONTAKT

Die dritte Abteilung der Agentur besteht aus dem Kontakt und dem Management. Äußerlich durch Boss-Anzüge gekennzeichnet, stellen die Kontakter die Geschäftsleute der Werbung. Sie kümmern sich darum, daß die Tagesgeschäfte abgewickelt werden, daß es Tag für Tag zwischen Agentur und Kunden reibungslos abläuft. Wenn ein Kontakter beim Kunden ist, ist er der Repräsentant der Agentur. Ist er in der Agentur, ist er der Repräsentant des Kunden. Das führt dazu, daß der Kontakter eine schizophrene Erscheinung ist; unbeliebt beim Kunden, wenn er riskante Arbeit verkauft, unbeliebt bei den Kreativen, wenn er auf stupider Hard-Sell Werbung besteht. Deshalb brauchen Agenturen Kontakter, die wissen, was gute Werbung ist und die Rückrad haben.

Kontakter erkennt man an ihren smarten Autos, ISDN-Telefonen und Geschäftspraktiken. Sie sind die Verkäufer der Agentur, sie verkaufen das Produkt der Agentur: die Werbung an die Kunden.

Die Funktion der Kontakter erwuchs aus der Expansion der Rolle der Agenturen in den frühen Jahren. Während die Mediaeinkäufer Platz kauften und die Texter die Anzeigen schrieben, mußte jemand den Kontakt zum Kunden aufrechterhalten. Dies ist die Aufgabe der Kontakter.

LASKER UND FCB

Einer der innovativsten Kontakter der Werbegeschichte war Albert Lasker, ein hochgradig innovationsfreudiger und erfolgreicher Agenturchef (sogar auf der Höhe der Depression in Amerika machte Lasker zwei Millionen Dollar). Anfang dieses Jahrhunderts

Charles Saatchi at his best.

Stanley Resor regierte JWT mit eiserner Faust.

kaufte Lasker die Agentur, für die er arbeitete, holte sich Kennedy und Hopkins und entwickelte innovatives Management. Er führte Timings mit Deadlines ein, die weit vor der Präsentation lagen (bis heute ein beliebter Kontaktertrick) und setzte auf Marktforschung, die wissenschaftlich gesichert war, indem er den König der Marktforscher George Gallup anheuerte. 1906 verkaufte er seine Agentur an drei seiner Mitarbeiter namens Foote, Cone & Belding. Die daraus entstandene Agentur FCB ist heute die größte in Amerika.

STANLEY RESOR UND JWT

In die Hall of Fame folgte ihm Stanley Resor von JWT. Resor machte JWT zur größten Agentur der Welt (1920-1970) und brachte wissenschaftliche Professionalität in die Werbung. JWT wurde zur Universität der Werbung. Unter Resors Egide bei JWT entwickelte Werbung einen voll professionellen Status. Die Werbung entwickelte Beschränkungen, Statuten und sogar Selbstreglementierungen.

ERFOLGE

Angeführt von Visionären wie Lasker und Resor wuchsen und wuchsen die Werbeagenturen, erst national in Amerika und dann, während der fünfziger Jahre – ihren Kunden folgend – expandierten sie weltweit in jeden erreichbaren Mittelklassemarkt. Angetrieben von Wertpapieren (stock market papers) besetzten die großen amerikanischen Agenturen die ersten Positionen in allen entwickelten Märkten der Welt, ausgenommen Japan. Dort ist das Kommunikations- und Fernsehkonglomerat Dentsu, das zur Zeit international expandiert, unangefochten die Nr. 1. Auch Deutschland ist bis auf die Franzosen Eurocom und Publicis sowie die englischen Agenturen Saatchi & Saatchi und Lowe amerikanisch geprägt. Kreative Deutsche Werbung wurde in den siebziger Jahren, bis Mitte der achtziger Jahre in Düsseldorf (DDB, GGK) und Frankfurt (Young & Rubicam, Lürzer, Conrad), gemacht. Ab Mitte der achtziger Jahre lodert das kreative Feuer in Hamburg (Springer & Jacoby, KNS, Jung von Matt).

DER PLANER

Der letzte verbleibende Bewohner der Agentur ist der Planer, häufig ein bebrillter Mann mit einem Buckel, der ein wenig nach Hörsaal und akademischem Leben riecht.

PSYCHOLOGE DES WERBERS

Der Planer ist der Psychologe des Werbers. Die Geschichte der Werbeagenturen ist eine Geschichte der Begierde und des Verlangens, ihre Werbung auf eine mehr wissenschaftliche Basis zu stellen. Der Planer ist die Inkarnation dieses Verlangens. Der Planer entscheidet, was die Agentur sagen, weniger wie es gesagt werden sollte (das ist Job des Kreativen). Planer versuchen, zum Kern der Konsumentenmotivation vorzudringen und herauszufinden, wie der Konsument zum Produkt steht.

Die Wurzeln der Planung lassen sich auf Ereignisse aus Psychologie und Marktforschung zurückverfolgen.

SEX UND SICHERHEIT

Bei JWT stellte Resor JB Watson ein, einen frühen Behaviouristen, der menschliche Motivation auf zwei wesentliche Kriterien zurückführte: Sex und Sicherheit – eine Analyse, die sich zu eindimensional einfach erwies und keinen Gewinn brachte.

ERNEST DICHTER

In den Fünfzigern tauchte die Motivationsforschung auf. Als das geistige Kind von Dr. Dichter stellte sie den Versuch dar, zu den tieferen Beweggründen menschlichen Handels herabzutauchen. Weil sich die Werber in den fünfziger Jahren mit einer großen emotionalen Sperre der Konsumenten gegenüber ihren Verkaufsbotschaften herumschlagen mußten und auch die „Reason Why"-Theorie sich als wenig wirksames Verkaufswerkzeug erwies, wendeten sich die Werber der Motivationsforschung zu.

DIE GEHEIMEN VERFÜHRER

Basierend auf Freudschen Theorien über unterbewußte Begierden, legte Dr. Dichter den Konsumenten auf die Couch und versuchte, die unterbewußten Motivationen der Leute zu entdecken. Dr. Dichters Erkenntnisse veröffentlicht Vance Packard in „The Hidden Persuaders"(1957), ein Bestseller. Eine seiner berühmtesten Erkenntnisse war, daß Männer ein Kabriolett als Geliebte und eine Limou-

Ogilvy zum Ersten.

Ogilvy zum Zweiten.

sine als Ehefrau betrachteten. Dr. Dichters Rat war, das Kabriolett auffällig vorzuführen. Das Buch erregte öffentliches Aufsehen, weil es Werbeagenturen die Macht unterbewußter Manipulation zuschrieb. Weil Motivationsforschung schwierig zu quantifizieren war, erfreute sie sich nur kurzer Beliebtheit. Deswegen wurde sie kurzerhand eingemottet.

OGILVY UND DIE WERBEFORSCHUNG

In den sechziger Jahren förderte David Ogilvy, bekannt für eine schrullige englische Soft-Sell Werbung, weiter die Marktforschung, um Regeln für die Ansprache des Konsumenten zu gewinnen. Ogilvy glaubte heiß und innig an Gallupsche Marktforschung und offerierte forschungsgestützte Regeln fürs Texten, zum

Beispiel: „Wenn Sie Ihre Bodycopy mit einem Top Initial beginnen, steigern Sie die Leserschaft um durchschnittlich 13%." Als Ogilvys Lehrmeister Robert Gallup in der Schweiz starb, schrieb das Satiremagazin Pardon „Gallup ist tot. 100%."

David Ogilvy, „Research"– gläubiger Meister des Soft Sell.

O*gilvy zum Dritten.*

Reeves und Trout.

DIE ERFINDER DES MODERNEN POSITIONING

In den siebziger Jahren machten die Planer einen weiteren Sprung und stürzten sich auf die Doktrine von Positioning, mit geprägt von Reeves und Trout. Sie betonten, daß Werbebotschaften einen Kampf im Kopf des Konsumenten austragen. Um erfolgreich zu sein, mußte eine Werbebotschaft eine Region des intellektuellen Territoriums im Kopf des Konsumenten erobern. Um dahin zu kommen, empfehlen Reeves und Trout die Erstschlag-Theorie. Die Werbebotschaft muß eine Region im Kopf des Konsumenten als erste in Besitz nehmen, und dann muß sie sie gegen Angriffe verteidigen. Falls man es schafft, als erster und am auffälligsten den Anspruch auf Positionierung anzumelden und gleichzeitig alle Konkurrenten aussticht, hat man Erfolg. Dann gilt es, dieses Positioning, solange es relevant ist, durch Werbung aufrecht zu erhalten. Wer sich daran hält, produziert Verkaufserfolge. In großem Umfang dominiert die Positionstheorie immer noch das Denken in der Werbung.

Die Dynamik moderner Agenturen entwickelt sich in Zusammenprall und Synthese aller vier Abteilungen mit all ihren unauflösbaren Geschichten, Perspektiven und Implikationen, die jeden Tag in jeder Agentur dieser Welt aufs Neue durchgespielt werden. Macht bewegt sich vom Kontakt zur Kreation. Macht verschiebt sich vom Mediamann zum Planer.

DER STAND DER DINGE

Verschiedene Full-Service-Agenturen schnüren verschiedene Packages, bieten verschiedene Mixes aus diesen Funktionen und Abteilungen an. Einige betonen den Kundenservice, einige die Kreativität. Einige haben sogar die perfekte Ehe von Wissenschaft, Forschung, Verkauf und künstlerischer Kreativität erreicht (BMP, DDB).

Andere schippern die Goldküste der Corporate Companies entlang, formelhaft und unkreativ, aber lukrativ. Das ist leider fast eine existentielle Notwendigkeit für solche Agenturen, die an der Börse notiert werden. Kleinere Agenturen springen ab, verlassen die Fabrikmentalität der großen Agenturen und versuchen, ihre krea-

Nur eine Agentur wie BMP, in der die 4 Disziplinen perfekt zusammenarbeiten, kann so gute Werbung machen wie die für den „Guardian".

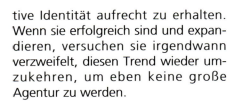

tive Identität aufrecht zu erhalten. Wenn sie erfolgreich sind und expandieren, versuchen sie irgendwann verzweifelt, diesen Trend wieder umzukehren, um eben keine große Agentur zu werden.

BIG BUSINESS
Weltweit ist das Werbebusiness nun Big Business. Es hat sich aus armseligen Ursprüngen zum Milliarden-Dollar-Geschäft gemausert. Doch trotz seiner Größe wird die Werbung von einem abhängig bleiben: ihren Leuten.

SUPERBOWL
Bei dem bislang letzten Kapitel in diesem People's Business handelt es sich um einen persönlichen Erfahrungsbericht: Vor wenigen Monaten lud Joe Pytka mich auf einen Filmset in den Universal Studios ein, wo er mit dem bekannten Schauspieler Chevy Chase einen Film für Doritos schoß. Wenige Wochen später launchte nationwide das Major-Network NBC eine Riesentalkshow mit Chevy Chase, die der Tonight Show und Lettermann das Wasser abgraben sollte. Chevy's Talkshow floppte und bereits einige Monate später schoß Joe Pytka ein Remake seines Chevy Chase Films für den Superbowl. In den ursprünglichen Film wurden Szenen eingeschnitten, in denen Chevy Chase seinen eigenen Talk Show-Flop mit der lakonischen Bemerkung „Tough year" erklärt.

In einem Pytka Film sieht Chevy Chase, wie sich eine Dampfwalze einer alten Frau nähert, die Doritos ißt. Akrobatisch saust Chevy Chase heran, rettet die Chips und gibt zu, daß die Talk-Show ein Flop war.

DIE ZUKUNFT
Die Zukunft der Werbung wird von Werbeleuten geschrieben werden – klar. Doch so wie Werbung sich der jeweiligen Zeit anpasst, müssen sich auch die Werbeleute anpassen. Neue Sehweisen, neue Techniken, neue Medien sorgen dafür, daß das Rad der Werbegeschichte niemals zum Stillstand kommt.

FCB-Kreativchef Hermann Vaske schaut ausnahmsweise mal zurück.

AGENTUREN

GIANTS
[Sie stehen in den Ranglisten der Fachpresse ganz oben]

CHAMPIONS

MAX-FAVORITES

INTERNATIONALS

NEWCOMER

DIE REDAKTION WARNT:
Das Ein- oder Nichteinordnen in diese Kategorie stellt keine Wertung dar – der Rechtsweg ist also ausgeschlossen...

HOLLYWOOD IN BABELSBERG

Im Rahmen der aktuell entwickelten Holsten-Kampagne präsentiert die Agentur dem Fernsehzuschauer ab Oktober '94 drei brandneue Holsten-Werbespots auf Hollywood-Niveau.

REGISSEUR MICHAEL BALLHAUS, SOHN FLORIAN

M. BAIER (L.O.), DR. R. HARM (R.O.),
M. U. WETZEL (L.U.), U. BELLIENO (R.U.)

DMB & B HAMBURG

GRÜNDUNG
DMM 1958
DMB & B Hamburg 1985

MITARBEITER
355

BILLINGS 1993
477 Mio. DM

GESCHÄFTSFÜHRUNG
Dr. Rolf Harm (Chairman), Manfred U. Wetzel (Managing Director), Mario Baier (Kreation), Ulrich Bellieno (Media Deutschland)

KAMPAGNEROS (Holsten)
Mario Baier (GF Kreation), Gerlinde Schlömer (Group Head Text), Thomas Färber, Bettina Hermann (Art Direction), Thomas Grabinger (Text), Jörg Herms (Kontakt), Dieter Georgi (Management Supervisor), Gaby Menzel (FFF), Radical Images., Köln (Produktion), Michael Ballhaus, Jaques Steyn (Director)

ADRESSE
D'Arcy Masius Benton & Bowles GmbH Werbeagentur
Bleichenbrücke 10
20354 Hamburg
Telefon 040/35 913-0
Telefax: 040/35 913-212

DMB&B

DMB & B Deutschland wurde 1985 als Tochter der DMB & B Inc., New York, Worldwide Communications aus dem Zusammenschluß der beiden US-Networks D'Arcy MacManus Masius und Benton & Bowles gegründet und zählt mittlerweile zu den zehn umsatzstärksten deutschen Agenturen.

Im Juli 1993 übernahm Mario Baier das kreative Ruder der Hamburger Dependance. Schon zu Scholz & Friends-Zeiten sorgte er mit den Go-Kart-fahrenden

Mönchen der „West"-Kampagne für Auf- und Ansehen, und so konnte er Anfang '94 den vielleicht besten Kameramann der Welt, Michael Ballhaus, für die filmische Umsetzung der neuen „Holsten"-Kampagne gewinnen. Ballhaus, der mit Rainer Werner Fassbinder 15 Filme drehte und seit 1985 eng mit Martin Scorcese zusammenarbeitet, hat bereits mit Coca Cola- und Armani-Spots einige Werbefilmerfahrung gesammelt. Mit seinem Auftritt in den altehrwürdigen DEFA-Studios in Berlin-Babelsberg gibt er allerdings sein Regiedebüt. Ballhaus: „Ich finde Werbung enorm interessant, weil sie eine Disziplin der Genauigkeit ist. Nirgends muß man so ein genaues Timing haben wie in der Werbung; man hat nämlich maximal 45 Sekunden, um eine kleine Geschichte auf den Punkt zu bringen." Hilfreich zur Seite steht ihm hier neben der Filmproduktionsmannschaft von „Radical Images." sein eigenes Team, bestehend aus den beiden Söhnen Florian (Kamera) und Sebastian (Regieassistenz).

Mario Baier erklärt die Grundidee der „Holsten"-Spots so: „Die Kampagne setzt ganz klar auf Premium-Wertigkeit und positioniert Holsten als das kommunikative Bier, das im Rahmen gepflegter Gastlichkeit dazugehört. Weiterhin soll deutlich gemacht werden, daß die beiden Protagonisten Jens und Tim, die für die Marke stehen, nach wie vor Bestand haben, jedoch in Zukunft in diesem neuen Umfeld erscheinen werden." Zu diesem Zweck wurde im DEFA-Studio „Neue West" ein Szenario geschaffen, daß Hollywood-Niveau hat. Im Zentrum der Halle entstand ein komplettes gemütlich-edles Holsten-Lokal mit Biergarten, von jeder Stelle optimal für Ballhaus' spektakuläre Kamerafahrten zugänglich und umrundet von riesigen Scheinwerferbatterien.

Der geheime Star am Set (neben Michael Ballhaus) ist mit Sicherheit der Bierpräparator. ➤

HOLSTEN „NIE WIEDER GABI" DAS STORYBOARD
Ein junger Mann will sich den ernsten Dingen des Lebens zuwenden, als „Gabi" ihm ein Bier bringt…

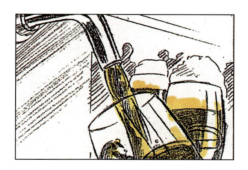

HOLSTEN „BUSINESS TALK" DAS STORYBOARD
Die Kneipe ist gerammelt voll und es ist verdammt schwer, ein frisches Holsten zu ordern.

ANHAND DIESER STORYBOARDS INSZENIERTE HOLLYWOOD-KAMERAMANN UND -REGISSEUR MICHAEL BALLHAUS DIE TV-SPOTS DER NEUEN HOLSTEN-KAMPAGNE

◀ Wenn er unter Zeitdruck kurz vor einem Take die diversen Biere auf dem Tablett der Bedienung mit Löffel, Blasebalg und Skalpell bearbeitet, herrscht gespanntes und anerkennendes Schweigen. Er scheint hektisch, doch seine Bewegungen sind kontrolliert, jeder Schlag Schaum ist inszeniert. Schon verschwindet er wieder im Halbdunkel und Ballhaus' Stimme ertönt: „Energy – uuund Action!" ■

IN DEN DEFA-STUDIOS ZU BABELSBERG HERRSCHT EINE PROFESSIONELLE ATMOSPHÄRE, ALS BALLHAUS UND DAS TEAM VON „RADICAL IMAGES." DIE SPOTS REALISIEREN.

ELSE? · DMB & B · WHAT ELSE? · WHAT ELSE? · WHAT ELSE? · WHAT

PHILIPS
„Nur wer Erfahrungen hat, kann Neues entwickeln." Das gilt auch für DMB & B.

LEGO
Selbst Julius Caesar kann man aus Lego-Steinchen bauen, wie die Anzeige beweist.

DAK
Treppenlaufen als Fitneß-Werbung für eine Krankenkasse – so sieht kreative Werbung aus.

CHAPPI
Damit's ein Prachtkerl wird – nein, heute textet man solche Kampagnen etwas anders.

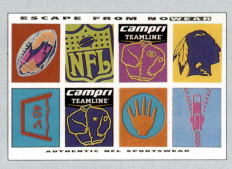

SPORTSWEAR
Escape From NoWear – zeitgemäße Outfit-Kampagne.

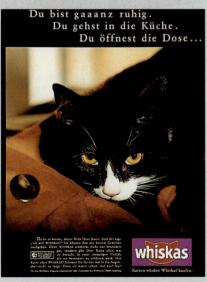

WHISKAS
Du bis gaaanz ruhig, Du gehst in die Küche. Du öffnest die Dose… Träume eines Kätzchens.

AB IN EIN NEUES ZEITALTER

DIE MEINUNG DES AGENTUR-„URVATERS" DAVID OGILVY, DASS „WERBUNG WEDER UNTERHALTUNG NOCH EINE FORM DER KUNST, SONDERN VIELMEHR EIN MEDIUM DER INFORMATION SEI" WIRD VON SEINEN ENKELN REGELMÄSSIG MIT HOCHÄSTHETISCHEN KAMPAGNEN WIDERLEGT.

OGILVY & MATHER FRANKFURT

DELLE KRAUSE (EXECUTIVE CD, LINKS), LOTHAR S. LEONHARD (CHAIRMAN)

GRÜNDUNG
1950

MITARBEITER
419

BILLINGS 1993
600,9 Mio. DM

GESCHÄFTSFÜHRUNG
Lothar S. Leonhard,
Reimer Thedens

KAMPAGNEROS
(Deutsche Bundesbahn „Trapez")
Arno Haus, Mike Ries (Creative Directors), Lutz Augustin (Art Director), Stefan Schmidt (Text), Gert Bostel, Peter Stiebeling (Beratung), Neue Sentimental (Filmproduktion), Paula Walker (Regie)

ADRESSE
Ogilvy & Mather GmbH
Werbeagentur
60591 Frankfurt
Hainer Weg 44
Telefon 069/96225-0
Telefax 069/96225-555

Ogilvy & Mather

Je größer eine Agentur ist, desto mehr hängt ihre Funktionstüchtigkeit von geschickter Arbeitsteilung ab. Diese Einsicht setzte das Team um Chairman Lothar S. Leonhard und Vice Chairman Reimer Thedens in das sogenannte Prinzip der „Orchestration" um. Gebildet wurden kleine, flexible Einheiten, die jeweils ihre eigenen Klienten betreuen, bei Bedarf jedoch im O&M-Firmenverband wirkungsvoll zusammenarbeiten können. Dahinter steckte auch die Erkenntnis, daß mit großen Komplexen die spezifische Leistungs-

nachfrage der Klienten nur ungleich schwerer effizient zu erfüllen ist. Doch die Frankfurter sind den anderen nicht nur bei ihrer innerbetrieblichen Struktur um einiges voraus. Ihre Kampagnen für American Express, World Wildlife Fund, rtv, Polaroid, Lufthansa und vor allem für die Deutsche Bundesbahn zeugen von der ungemein innovativen Kreativität des O&M-Orchesters. So hält es denn Kreativ-Chef Detlef („Delle") Krause auch für an der Zeit, „endlich mit der blödsinnigen Mär aufzuhören, große Networks könnten nicht kreativ sein".

Die Deutsche Bundesbahn wird ihre Agentur in den nächsten 100 Jahren jedenfalls wohl nicht wechseln. Ob die Einführungskampagne für den ICE oder die für die Bahncard, ob Print- oder Filmwerbung, die Arbeit wird generell mit Preisen überhäuft. Dabei ging es ja nicht nur um eine konkrete Angebotsbeschreibung oder Leistungsverbesserung, sondern um eine Kommunikationsstrategie, die die Rolle, Bedeutung und Verantwortung der Bahn als großer, öffentlicher Dienstleister darstellt. Die gesellschaftspolitische und ökologische Dimen- ➤

DIE SCHWERELOSIGKEIT DER BILDER UNTERSTREICHT DIE UNGEHEURE LEICHTIGKEIT DES BAHNFAHRENS.

ELSE? · OGILVY & MATHER · WHAT ELSE? · WHAT ELSE? · WHAT

AMERICAN EXPRESS

Die vielfach ausgezeichnete und inzwischen zu den Klassikern zählende American Express-Prominenten-Kampagne geht nun schon in das vierte Jahr ihres Einsatzes im deutschen Markt. Umfassende Recherchen und sehr persönliche Vorgespräche führten wieder zu treffenden Porträts, von der Fotografin Annie Leibovitz unverwechselbar realisiert: Karl Lagerfeld, Hanna Schygulla, Wim Wenders (von links).

max 43

◁ sion des Unternehmens sollte ins Bewußtsein gebracht werden. Die Kampagne kann als ein gelungenes Beispiel dafür gelten, daß sich auch für ein vermeintlich behäbiges, bürokratisch veranlagtes Staatsunternehmen eindrucksvoll Werbung machen läßt. Mit dem Anspruch, ein „Unternehmen Zukunft" zu sein, eröffnete die Bahn vor drei Jahren ein neues Zeitalter – den Hochgeschwindigkeitsverkehr. Aber auch ein neues Zeitalter, in dem das Verhältnis der Verkehrsträger untereinander neu bestimmt ist: Kooperation statt Konfrontation hieß jetzt die Devise. Die Zusammenarbeit mit Ogilvy & Mather begann unter dem Aspekt, daß die Bahn die einzige wirklich zukunftsweisende Lösung für die täglich steigenden Verkehrsprobleme sei. Und in der Agentur fand man die passenden Motive: Das Zusammenspiel mit anderen Verkehrsmitteln (Auto, Flugzeug) wurde herausgearbeitet, die schnelle Ein- und Anbindung der neuen Bundesländer in und an das Streckennetz deutlich gemacht und die besondere Bedeutung der Bahn als ökologisch verantwortbares Verkehrssystem herausgestellt. Die gesamte Kampagne besticht durch eindringliche Bilder und witzige, prägnante Werbebotschaften. ◼

FÜR KURZE ZEIT VERWANDELT SICH DIE BAHNHOFSHALLE IN EINE ZIRKUSMANEGE. DIE KUNSTSTÜCKE DER TRAPEZKÜNSTLER SYMBOLISIEREN DEN REIBUNGSLOSEN ABLAUF DES BAHNVERKEHRS.

ELSE? · OGILVY & MATHER · WHAT ELSE? · WHAT ELSE? · WHAT

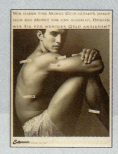

PRO KENNEX
Der tumbe Tennisschläger ist zum hochtechnisierten Sportgerät geworden.

ERDMANN
Ein willkommene Abwechslung zum nackten Frauenkörper.

FRANKFURTER RUNDSCHAU
Ideale Werbung für eine unabhängige Zeitung.

WWF
Diese Kampagne sucht in ihrer Eindringlichkeit und Intensität ihresgleichen.

UND AB
DIE POST

ES GIBT ZWAR NOCH ÄLTERE AGENTUREN IN DEUTSCHLAND (BBDO FEIERTE VOR KURZEM DEN 100.), ABER KEINE IST SO SEHR ZUR INSTITUTION GEWORDEN WIE LINTAS. DIE AUF DIE 70 ZUGEHENDE FIRMA SCHIPPERT MIT GELASSENHEIT DEM NÄCHSTEN JAHRTAUSEND ENTGEGEN UND BAUTE DAFÜR IN HAMBURG EIN GROSSES HAUS.

HARALD HOTOPP (CD)

LINTAS HAMBURG

VON LINKS: HANS-JÜRGEN KLÖTZING (MANAGING DIRECTOR BERATUNG), DR. INGO ZUBERBIER (VORSITZENDER DER GESCHÄFTSFÜHRUNG), JOCHEN LEISEWITZ (MANAGING DIRECTOR GESTALTUNG)

GRÜNDUNG
1929

MITARBEITER
CA. 600

BILLINGS 1993
ca. 800 Mio. DM

GESCHÄFTSFÜHRUNG
Dr. Ingo Zuberbier, Hubertus Kress, Sven Kröger, Dr. Helmut Nägele, Jochen Leisewitz, H.J. Klötzing

KAMPAGNEROS (Postleitzahlen)
Harald Hotopp (Creative Director), Thomas Ohlsen (Projektleiter Beratung), Janne Ehlers, Susanne Thorhauer (Art Direction), Olaf Schmidt, Harald Hotopp (Text), Michael Wepler (Geschäftsführung Creation), Ulrich Grundmann (Geschäftsführung Beratung), Ully Arndt (Illustrator), Michael Schaak (Regie), Trickcompany Hamburg (Filmproduktion)

ADRESSE
Lintas Deutschland GmbH
Burchardstraße 8
20095 Hamburg
Telefon 040/33975-01
Telefax 040/33975-590

LINTAS

Als erste und wichtigste Bedingung für erfolgreiche Werbung gilt bei der Lintas die strategische Planung, das präzise Einfühlen und Eindenken in die jeweilige Zielgruppe. Dieses genaue Planen bedingt ungemein lange Vorbereitungszeiten für die einzelnen Kampagnen. Wie aufwendig dieses Vorgehen ist, verdeutlicht auch die Zahl der ausschließlich mit diesem Thema beschäftigten Mitarbeiter, in der Strategischen Planung arbeitet mittlerweile ➤

◁ ein volles Dutzend. Die Betonung liegt also weniger auf innovativer, medaillenträchtiger Kreativität, sondern auf solider, langfristiger Markenführung, die den Kunden bislang sehr zugute kommt. Besonders Riesenunternehmen wie Coca Cola, Honda, IBM, Holsten und Verbände, Institutionen und internationale Multis fühlen sich bei der Lintas in guten Händen. Doch Kampagnen wie „Ich war eine Dose", „Komm ins Lüpi-Land" oder der Evergreen „Du darfst" strafen alle Spötter Lügen, die da behaupten, daß die Lintas ein Koloß ohne Inspiration sei. Kreativität ist im Übermaße vorhanden, doch sie ist den Erfordernissen der jeweiligen Aufgabe untergeordnet. So kommen so unterschiedliche Ergebnisse wie die provokante Sozialwerbung „Fuck Aids" und die eher brave Kampagne zur Popularisierung der neuen Postleitzahlen für die Deutsche Bundespost zustande.

Doch bevor man sich über eine Figur wie Rolf lustig macht, muß man sich erstmal die Schwierigkeit der Aufgabe vor Augen führen, mit der die Agentur konfrontiert war. Creative Director Harald Hotopp sah ihr gelassen entgegen: „Einfach spannend, den Leuten etwas schmackhaft zu machen, auf das sie überhaupt keine Lust hatten. Nicht weniger spannend war die ungewöhnliche Zielgruppe: wir alle! Also nicht weniger als 80 Millionen Bundesbürger. Gibt´s selten. Wir brauchten also etwas, was allen Spaß macht und gleichzeitig die Inhalte transportiert." Es mußte eine Art kleinster Nenner gefunden werden, die Stimme des Volkes mußte zum Ausdruck gebracht werden. Man kam auf das Symbol einer Handfigur, weil sie etwas anpackt, etwas bewegt. Es scheint die richtige Lösung gewesen zu sein: drei Monate nach der Einführung der neuen Postleitzahlen hatten bereits 97% der Bevölkerung umgestellt.

Vielleicht erkannte es ein ausländischer Beobachter am treffendsten: Könnte es nicht sein, daß Rolf einfach ein Spiegelbild der Deutschen ist? Am Anfang wird immer erst einmal gemeckert. ■

DIE VON OTTIFANTEN-ZEICHNER ULLY ARNDT GE-STALTETE ROLF-FIGUR HATTE EINIGE VORLÄUFER. KLAR WAR VON ANFANG AN NUR, DAß ES SICH UM EINE ANIMIERTE HAND HANDELT.

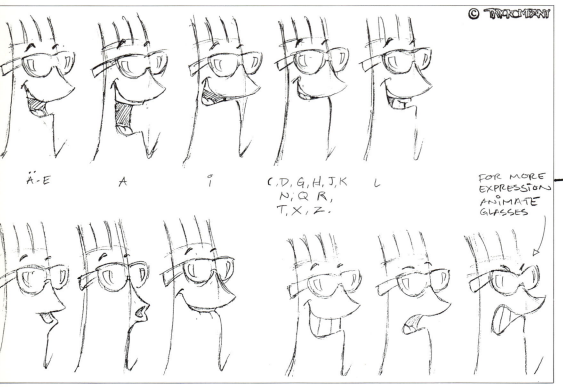

VON DER KONSTRUKTIONS-PHASE BIS ZUM FERTIGEN LOGO: SO KENNT „ROLF" HEUTE JEDER BUNDESBÜRGER.

max 47

ELSE? · LINTAS · WHAT ELSE? · WHAT ELSE? · WHAT ELSE? · WHAT

FUCK AIDS
Kondomisierungskampagnen sind für die Werber ein gefundenes Fressen. Ob Mapplethorpes provokante Fotos oder Schirners blanker Penis, das Thema scheint die Phantasie zu beflügeln. Das liegt zum einen daran, daß bei der Bekämpfung von Aids gerade die schonungslose Offenheit gefordert ist, die bei anderen Kampagnen möglichst vermieden wird. Die wirksamste Waffe gegen die Krankheit ist, daß man über sie spricht, ohne jedes falsche Schamgefühl. Zum anderen rührt Aids an unsere tiefsten Ängste und Begierden. Es geht um Sex und Tod, die zwei inspirierendsten Themen der Welt. Interesse muß gar nicht erst geweckt werden und nach Symbolen und Bildern nicht lange gesucht. Der mit einem Pariser versehene Mittelfinger ist so ein Bild, schnörkellos, direkt, zur Sache.

TELEKOM „ARCHE NOAH"
Die Gebrüder Lauenstein bedürfen seit des Oscar-Gewinns für ihren genialen Kurzfilm „Balance" wohl keiner weiteren Vorstellung. Von ihnen gestaltete Spots erkennt man vor allem an der perfekt gehandhabten Stop-Motion-Technik, bei der der Film aus Einzelaufnahmen besteht.

LINTAS SOZIALWERBUNG
Gegen das bedenkenlose Verschenken von Haustieren richtete sich dieser Spot. Man kann nur hoffen, daß er in vieler Leute Bewußtsein gedrungen ist.

BAHLSEN „OPER"
Heutige Spots betonen gerne die Individualität, die der Besitz und Genuß des angepriesenen Produktes dem Käufer verschafft. So auch ein Bahlsen Butterkeks. Zur richtigen Zeit am richtigen Ort läßt er einen aus der Masse herausragen.

DAUERBRENNER
STATT WUNDERKERZEN

DAS KREATIVTEAM VON DEUTSCHLANDS AGENTUR-GIGANT – DER NUMMER 1 – LANDETE MIT DEM ARAL-SPOT „FAHRSCHULE" EINEN WEITEREN MEGAHIT, DER MIT AUSZEICHNUNGEN ÜBERHÄUFT WURDE.

VON LINKS: FRANK SCHNEIDER (GESCHÄFTSFÜHRER CREATION), MICHAEL HAUSBERGER (CHAIRMAN UND EXECUTIVE CREATIVE DIRECTOR), EVELYNE WENZEL (GESCHÄFTSFÜHRER CREATION)

BBDO DÜSSELDORF

GRÜNDUNG
(BBDO Düsseldorf)
1956

MITARBEITER
ca. 210

BILLINGS 1993
(BBDO Gruppe Deutschland)
1,011 Mrd. DM

GESCHÄFTSFÜHRUNG
Michael Hausberger (Chairman), Anton Hildmann, Frank Schneider, Horst Stephan, Prof. Vilim Vasata, Klaus Wendler, Evelyne Wenzel

KAMPAGNEROS
(Aral „Fahrschule")
CD Michael Hausberger

ADRESSE
BBDO Düsseldorf
Werbeagentur GmbH
Königsallee 92
40212 Düsseldorf
Telefon 0211/1379-0
Telefax 0211/1379-621

BBDO DÜSSELDORF

Die ganze Agentur ist ein Dauerbrenner: Seit über 100 Jahren gibt es BBDO New York und die Düsseldorfer Dependance ist die zweitgrößte Agentur des weltumspannenden Networks. Button, Barton, Durstine und Osborne wären stolz auf ihre Nachfahren! Nach wie vor das letzte Wort im Hause BBDO hat stets die Phantasie und nicht das Geld – denn von den sieben Geschäftsführern sind vier Kreative. Die haben dann auch stets die erforderliche Freiheit und werden vom Mutterhaus nicht am Gängelband geführt. In ➤

DAS STORYBOARD ARAL- „FAHRSCHULE"

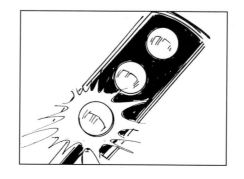

max 50

◀ Düsseldorf beweist Michael Hausberger mit seiner Aral-Kampagne, wie man gute und erfolgreiche Publikumswerbung macht.

Alles Super. Wie entwickelt man aus solch einem simplen Satz eine TV-Kampagne, die das gleiche sagt? Man erzählt Geschichten, die jeder kennt oder schon am eigenen Leibe erlebt hat. Sowohl in den Autofahrer auf Wanderschaft mit seinem leeren Benzinkanister aus dem Vorläuferspot als auch in den leidgeplagten Fahrschüler hinter dem Steuer des Fahrschulautos kann sich jeder motorisierte Zuschauer hineinfühlen. Die Entwicklung der Grundidee für den Aral-TV-Spot „Fahrschule", nämlich eine von jedem schon einmal gemachte Erfahrung in einen kleinen Kurzfilm zu verpacken, läßt sich hervorragend am Storyboard verfolgen. Dieses wurde schließlich von der englischen Werbefilmproduktion RSA unter Regisseur John Marles umgesetzt. 1993 wählten die Zuschauer von RTL 2 den Film zum beliebtesten deutschen Werbespot: Die Identifikations-Idee ging auf, wozu auch der eingängliche Soundtrack beitrug. Die Kampagne hat sich in drei Jahren zu einem Dauerbrenner in Deutschlands Fernsehwerbung entwickelt – im Zeitalter von Zapping und werbemüden Zuschauern eine gewaltige Leistung.

Auch andere Kampagnen des Hauses gewannen mit zunehmender Laufzeit an Publikumswirkung: Die Werbefilme für Diebels-Bier z.B. laufen seit über drei Jahren ohne nachlassende Wirkung. Der dazugehörige Song „Welch ein Tag" ist bereits 200.000 mal verkauft worden, viele Leute wünschen ihn sich zu Kindtaufen, Hochzeiten und Geburtstagen. ■

MIT GESCHICHTEN, DIE JEDER SCHON MAL AM EIGENEN LEIBE ERFAHREN HAT, EROBERTEN DIE ARAL-SPOTS DIE HERZEN DER ZUSCHAUER.

ELSE? · BBDO · WHAT ELSE? · WHAT ELSE? · WHAT ELSE? · WHAT

DIEBELS
Die seit über drei Jahren laufende Kampagne erfreut sich mit zunehmendem Alter immer größerer Publikumsbeliebtheit.

DR. OETKER
Seit 18 Jahren bei BBDO. Qualität ist das beste Rezept.

LBS
Eine Anzeige für Deutschlands größte Bausparkasse von Deutschlands größter Agentur.

SEAT
Die Anzeigen zeigen die Marke als glückliche Verbindung von spanischem Lebensgefühl mit deutscher Technik.

HANDELSBLATT
Auch auf den ersten Blick schwer zu bewerbende Marken sind, wie man sieht, kein Problem für die Werbe-Profis von BBDO.

AUFS KORN GENOMMEN

INGO KRAUS

MICHAEL RICHTER

BERND M. MISSKE

PETER SKROCH

 DIE GROSSAGENTUR AUS FRANKFURT FINDET MEHR ALS NUR HIER UND DA EIN KORN – DAS LEGEN GOLDENER EIER GEHÖRT BEI DEN KREATIVEN UM BERND MISSKE ZUR TAGESORDNUNG.

HAUPTROLLE FÜR DEN BOSS: FRANS F. MOOTZ

YOUNG & RUBICAM
FRANKFURT

GRÜNDUNG
1955

MITARBEITER
511

BILLINGS 1993
627,6 Mio.DM

GESCHÄFTSFÜHRUNG
Ingo Krauss (Vorsitzender), Michael Richter (Managing Director), Peter L. Brocker, Karl Fischer, Bernd M. Misske, Frans F. Mootz, Peter Skroch

KAMPAGNEROS
(Nordhäuser Korn) Hartmut Bauer (Associated CD), Thomas Hofbeck (Art Director)

ADRESSE
Young & Rubicam GmbH
Werbeagentur
Bleichstraße 64
60313 Frankfurt
Telefon 069/21920
Telefax 069/2192430

Y&R
Young & Rubicam GmbH

Young & Rubicam ein Fossil unter den deutschen Werbeagenturen zu nennen, trifft nur insofern als sich die Deutschland-Dependance des Network-Multis aus New York schon ein paar Tage länger als der Großteil ihrer Mitbewerber im Agentur-Markt bewegt. Genau seit 1955 und pausenlos mit festen Stammplätzen in der Top-Ten. Kalkablagerungen im kreativen Maschinenwerk sind nicht auszumachen. Als beispielsweise neue europäische Märkte erschlossen wurden, ging Y & R, geführt von Ingo Krauss, einem unbe-

strittenen Topmanager der Branche, voran, mit länderübergreifenden Werbekonzepten in der Tasche.

Im wiedervereinigten eigenen Lande machte derweil ein Federvieh Furore. Das Nordhäuser-Huhn, das sich Young & Rubicam als Troubleshooter für die vom Abbuddeln bedrohte ostdeutsche Traditionsmarke einfallen ließ.

Inzwischen war Nordhäuser bei Eckes gelandet und dort verfolgte die Marketingabteilung einfach nur das Ziel, ihn „zur größten nationalen Doppelkornmarke" in Ost und West werden zu lassen. Young & Rubicam nahm den ehrwürdigen Titel aufs Korn. Alles klar, es lag am Korn, am „richtigen" Korn. Nicht Weizen, Roggen mußte es sein. Und fortan pickte sich 30 Sekunden lang ein Huhn von Körnchen zu Körnchen, wohlgemerkt Roggen und nicht Weizen, über den Bildschirm – bis es bei einer Flasche Nordhäuser anlangte, die ein Kornfreund gerade genußvoll in Arbeit hatte.

Young & Rubicam brachte diese schlicht geniale Idee mit dem schlauen Huhn eine ziemliche Körnerstrecke an Preisen ein: Berliner Klappe (Gold), Cannes (Bronze-Löwe), New York Festival (Gold), ADC (Silber), ADC Europe (Auszeichnung), um nur einige zu nennen. Kein blindes Huhn also, das auch einmal ein Korn findet, nein, ein Roggen pickendes Huhn, das für Nordhäuser und Young & Rubicam goldene Eier legt. ■

DAS STORYBOARD ZUM NORDHÄUSER-SPOT GIBT BEREITS DAS PUTZIGE FLAIR DES FERTIGEN PRODUKTS WIEDER.

ELSE? · **YOUNG & RUBICAM** · WHAT ELSE? · WHAT ELSE? · WHAT

EKTACHROME
Um die Lebensnähe und Plastizität der Dias zu veranschaulichen, wurde die Realität kurzerhand in ein Dia verwandelt.

AUSLÄNDER RAUS?
Der begrenzten Sichtweise aller Parolenschreier dieser Welt hält Y & R entgegen: Aus der Sicht des Mondes sind wir alle gleich.

CAREFREE
Thema Slipeinlagen: Die Agentur präsentiert es in einem neuen, witzigen Kontext. Die Botschaft heißt trotzdem „klein und clean".

AUF NUMMER SICHER

EIN BLICK AUF DIE KUNDENLISTE VON WENSAUER DDB NEEDHAM GLEICHT EINEM BLICK INS BRANCHENBUCH: VON DER AIRLINE ZUM MINERALÖL, VOM FOOD-BEREICH BIS HIN ZUR DIENSTLEISTUNG IST DEM BRANCHENRIESEN FREMD.

M. STADLER, R. KÖRNER, E. WENSAUER, G. TIBI

WENSAUER DDB NEEDHAM
DÜSSELDORF

GRÜNDUNG
1961

MITARBEITER
ca. 353

BILLINGS 1993
ca. 463 Mio.

GESCHÄFTSFÜHRUNG
Deutschland: Rolf D. Körner (Chairman),
Manfred Stadler
Management-Beirat:
Eberhard P. Wensauer
(Vorsitzender)

KAMPAGNEROS
(VW AIRBAG)
Norbert Andrup, Wolfgang Bahle, Reiner Dewerter, John Meszaros

ADRESSE
Wensauer DDB Needham Worldwide GmbH
Werbeagentur
Vagedesstr. 19
40479 Düsseldorf
Telefon 0211/4961-0
Telefax 0211/4961-128

WENSAUER · DDB · NEEDHAM
LUDWIGSBURG

Mit Agenturgründungen, Fusionen und schließlich seinem spektakulären Rückzug aus dem Tagesgeschäft machte Eberhard P. Wensauer, der vom Glück verwöhnte Sonnyboy der Werbebranche, immer wieder Furore.

Bevor er sich mit der Agentur Schäfer und Wensauer in Stuttgart selbstständig machte, arbeitete er lange in Frankfurt, startete als Creative- und Art Director. Jetzt zog es ihn ins Schwäbische, wo er mit Wensauer und Partner erstmals für Großkunden arbeitete,

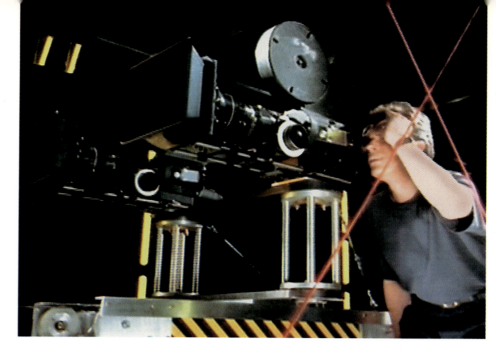

und für diese Arbeit auch mit den Insignien der Branche, sprich den Großen Preisen, bedacht wurde. Nach einem knappen Jahrzehnt hatte sich Wensauer so viel Ansehen erworben, daß die Verschmelzung mit der Deutschland-Dependance einer der größten Agenturen der Welt nur noch eine reine Formsache war. DDB-Needham „schluckte" Wensauers Agentur, der Chef blieb aber auch in der Düsseldorfer Zentrale der Boß und kassierte zudem genug Geld für einen ruhigen Lebensabend. Doch davon sollte noch längst keine Rede sein, denn auf dem Weg zur Spitze der umsatzstärksten deutschen Agenturen waren noch Hürden zu nehmen. Der Kontakt zur Mutteragentur in New York sowie die Verbindung zu Fritsch, Heine Rapp und Collins und zu den zwei Wensauer DDB-Filialen in Frankfurt und Ludwigsburg ließen die Düsseldorfer bald Rang acht der Top Ten einnehmen – eine ganze Armada von Neukunden soll die Durchstarter-Riege weiter nach oben katapultieren.

Diese einfache Linie wird besonders an der neuen VW-Airbag-Kampagne deutlich. Volkswagen war der erste Automobilhersteller, der den Airbag für Fahrer und Beifahrer in der unteren Mittelklasse zu einem verhältnismäßig günstigen Preis anbot. Deshalb beschränkt sich die Botschaft in Print- und elektronischen Medien auf die Fakten: Soviel kostet das Airbag-System und so funktioniert es. Kurz und bündig ist auch der Spot. Es wird auf jegliches Image-Getue verzichtet, der Zuschauer hat den Eindruck, Zeuge einer wissenschaftlichen Vorführung zu sein. Schlicht und effektiv – das Markenzeichen der meisten Kampagnen von W DDB N. ■

DAS SPEKTAKULÄRE UND DANK AIRBAG HARMLOSE ENDE DER KAMERAFAHRT VERANSCHAULICHT DAS LUFTSACK-PRINZIP IN DRAMATISCHER WEISE.

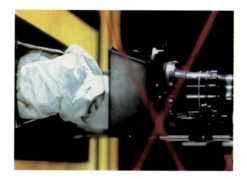

ELSE? · WENSAUER DDB NEEDHAM · WHAT ELSE? · WHAT ELSE?

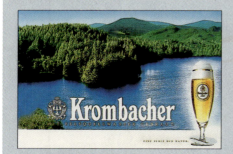

KROMBACHER
Bei W DDB N spart man sich die vielen Worte und läßt die Bilder sprechen: Krombacher steht für Natur und Frische. Und Natur bedeutet Harmonie.

OUZO
Vom griechischen Restaurant in die Szene-Kneipe – der Siegeszug des Ouzo.

LIGNE ROSET
Nicht jede witzige Kampagne kommt aus kleinen Kreativ-Agenturen...

FOSTER'S
Mit atemberaubenden Aufnahmen der australischen Wildnis wurde das Foster's Bier vom fünften Kontinent auch in Deutschland bekannt gemacht.

KNOW HOW
UND CHARME

DER ZUSAMMENSCHLUß DER OHNEHIN SCHON GRÖSSTEN EUROPÄISCHEN AGENTURGRUPPE EUROCOM MIT RSCG IM JAHRE 1992 WAR NICHT AUF ANHIEB EIN RIESENERFOLG. DIE ETATGEWINNE DER LETZTEN BEIDEN JAHRE JEDOCH BEZEUGEN DIE ZUNEHMENDEN VORTEILE DIESER FRENCH CONNECTION.

THOMAS SCHUBERT, MARTIN STAUBACH, MARKUS SEEBICH (V.L.)

JOCHEN RANG (CHAIRMAN)

EURO RSCG DÜSSELDORF

GRÜNDUNG
1992

MITARBEITER
170

BILLINGS 1993
ca. 235 Mio. DM

GESCHÄFTSFÜHRUNG
Jochen Rang (Vorsitzender), Erika Kohlhoff, Hans G. Reinmöller

KAMPAGNEROS (Peugeot)
Wilfried Engbrox, Detlef Goldbaum, Thomas Schubert (Creative Directors), Martin Staubach (Art Director), Markus Seebich (Texter), Gerard Pires (Regie)

ADRESSE
Euro RSCG Werbeagentur GmbH
Grafenberger Allee 125
40237 Düsseldorf
Telefon 0211/99160
Telefax 0211/9916271

Alain de Pouzilhac, Chef des französischstämmigen Networks Eurocom, wollte 1991 die Hegemonie der amerikanischen Werbemultis aufbrechen und zum großen Gegenschlag ausholen. Der Zusammenschluß mit der deutschen Agentur RSCG sollte eine Art Kampfansage sein. Doch das neue Riesenbaby mußte sich erstmal mit einer Reihe Kinderkrankheiten herumschlagen. Zahlreiche Kunden kehrten in der Folge des Zusammenschlußes der Agentur den Rücken, der damalige Geschäftsführer Helmut Sendlmeier

EIN SCRIBBLE, EINE MESS-LATTE, EIN GRAFIKCOMPUTER – UND FERTIG IST DIE ANZEIGE MIT „MR. LONGARM".

nahm seinen Hut und sein Nachfolger Jochen Rang hatte alle Hände voll zu tun, die Agentur zusammenzuhalten. Auch der Ausstieg des langjährigen Weggefährten aus den Zeiten der RSCG, Werner Butter, tat nichts zur Besserung der Lage. Henkel, Club Med, Novell, Seiko und Langnese Honig hinterließen bei ihrem Abgang unangenehme Löcher. Doch andererseits hatte man auch einige Neuzugänge zu verzeichnen, die ohne den Zusammenschluß mit Eurocom wohl kaum denkbar gewesen wären: Namen wie France Telecom, Elf Minol, Air France oder Evian geben der Kundenliste der Agentur einen angenehm internationalen Beiklang. Auch deutsche Neuzugänge wie Schöller, Ültje und Scotch Klebebänder gaben Anlaß zum Aufatmen.

Eine der interessantesten Kampagnen des Hauses im letzten Jahr entstand für den französischen Kunden Peugeot. Die CDs Wilfried Engbrox, Detlef Goldbaum und Thomas Schubert stellten das Produkt selbst, den Peugeot 306, und diejenigen, die für seine zahlreichen Qualitäten geradestehen, die Ingenieure des Autos, im wahrsten Sinne des Wortes in den Focus. Technisches Know-How und menschlicher Charme sollten auf ebenso informative wie menschliche Weise verbunden und dem Verbraucher ebenso sachlich wie informativ vermittelt werden.

Im Vordergrund der Printkampagne standen die beiden Qualitäten „Langer Radstand" und „Breite Spur", für deren Veranschaulichung die abgebildeten Ingenieure ganz ungewöhnliche körperliche Fähigkeiten an den ➤

ELSE? · EURO RSCG · WHAT ELSE? · WHAT ELSE? · WHAT ELSE

HEINZ KETCHUP
Ein Short-Order-Koch im US-Diner: Hier wird mehr Ketchup verbraucht als überall sonst auf der Welt...

ALLIANZ
Schon das Baby ist mitversichert – die Kreativen von Euro RSCG zeigen ein Neugeborenes und vermitteln damit Nähe zum Produkt.

BETTY BARCLAY
Die Siebziger kommen wieder – nirgendwo drückt sich dies besser aus als in der Betty-Barclay-Kampagne.

◂ Tag legten. Das Geradestehen fürs Produkt wird aber noch anschaulicher im TV-Spot vor Augen geführt, den der französische Regisseur Gerard Pires in Frankreich drehte. Das Slalomfahren um die Ingenieure, das auf dem Storyboard noch so harmlos ausgesehen hatte, erwies sich in der Realität als hochdramatisch. Um den Schauspielern höchste Sicherheit zu gewährleisten, fanden vor dem eigentlichen Dreh etliche Fahrproben mit zwei eigens angeheuerten Stuntspezialisten statt. Und der Mann, der den Peugeot 306 schließlich um die menschlichen Pylonen herumfuhr, war kein Geringerer als der ehemalige Formel-1-Fahrer Jean Pierre Jabouille. Für den französischen Autohersteller Peugeot kam es darauf an, eventuellen Kaufinteressenten des größten Konkurrenten des „306", dem VW-Golf nämlich, zu beweisen, daß auch aus Frankreich Fahrzeuge kommen können, deren Zuverlässigkeit und Fahrverhalten mit den legendären Eigenschaften des in Deutschland bekannten Produktes mithalten können. Die ersten Zulassungszahlen des neuen Peugeot belegen, daß Euro RSCG die Einführung dieses neuen Fahrzeugs mit der richtigen Kampagne vorbereitete. ■

DAS STORYBOARD

Detailliert wie der fertige Film sah bereits der gezeichnete Entwurf zum „Peugeot 306"-Spot aus: Auf einem Flugfeld im Süden Frankreichs versammelt sich eine Reihe von Ingenieuren. Die Atmosphäre ist gespannt, als sich ein Fahrzeug mit einem Kollegen am Steuer nähert. ➤

DER MANN FÄHRT AUF DIE INGENIEURE ZU, MAN ERKENNT DEN „306"

NAHAUFNAHME EINES LÄCHELNDEN INGENIEURS UND DES RIVALEN – KLAR, WER MIT „RIVALE" GEMEINT IST...

DIE GRUPPE DER INGENIEURE VERMITTELT KOMPETENZ UND RUHE – DIESEN HERREN TRAUT MAN EINE MENGE ZU

DER WAGEN FÄHRT IM SLALOM UM DIE MÄNNER HERUM, DIE RELATIV GELASSEN, JEDOCH GESPANNT ZUSCHAUEN

◁ Als ironischer Schlußgag ertönt über das Feld jetzt noch eine Lautsprecherdurchsage, daß dieser Test jetzt mit einem Fahrzeug der Konkurrenz wiederholt werde. Ein empörendes Ansinnen, die Ingenieure stellen die Kegel wieder auf den Boden zurück und zerstreuen sich.

ENDE

OFFEN FÜR GUTE IDEEN

DIE VOR VIERZIG JAHREN GEGRÜNDETE AGENTUR HAT DEUTSCHE WIRTSCHAFTSWUNDER-MARKENGESCHICHTE GESCHRIEBEN. OB ODOL, MOULINEX ODER DIE GUTE ALTE HB ZIGARETTE: SCHON UNSERE ELTERN UND GROßELTERN WURDEN VON GREY UMWORBEN.

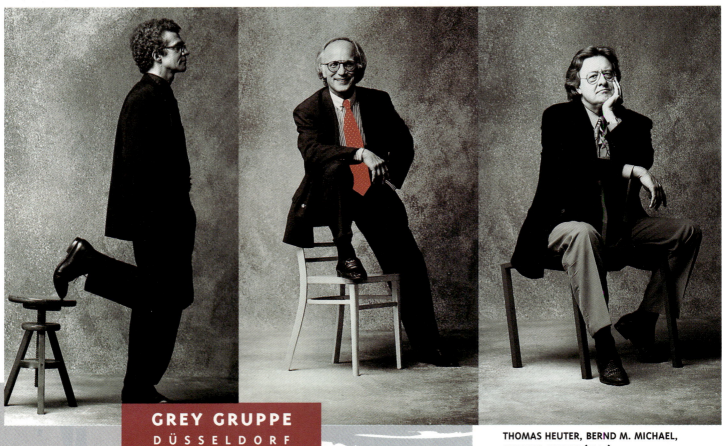

GREY GRUPPE DÜSSELDORF

THOMAS HEUTER, BERND M. MICHAEL, CHARLES GREENE (V.L.)

GRÜNDUNG
1953

MITARBEITER
644

BILLINGS 1993
804,5 Mio. DM

GESCHÄFTSFÜHRUNG
Bernd M. Michael,
Peter Schmidt,
Charles Greene (Kreation)

KAMPAGNEROS (Undercover)
Thomas Heuter (Creative Director), Barbara Poxleitner (Art Director), Werner Busam, Vanja Tonkovic (Text), Kevin Molony (Regie), Sid Roberson (Produktion)

ADRESSE
Grey Düsseldorf GmbH & Co KG Werbeagentur
Corneliusstraße 16-24
40215 Düsseldorf
Telefon 0211/3807-270
Telefax 0211/3807-456

Seitdem die damalige, legendäre Familien-Agentur „Werbe-Gramm" in den siebziger Jahren wie so viele andere Agenturen Opfer des eigenen Generationsproblems geworden und von der US-Gruppe Grey übernommen worden war, hat sie sich zu einem wahren Imperium entwickelt. Sie besteht heute aus nicht weniger als 17 Einzelgesellschaften, die in sieben deutschen Städten ansässig sind. Der besondere Stolz der Agentur gehört natürlich der überdurchschnittlich hohen Zahl betreuter Traditionsmarken, wie etwa

Brandt-Zwieback, Melitta und die B.A.T.-Zigarette HB. Eine solche Treue beweist die Fähigkeit der Agentur, sich den Trends der Zeit anzupassen und ihre Werbestrategien dementsprechend zu modifizieren.

Für den innovativen Geist von Grey spricht auch die Gründung der neuen Agenturformation Abels & Grey im Januar 1994. Dahinter steht der Anspruch, „eine neue Kategorie von Agentur" zu schaffen, so Top-Werber Reinhard Abels. Damit wird der Versuch unternommen, eine gesellschaftsrelevantere und effizientere Kommunikation zu ermöglichen. Non-Profit-Organisationen und öffentlichen Institutionen soll eine neue Art imagefördernder Beratung und Umsetzung geboten werden. Das Bundesverteidigungsministerium ist Gründungskunde. Die wohl originellste Kampagne des letzten Jahres aus dem Hause Grey war die Undercover-Kampagne für die Marke HB. Creative Director Thomas Heuter dazu: „Undercover ist die schräge, schrille, abgedrehte Zigarettenmarke, die im Stil eines Szenekabarettisten enthüllende Unterhaltung bietet. Auf der Packung, in der Werbung, bei Promotions. Dabei werden in respektloser Art Objekte, Themen, Trends und Entwicklungen der Zeit kommentiert bzw. persifliert." Aufregend an dieser Kampagne ➤

DIE UNDERCOVER-KAMPAGNE ERREGTE AUFSEHEN DURCH DIE VERSCHLEIERUNG DES PRODUKTES.

ELSE? · GREY GRUPPE · WHAT ELSE? · WHAT ELSE? · WHAT ELSE

HB
Eine der vielen Traditionsmarken, für die Grey immer wieder zeitgerechte Kampagnen entwickelt hat.

VIALA
Betont wird die besondere individuelle Note.

OTTO KERN
Der Körper wird zum Gesamt-Kunstwerk.

LAURA BIAGIOTTI
Venezia, der Duft, der Männer provozieren soll – ob's klappt?

◂ war vor allem die bewußte Verschleierung des Produktes. Man wußte zwar, daß es sich um eine Zigarette handelt, aber die Marke selbst blieb ein Mysterium. Die Box war komplett schwarz und das Wort „Undercover" auf der Schmalseite löste das Rätsel auch nicht. Wer den Aufkleber auf der Frontseite abzog, war dem Geheimnis zwar auf der Spur, doch die endgültige Auflösung ließ noch auf sich warten. Erst ein versteckter Hinweis innerhalb der Box entschleierte das Rätsel. Die Anschließung an die zeitgleiche Promotion-Kampagne für Francis Ford Coppola´s „Dracula" verstärkte noch zusätzlich die Aura des Düsteren und Geheimnisvollen, die das Produkt umgab.

Im Mittelpunkt der Kampagne stand nicht die Zigarette selbst, sondern die sie umgebende Packung. Man mußte einer solchen schwarzen Box habhaft werden, nicht um einen bestimmten Tabakgeschmack zu kosten, sondern um hinter das Geheimnis zu kommen. Genial. Auch für Dr. Best und den Melittamann sind wir Grey zu ewigem Dank verpflichtet - welche anderen Werbe-Charaktere kann man sonst mit einer solchen Freude hassen? ◼

DIE VIER WEIßEN PASSERKREUZE AUF SCHWARZEM GRUND SIND UNGEWÖHNLICHE SIGNALE — DIE PACKUNG SELBST IST ZUM MINIKINO GEWORDEN.

AGENTUREN

GIANTS

CHAMPIONS
[Sie gewannen auf Wettbewerben und Festivals viele Preise]

MAX-FAVORITES

INTERNATIONALS

NEWCOMER

DIE REDAKTION WARNT:
Das Ein- oder Nichteinordnen
in diese Kategorie stellt keine
Wertung dar – der Rechtsweg
ist also ausgeschlossen...

TIERISCH GUT

AFFENTHEATER UND PREISE OHNE ENDE – DIE TOYOTA-SPOTS DES DÜSSELDORFER AGENTURRIESEN BEWEISEN HÖCHST EINDRUCKSVOLL: „NICHTS IST UNMÖÖÖGLICH".

DAS TOYOTA-KREATIVTEAM

KLAUS-JÜRGEN MÜLLER, MANAGING DIRECTOR

BMZ DÜSSELDORF

GRÜNDUNG
1971

MITARBEITER
172

BILLINGS 1993
Keine Angaben

GESCHÄFTSFÜHRUNG
Klaus-Jürgen Müller (Managing Director und Chairman Europe), Hans-Dieter Hoever (stellv. Geschäftsführer)

KAMPAGNEROS (Toyota)
Thomas Wulfes (Konzeption), Klaus-Jürgen Müller, Sven A. Crone (Beratung), Markenfilm GmbH (Produktion), Patrick Bouchitey, Ray Kook (Regie)

PREISE (AUSWAHL)
Edgar in Gold (TV-Spielfilm-Leserwerbung 1994), Goldene Kamera (Hörzu 1994), Goldene Europa (Saarländischer Rundfunk) u.v.a.

ADRESSE
Baums, Mang und Zimmermann Werbeagentur GmbH & Co. KG
Schirmerstr. 76
40211 Düsseldorf
Telefon 0211/1687-0
Telefax 0211/1687-100

BMZ

Baums, Mang und Zimmermann, die Agentur in Düsseldorf mit epidemischer Ausbreitungstendenz über Europa (Joint Ventures in Belgien, Dänemark, Finnland, Frankreich, Großbritannien, Italien, den Niederlanden, Norwegen, Portugal, Spanien, Schweden und Österreich) liefert seit zwei Jahren einen denkwürdigen Beweis: in der Werbung ist es ohne weiteres möglich, eine ganze Marke zum Affen zu machen und ihr damit zu einem triumphalen Erfolg zu verhelfen. So geschehen mit Toyota.

Angefangen hatte das tierische Theater mit Anzeigen zur Corolla-Einführung. „Der neue Corolla hat vieles, was sonst nur große Tiere haben", hieß es auf der Titelseite eines zwölfseitigen Beihefters, dazu gab es ein Löwenbaby zu sehen. Gleichzeitig ward der Gedanke geboren, mit tierischen Analogien die Produkt-Features des neuen Corolla in dreiseitigen Anzeigen anzupreisen: Erster Propagandist war ein balzender Bindenfregattvogel (bei der Balz füllt ebenjener Vogel seinen roten Kehlsack mit Luft zu einem großen Ballon). Copy: „Erfreulich, wer heute so alles mit einem Airbag unterwegs ist. Der neue Corolla." (Seit Mitte Januar dieses Jahres ist die „runderneuerte" Fassung dieser Kampagne in den Printmedien zu sehen.)

Den wahren Wirbel löste BMZ mit den Ende August 1992 gestarteten Werbespots aus. Die Idee, die Tiere in TV-Spots unterzubringen, hatte der langjährige Creative Director von BMZ Düsseldorf, Thomas Wulfes, als er mit seinen Kindern in Frankreich im Urlaub war. „La vie privée des animaux" hieß eine französische Serie, die man gemeinsam oft gesehen hatte. Dokumentarische Tierfilme, witzig geschnitten und vertont, ließen den Urwald mitsamt seinen Bewohnern in einem sehr humoristischen Licht erscheinen. Im Sinne von Slapstick und Satire diskutierten die Tiere wild drauflos. Mit der Erinnerung an diese Serie war die Idee für den neuen TV-Spot geboren. Das Affentheater im Dschungel, in bester Comedy-Manier in Szene gesetzt, steigerte binnen vierzehn Tagen den Werbebekanntheitsgrad des Corolla im Segment der Kompaktwagen um 176 Prozent, die „spontane Modellbekanntheit" stieg um 58 Prozent. Selbst Ausstattungsfeatures wie der Seitenaufprallschutz wurden auf Anhieb erinnert. ➤

TOYOTA „KAMEL"
DAS STORYBOARD

AFFE:
Hey Sie, nicht auf's Klo gehen.

ÜBER AUTO:
Oder kennen Sie etwa schon den neuen Carina Combi? der begeistert alle…

KRATZENDER AFFE:
…naja, fast alle.

Mullah:
Ohhhhhhh Carina, ich liebe dich als Kombiiiii…

LACHENDE AFFEN:
Guck mal, der liebt sein Auto.

ÜBER AUTO:
Ich sage nur Magermix-Motor…

KAMEL:
…wenig Durst…

MULLAH:
Ooooooh du Genügsamer…

AFFE:
Brumm brumm, auf den fahr ich voll ab, brumm brumm…

ÜBER AUTO:
…zu meinem Schwager nach Köln.

AFFE:
Jetzt können Sie aufs Klo.

SINGENDE AFFEN:
Nichts ist unmöglich…

LACHENDER AFFE:
Ooooh, näääääää…

SINGENDE AFFEN:
…Toyota.

UNGEZÄHLTE STUNDEN IN ARCHIVEN, AM SCHNEIDETISCH UND IM SYNCHRONSTUDIO SIND NÖTIG, DAMIT TIERAUFNAHMEN, AUTOBILDER UND TON HARMONIEREN.

TOYOTA „KAMEL"
DER FILM

Das vom Art Directors Club Deutschland und anderen Fachinstanzen hochdekorierte Werk hielt zudem einen Teil der 172köpfigen BMZ-Mannschaft auf Trab: einige Mitglieder der gerade rekrutierten Toyota-Spot-Kultgemeinde erfragten telefonisch die nächsten Sendetermine. Sogar der gewöhnlich seltene Fall trat ein: Gratulanten. Womit bewiesen war, daß der Spot nicht in die Sparte „spielfilmunterbrechendes Ärgernis" gehörte.

Anmerkung: BMZ lebt nicht von Toyota allein. Auf der Liste stehen noch 36 weitere bestbekannte Kundennamen von Allied Distillers Ltd., Burger King, Citibank, Henkel Cosmetic, Ballantines Whisky, Gore-Tex, LTU, Radio FFN, Rheinmetall, SAT 1, die Württembergische Versicherung in Stuttgart, die Zeitungsgruppe WAZ in Essen und viele andere, die natürlich ebenso darauf setzen, daß nichts unmöglich ist…

ELSE? · BMZ · WHAT ELSE? · WHAT ELSE? · WHAT ELSE? · WHAT ELSE?

RADIO NRW
Die Kraftprotze zeigen dem Sender, wo's langgeht…

WÜRTTEMBERGISCHE
Schöne Metapher: Eine Versicherung als Fels in der Brandung.

MAPA
Mit Gummihandschuhen wär' das nicht passiert – origineller kann Werbung für ein so relativ „langweiliges" Produkt sicher kaum sein.

CITIBANK
Ein Anruf wird es klären: Wo gibt es die besten Konditionen? Das muß nicht immer die Bank an der nächsten Ecke sein…

THERAMED
An der Cocktailbar: Aus Mundwasser und Zahnpasta wird Theramed.

PATTEX
Egal, von wo aus man es betrachtet: Es klebt wie Pattex…

DIE KAMPAGNE AUF KURS HALTEN

Wenn ihnen heute jemand „Otto" ins Gesicht schreien würde, mitten auf der Straße, am hellichten Tage, dann würden sie doch auch vor sich hin murmeln: „Find' ich gut"? Ein Geniestreich der Hamburger Kreativschmiede BLB.

FRED BAADER (GESCHÄFTSFÜHRER UND CD)

FRED BAADER, THOMAS WITT, UWE LANG, DR. OLIVER HERMES, WOLFGANG BEHNKEN (V.L.)

BAADER, LANG, BEHNKEN
HAMBURG

GRÜNDUNG
1985

MITARBEITER
62

BILLINGS 1993
86 Mio. DM

GESCHÄFTSFÜHRUNG
Fred Baader, Wolfgang Behnken, Uwe Lang, Dr. Oliver Hermes, Thomas Witt

KAMPAGNEROS (OTTO)
Fred Baader (Creative Director), Nicola Gerber (Art Director), Pia Wilhelmi (Beratung), Helmut Huschka (Text und Agentur-Producer), HKF (Filmproduktion), Leslie Libman & Larry Williams (Regie), Boyan Barzelli (Kamera)

PREISE (AUSWAHL)
Die Otto-, Die Zeit-, Lada- und Kia-Kampagnen wurden mit Dutzenden von Preisen ausgezeichnet

ADRESSE
Baader, Lang, Behnken Werbeagentur GmbH
Van-der-Smissen-Str. 2
22767 Hamburg
Telefon 040/30616-0
Telefax 040/3805512

BAADER, LANG, BEHNKEN

Zu den langjährigen zufriedenen Kunden des Hauses Baader, Lang, Behnken gehört mit Sicherheit der Otto-Versand. Der Slogan „Otto... find´ ich gut" ist wohl mittlerweile so tief in unser aller Unterbewußtsein verankert, wie es einstmals die zehn Gebote waren. Ein besseres Kompliment kann man einer Agentur wohl nicht machen. Einfach, einprägsam, schon fürs kleine Kind leicht zu wiederholen und auf immer und ewig mit einem bestimmten Produkt verbunden. ➤

OTTO „BADEANZUG"
DAS LAYOUT

OTTO „BADEANZUG"
DER FILM

OTTO „HOCHZEIT"
DAS LAYOUT

IN DEN NEUEN SPOTS FÜR DIE OTTO-KAMPAGNE STELLTEN BAADER, LANG, BEHNKEN MOMENTE AUS DEM PERSÖNLICHEN LEBEN IN DEN VORDERGRUND, DIE EINMALIG UND UNVERGÄNGLICH SIND. HIER EINE DREHSZENE AUS DEM TV-SPOT „HOCHZEIT".

OTTO „HOCHZEIT"
DER FILM

◂ Der Erfinder dieses Slogans und der Creative Director der gesamten Otto-Kampagne ist Fred Baader. Er selbst charakterisiert seine Idee folgendermaßen: „Die Otto Kampagne zeichnet sich für mich vor allem dadurch aus, daß sie einen einzigen tragenden Gedanken hat. Nicht Layout, Fotostil, Headlinemechanik oder Typografie machen die Kampagne aus, sondern der eine zentrale, als Slogan formulierte Gedanke: ‚Otto... find' ich gut.' Unter diesem Dach ist es möglich, die Kampagne über Jahre hinweg auf Kurs zu halten und trotz allem die nötige Freiheit in der Execution zu haben: um Zeitgeschmack, Aktualität und Abwechslung einfließen zu lassen." Ganz in diesem Sinne sind denn auch die drei neuen Otto-Spots entstanden. Ihnen allen gemeinsam ist die Verbindung eines für die jeweilige Person ungemein wichtigen, geradezu historischen Ereignisses („Auf diesen Moment hat er 40 Jahre gewartet"), mit einer Sache, die diesen Moment erst möglich gemacht hat (Walkman, Badeanzug, Brautkleid) und auf die man so gut wie gar nicht zu warten brauchte. So verbindet sich traditionelles, persönlich bedeutsames Zeitempfinden mit einem durchaus aktuellen Zeitgefühl, in dem es auf Schnelligkeit ankommt. So wird die Kampagne zeitgemäß gestaltet, ohne oberflächlich zu wirken. Baader, Lang, Behnken... find' ich gut... ◾

1. „Ah, ich hab' das falsche Papier, gib mal mein' Koffer her. Ich muß erstmal sortieren hier,…

2. …dann kann sich das Auditorium solange von der schlechten Luft erholen.

3. Nee, ich hab' es wirklich nicht. … Muß wohl bei der Eile raus…

4. Also ich selbst… möcht' nicht gern frei sprechen. Wenngleich ich den Stoff einigermaßen… griffbereit im Ärmel habe…

5. …weil ich annehme,…

6. … daß es 'n bißchen besonnen klingen könnte, was ich sagen will: Jeder von uns muß noch'n bißchen was dazulernen!"

7. Off-Stimme: „Die Zeit: Wer mehr weiß, hat mehr vom Leben."

8. „… kann ich nicht drüber lachen…"

DIE ZEIT

Aufgabe der Kampagne war es, die altehrwürdige „Zeit" der kommenden Lesergeneration ein weniger schmackhafter zu machen. Angesprochen werden sollte also ein jüngeres Publikum. Was lag da näher, als einen so bekannten, seriösen Mann wie den „Zeit"-Herausgeber Helmut Schmidt zum Star eines Cartoons zu machen? Mit seinem unverwechselbaren Stil verlieh Loriot dem Ex-Bundeskanzler im Vorläufer-Spot Züge des allseits bekannten Herrn Müller-Lüdenscheid und erntete damit Szenenapplaus im Kino. Dem von Tetsche erschaffenen Helmut ergeht es keinen Deut anders. Beide Spots verwenden Original-Versatzstücke aus alten Reden, die zuvor in mühsamer Arbeit aus den Archiven des Ollenhauer-Hauses in Bonn zusammengesucht worden waren. Nur der Helmut am Schluß ist echt. Auf die Bitte hin, doch einmal in die Kamera zu lachen, meinte er, daß das spontan nicht möglich sei, jedes Mitglied des Filmteams müßte ihm erstmal einen Witz erzählen. Was dann auch geschah. „So'n Quatsch" und „Da kann ich nicht drüber lachen" waren dann spontane Reaktionen auf die wohl schwankende Qualität der Witze. Fred Baader zufolge war es gar nicht so einfach, Herrn Schmidt ein Lachen zu entlocken. Umso erfolgreicher ist darin der fertige Kinospot. Bei Baader, Lang, Behnken sucht man schon jetzt fieberhaft nach dem nächsten bekannten Cartoonisten. Es muß jemand sein, dessen Stil vor allem dem jungen Publikum gut bekannt ist. Auch an Otto Waalkes hat man schon gedacht. Vielleicht kommt uns Schmidt dann als Ottifant…

SPIELBERG
STATT SPÜLBERG

DAS AGENTURNETZWERK VON FOOTE, CONE UND BELDING IST EINES DER GRÖSSTEN DER WELT, DAS GRÖSSTE DER USA UND IM VERBUND MIT PUBLICIS UND BAUMS, MANG UND ZIMMERMANN DAS ZWEITGRÖSSTE DEUTSCHE — ALLEN GEMEINSAM IST DAS PRINZIP „CREATIVE INTENSITY".

DAS COLGATE-TEAM VON FCB

VON OBEN NACH UNTEN: GESCHÄFTSFÜHRER BERATUNG CHRISTOPH WESCHE, GESCHÄFTSFÜHRER KREATION HERMANN VASKE.

FCB HAMBURG

GRÜNDUNG
1954

MITARBEITER
104

BILLINGS 1993
ca. 76 Mio.

GESCHÄFTSFÜHRUNG
Ernst-Dieter Kuhlen (Managing-Director), Werner Schwarz (Beratung/Handelsmarketing), Hermann Vaske (Executive CD), Christoph Wesche (Beratung)

KAMPAGNEROS (Colgate Palmolive)
Ulrich Erdmann (Creative Director), Stefan Weder, Christian Brandt (das kreative Team)

PREISE (AUSWAHL)
FCB gewann in Cannes Gold und Silber. 1993 gab es Gold beim „International Film & Television Festival of New York" und beim „London International Advertising Festival" und Silber vom „ADC".

ADRESSE
FCB Hamburg Werbeagentur GmbH
20355 Hamburg
Telefon 040/34916-0
Telefax 040/34916-227

FCB
FCB HAMBURG

Die Zeiten der Einzelkämpfer sind vorbei, heißt es in der Philosophie von FCB Hamburg. Die Agentur setzt darauf, daß die Zukunft den professionellen Teams gehört, die nicht kurzfristige Erfolge suchen, sondern Markenkommunikation als ein langfristiges Konzept begreifen.

Aber jedes noch so erfolgreiche Team braucht Unterstützung. Europa ist inzwischen Realität geworden. Steigende Mobilität der ➤

◁ Menschen und Informationsübertragung in Sekundenbruchteilen lassen die Welt immer chaotischer werden. Wer sich heute noch auf seine lokale Position zurückzieht, so das Credo von FCB, hat in den Märkten der Zukunft keinen Platz mehr – dies gilt auch für eine Werbeagentur.

FCB Hamburg arbeitet als eigenständige, eigenverantwortliche Agentur – doch man steht nicht allein da. Mit 180 Agenturen in 46 Ländern ist das FCB Network Foote, Cone & Belding eines der größten und erfogreichsten Agenturnetze der Welt und die Nr. 1 in Amerika – seit 25 Jahren betreut FCB den Kunden Levis. Alle arbeiten nach dem Prinzip: „Creative Intensity".

FCB Hamburg ist eine der film-intensivsten Agenturen Deutschlands. Die Agentur betreut den Weltkunden Colgate Palmolive und kreiert für die europäischen Marken Palmolive und Ajax moderne Mythen. Der Spielberg-Touch verkauft – und speziell Fernsehleute wissen das. Zuerst betreute FCB Hamburg den Norddeutschen Rundfunk und nun den Mitteldeutschen Rundfunk in Leipzig. Mit dem MDR wurde zum Beispiel ein Werbefilm im Vatikan im Beisein des Papstes realisiert – dies ist bisher einzigartig.

Darüberhinaus ist FCB die Agentur des Mineralöl-Kunden Shell und der Hamburg-Mannheimer-Versicherung. Mit dem „Herrn Kaiser" hat die Agentur eine der erfolgreichen Werbefiguren filmisch umgesetzt von „Schtonk"-Regisseur Helmut Dietl. ◼

MDR „MUSIK RADIO"

FCB gelang es, die musikalischen Qualitäten des Senders mit den Mitteln der Filmtechnik optimal umzusetzen.

KLEINER SPOT — GROSSE WIRKUNG: FÜR „MUSIKRADIO" SCHUFEN DIE FCB-KREATIVEN EINE PHANTASTISCHE WELT.

ELSE? · FCB · WHAT ELSE? · WHAT ELSE? · WHAT ELSE? · WHAT

WIE DIE JAMES-BOND-FILME WURDE ASCHENPUTTEL IN PINEWOOD REALISIERT.

PALMOLIVE „ASCHENPUTTEL"

Die Geschichte ist das Märchen vom Aschenputtel. Es steht in seiner Küche, muß Riesenberge von Geschirr abspülen, während die Schwester sich schön macht, um dem Prinzen zu imponieren. Doch da erscheint die gute Fee – und gibt unserem Aschenputtel das neue Palmolive mit hautpflegenden Lipiden… Im Nu sind die Teller gespült – und als der Prinz wie zufällig ihre Hände berührt, ist die Schwester schon vergessen, und er nimmt Aschenputtel zu sich auf sein Schloß. Umgesetzt wurde diese Geschichte von Regisseur Simon West in den Pinewood-Studios mit zeitlos-märchenhaften Bildern: In einer phantastischen Welt, jenseits von Raum und Zeit, in der alles möglich ist. Diese Welt erlaubt es auch, Berge von schmutzigem Geschirr so zu zeigen, daß man nicht gleich wegzappt.

Nur Werbung, die gesehen wird, kann Aufmerksamkeit für ein neues Produkt schaffen. Und nur Werbung, die auch gern gesehen wird, kann Sympathie für dieses Produkt schaffen. Der Spot bewies, daß kreative Werbung tatsächlich auch verkaufen kann: Nach dem Einsatz von „Cinderella" erhöhte sich der Marktanteil von Palmolive Ultra plus in nur kurzer Zeit spürbar.

 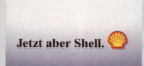

IN MÜHSAMER DETAILARBEIT WURDEN DREI MECHANISCHE RÜSSEL HERGESTELLT.

SHELL „SAUGRÜSSEL"

Für den englischen Regisseur Ross Cramer war die Umsetzung dieser originellen Idee eine Herausforderung. Schließlich sollte am Beispiel der Natur veranschaulicht werden, wie clever der Shell-„Saugrüssel" funktioniert. Was der Rüssel des Elefanten „Tonga" zwar in natura kann, aber vor laufender Kamera nicht gerne demonstrierte, nämlich spritzen oder saugen, übernahmen drei mechanische Nachbildungen eines Rüssels, die die Trick-Werkstatt des legendären „Muppet-Vaters" Jim Henson konstruierte: Shell bietet innovative Technik, ist leicht zu bedienen, und umweltfreundlich.

ALLES EIN BISSCHEN BESSER

GALT FRÜHER SCHIRNERS GGK ALS TALENTSCHMIEDE NR. 1, FÄLLT DIESER TITEL HEUTE DEN HAMBURGERN ZU: GROSSE NEUE NAMEN HÖRTE MAN DORT ZUERST, IM PREISE-KRIEGEN ZIEHEN SIE BALD AN IHREN LEHRMEISTERN VORBEI.

MERCEDES-KAMPAGNEROS: S. KLEIN, D. ZASTROW, C. SCHELLER, P. APOSTOLOU, P. HAAK, A. MENGELE, A. KEMPER

REINHARD SPRINGER, KONSTANTIN JACOBY

SPRINGER & JACOBY
HAMBURG

GRÜNDUNG
1979

MITARBEITER
300

BILLINGS 1993
ca. 450 Mio.

GESCHÄFTSFÜHRUNG
Reinhard Springer, Konstantin Jacoby, H. Lütten, H. v. Lobenstein, J. Pohlmann, M. Schüller, R. Kutzera, P. Haak, H. Slagman, C. Schmidt, J. Grell, H. Wagner

KAMPAGNEROS
(Mercedes „My Way")
P. Haak, A. Mengele, A. Kemper, D. Zastrow, S. Klein, P. Apostolou, C. Scheller

ADRESSE
Springer & Jacoby Werbeagentur GmbH
Poststr. 14-16
20354 Hamburg
Telefon 040/356030
Telefax 040/35603-248

AUSZEICHNUNGEN
S&J-Kampagnen erhielten 1993 rund 120 wichtige Preise bei praktisch allen Gelegenheiten

„Springer & Jacoby, Hamburg", reicht eigentlich. Den Rest dürfte jeder Leser dieses Buches kennen: 1979 gegründet, Dauererfolg gepachtet, ersticken an Preisen und Auszeichnungen, hohe Selbstdarstellungsgabe, frei von Verlustängsten. Denn: alle Hochkreativen auf der S & J-Payroll pflegen die Agentur gewöhnlich eines Tages zu verlassen und ins eigene Säckl zu wirtschaften (z.B. Holger Jung, Jean-Remy von Matt, Werner Knopf etc.). Reinhard Springer und ➤

◀ Konstantin Jacoby, mittlerweile Ökonom- bzw. Kreativguru über mehr als 300 Mitarbeiter, haben's unbeschadet überdauert.

Ebenso leidenschaftslos trennt sich die – zum Zwecke der Wasserkopfvermeidung – in sieben Units gesplittete Agentur von bahnbrechenden Ideen, sobald diese einmal Bahn gebrochen haben. Zujüngst von einem technischen Wunder, Morphing genannt, eingesetzt für Picco. Durch S & J hielt der hollywooderprobte, computeranimierte Verwandlungseffekt Einzug in die deutsche TV-Werbung. Saugut gemacht. Wir erinnern: Der Tchibo-Presenter erfährt innerhalb von 30 Sekunden eine schnittlose Metamorphose vom gestandenen Mann über die deutsche Dogge und das gemeine Hausschwein zum Kind. Die Werber aus Hamburg schafften es damit, die Vorteile aller Picco-Varianten auf einen Spot zu vereinen. Bereits fünf Wochen nach dem Picco-Start hatten die Verbraucher die Instantmarke vom fünften auf den zweiten Platz getrunken, wenig später auf den ersten. Als Morphing dann „in" wurde, war's bei Springer & Jacoby auch schon wieder „out": absolutes Morphing-Verbot.

Der beinharte Anspruch diktiert die Qualität. Auf diese Weise fühlen sich einige Hochkaräter unter den bundesdeutschen Markenartiklern besonders gut verstanden. Zum Beispiel: Mercedes-Benz, dessen Luxusgefährt S & J unter der meisterlichen Spot-Regie von Bob Giraldi aus der Altherren-Ecke herauslenkte. „Ein Musterbeispiel für konsequente Umsetzung einer Marketingstrategie", lobte ein Fachdienst das Werk. ■

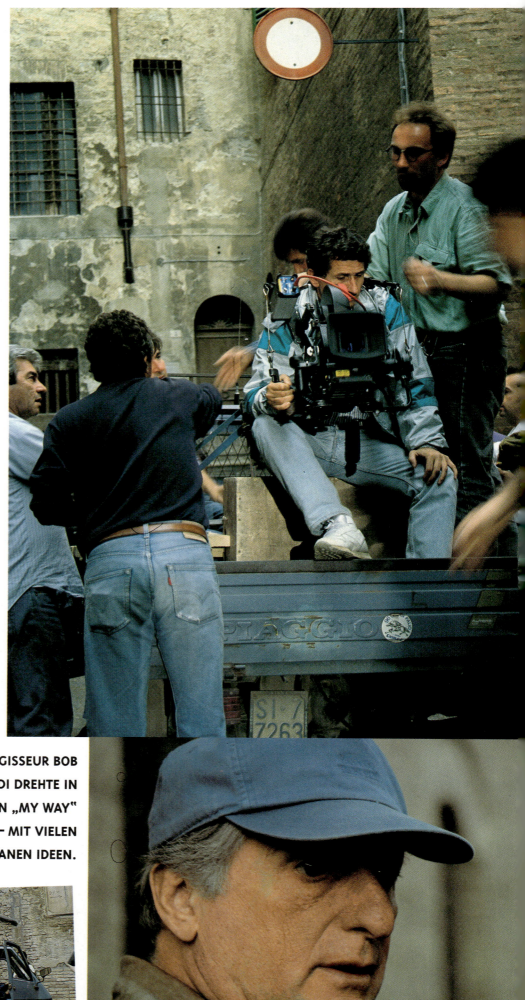

REGISSEUR BOB GIRALDI DREHTE IN ITALIEN „MY WAY" – MIT VIELEN SPONTANEN IDEEN.

DAS AUTO, DAS EIN BISSCHEN MEHR KANN – UND EINE EBENSOLCHE FILMCREW...

ELSE? · SPRINGER & JACOBY · WHAT ELSE? · WHAT ELSE · WHAT

BETON
Hoffentlich ist es Beton! Mit der Kampagne für das Informationszentrum Beton wurden Stabilität und Sicherheit dieses Baustoffs emotional übersetzt.

PICCO
Der Tchibo-Picco-Spot von S & J erlangte durch den innovativen Morphing-Einsatz legendäre Berühmtheit. Alle machten es nach und jetzt wird weniger „gemorpht".

JADE
„Das muß man Ihnen in fünf Jahren nicht ansehen": Die Jade-Printkampagne spielt geschickt mit der Eitelkeit – eine Spezialität des S & J-Teams.

MICHAEL SCHIRNER

Manchen gilt er als Provokateur, manchen als Egomane, manchen als geniales Superhirn. Alle haben recht. Doch Headlines wie „schreIBMaschinen" weisen ihn vor allem als einen ausgezeichneten Werber aus.

LEBENDE WERBE-LEGENDE: MICHAEL SCHIRNER

MICHAEL SCHIRNER
DÜSSELDORF

GRÜNDUNG
1984

MITARBEITER
12

BILLINGS 1993
Keine Angaben

GESCHÄFTSFÜHRUNG
Michael Schirner

KAMPAGNEROS
(Eduard Dressler)
Michael Schirner (CD),
Claudia Hammerschmidt (AD), Enrique Jungbauer (Text), Christian Monzel (Beratung)

PREISE
Kein deutscher Kreativer erhielt so viele Auszeichnungen wie er.

ADRESSE
Michael Schirner
Werbe- und
Projektagentur GmbH
Kasernenstraße 18
40213 Düsseldorf
Telefon 0211/329382-85
Telefax 0211/131867

**MICHAEL SCHIRNER
WERBE- UND PROJEKTAGENTUR GMBH**

„Was Stil ist, bestimme ich. Das ist die Werbung von morgen." Sätze dieser Art, geeignet die ganze Zunft zu vergrätzen, gehören zu Michael Schirner wie seine Kampagnen, die ein Stück Werbe-Geschichte schrieben. Zum Beispiel die legendäre Headline „schreIBMaschinen" für IBM und die Idee zu den ungezählten „Jägermeister"-Testimonials. Oder der monumentale Pfanni-Puffer (Durchmesser: zwei Meter) auf Großflächenplakaten mit Headlines, die die Schmerzgrenze nur knapp verfehlten, aber beim Betrachter um so tiefer hafteten: „Backe, backe Puffer", „Das jüngste Gericht", „Bitte wenden". Die Klotzaktion war Wegbereiter für den vorübergehenden „neuen Gigantismus" auf Deutschlands Großflächen, auf denen in der Folge mutierte Füllfederhalter, Bier und Gemüse aller Art prangten.

Aus Schirners Feder stammen viele kluge Konzepte, selbsthaftende Slogans, schnörkellose Copys; und aus seinem Mund Thesen, die ihn bei Freund und Feind in den Stand eines „Beuys der Reklame" erhoben. Unter seiner Ägide wurde die GGK Düsseldorf zur führenden Agentur der siebziger und frühen achtziger Jahre. 1984 gründete er die KKG, die „richtungsweisende Agentur". Später schlicht in „Michael Schirner Werbe- und Projektagentur" umbenannt, weil mittlerweile die Kundenkreditbank (KKB) neuer Nachbar geworden war und der Kürzelsalat den Briefträger allmorgentlich vor unlösbare Probleme stellte. „Der bekannteste und einfallsreichste Werbemann Deutschlands", wie uns die Schirner-Selbstdarstellung lehrt, ist heute nicht mehr der erste Provokateur der Branche. Es scheint, als lasse er mittlerweile bevorzugt die sichtbaren Ergebnisse seiner Denkarbeit sprechen. Und die (s. Abb.) sind immer noch klug, selbsthaftend, schnörkellos.

WIE DIE ANZÜGE VON DRESSLER SIND AUCH DIE ANZEIGENMOTIVE MONUMENTE — ES BLEIBT DIE ERINNERUNG AN AUSSERGEWÖHNLICHES.

ELSE? · MICHAEL SCHIRNER · WHAT ELSE? · WHAT ELSE? · WHAT

AUSLÄNDERFEINDLICHKEIT
Mit der ICM Superposter Werbegesellschaft gestaltete die Agentur kostenlose Kampagnen.

MADE IN DÜSSELDORF
Werbung über Werbung. Eines der ersten Beispiele für „Metawerbung" in der Branche.

ADIDAS
Daß sich Turnschuhe und exklusive Kosmetik nicht vertragen, wurde hiermit widerlegt.

WERBUNG UND DESIGN

 DAS ERFOLGSGEHEIMNIS DIESER KLEINEN, INNOVATIVEN AGENTUR LÄSST SICH AUF EINEN EINFACHEN TYPOGRAFISCHEN NENNER BRINGEN: „X". IM BEDARFSFALL ERSETZT MAN ES DURCH UNGEWÖHNLICHE IDEEN...

PROMO-TASSE FÜR DIE ZEITSCHRIFT „PETRA"

BÜRO X
HAMBURG

V.L.: LO BREIER, J.-B. FELTEN, H. TIETGENS

GRÜNDUNG
1992

MITARBEITER
14

BILLINGS 1993
2,2 Mio. DM

GESCHÄFTSFÜHRUNG
Lo Breier (Design), Jean-Baptiste Felten (Basic/Support), Hanno Tietgens (Basic/Werbung)

KAMPAGNEROS
(„Petra")
Lo Breier (Art), Hanno Tietgens (Text)

PREISE (AUSWAHL)
ADC 1994: Bronzemedaille „Hard Rock Café", TV-Spot; Auszeichnung „AeroSail/Daimler Benz", Corporate Design; Goldmedaille für Lo Breier und „Die Woche", gestalterisches Gesamtkonzept

ADRESSE
Büro X
Mittelweg 17
20148 Hamburg
Telefon 040/448040-0
Telefax 040/448040-44

Einen aktiven Kreativen heute mit seinen Zeitgeist-Erfolgen von gestern in Zusammenhang zu bringen, ist bekanntlich eine eher geistlose Zeitverschwendung, zudem inzwischen äußerst ungern gehört. Deshalb kurz, aber trotzdem: Lo Breier arbeitete Ende der achtziger Jahre kräftig daran mit, zeitgeistigen Ergüssen eine adäquate Optik zu verschaffen. Sein damaliger Sparrings-Partner für den Text war Markus Peichl, das Medium die Zeitschrift „Tempo".

Die Arbeit war erfolgreich abgeschlossen, als Breier 1989 zusammen Hanno Tietgens (bis dato Texter bei Baader, Lang, Behnken) im Auftrag des Deutschen Schauspielhauses, Hamburg, die Werbung für „Hamlet" ersinnen sollte. Dieser „Hamlet" wurde, was auch immer die Gründe dafür waren, der erfolgreichste in der 100jährigen Geschichte des Hauses - und mutmaßlich der Auslöser für das 1990 gegründete Büro Breier, Tietgens, das 1992 in Büro X Kommunikation GmbH umfirmierte.

Über jede Zeitgeist-Rückführung erhaben, erklärt das durch Jean-Baptiste Felten (ABB Zürich) inzwischen zum Inhaber-Trio mit 14 Mitarbeitern angewachsene Unternehmen seine Methode: „Büro X verbindet das klassische Knowhow der 80er mit den innovativen Arbeitsweisen der 90er Jahre."

Während normale Designbüros Design machten und normale Agenturen Werbung, setzt Büro X auf die Symbiose von beidem. X Design gestaltet Medien, Packungen, Logos, Leitsysteme, Oberflächen. X Werbung entwickelt klassische Kampagnen von Anzeigen, Plakaten und TV-Spots bis zu Mailings und Verkaufsdisplays.

UM DAS IMAGE DER ALTEN „PETRA" ZU ENTSTAUBEN, GING BÜRO X IN DIE OFFENSIVE.

Praxisnahe betrachtet, führt diese Formel für X im Idealfall zu übergreifenden Konzepten für den Gesamtauftritt von Marken und Produkten. Der Idealfall trat ein bei Scarlett, Pixi, AeroSail und der vom ADC medaillenveredelten „Petra"-Kampagne. Die in die Jahre gekommene Frauenzeitschrift aus dem Verlag des früheren Breier-Brötchengebers wurde ganzheitlich relauncht. Keine leichte Aufgabe, denn der deutsche Zeitschriftenmarkt ist einer der ➤

VON DER VISITENKARTE ÜBER DIE BRIEFBÖGEN BIS ZU DEN UMSCHLÄGEN WURDE DIE CORPORATE IDENTITY VON „PETRA" GENERALÜBERHOLT.

◁ härtesten der Welt, hunderte von Publikumsobjekten konkurrieren um Leserinnen, Leser und Werbekunden. Um in diesem Markt Bestand haben zu können, mußte die Zeitschrift komplett und konsequent umgestaltet zu werden. Die alte „Petra" mußte raus aus den Köpfen, die modische neue „Petra" rein. Dazu wurde von der Visitenkarte bis zum Großflächenplakat, vom firmeneigenen Briefpapier bis zu Printanzeigen und TV-Spots der gesamte Auftritt der Zeitschrift einer Generalüberholung frei nach dem X-Motto „Farben, Frauen, Ideen" unterzogen. Das Konzept war genau das richtige: ADC-Auszeichnungen, Auflagenstabilisierung und 14% Plus im Anzeigengeschäft sprechen für sich. Breier und Kollegen wissen, wie's geht. ◼

ELSE? · BÜRO X · WHAT ELSE? · WHAT ELSE? · WHAT ELSE? · WHAT

SWATCH
Weg vom banalen Chronometer zur stilisierten Pop-Ikone: die Uhr der neunziger Jahre.

UFA
Die Anzeigen für den Mediengiganten setzen auf Tradition und beschwören die 30er Jahre.

AIDS-HILFE
Mal ganz ohne Kondome und und nackte Haut kommt diese Anzeige aus, die Benetton-Fotograf Oliviero Toscani inszenierte und stilsicher fotografierte.

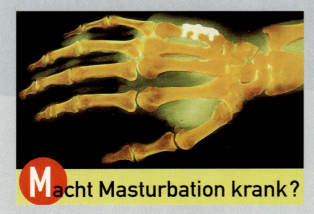

UMO
Unter dem Motto „Einfache Antworten auf die schwierigsten Fragen: UMO. Macht schlau." entwickelten die Kreativen von Büro X eine Serie Postkarten für eine Studentenaktion des medizinischen Fachverlages Ullstein Mosby.

BRITTA STEILMANN
„Mode soll nicht krank machen, sondern schön." So wurde die Kollektion 94 bekanntgemacht.

DAS GANZE SPEKTRUM

 WIDER DIE WETTBEWERBSPRÄSENTATION, FÜR GEMEINSAME PROJEKTARBEIT MIT DEM KUNDEN: GERNOT WÜSCHNER, CARSTEN ROHWER UND HANS-PETER ALBRECHT BEVORZUGEN DIE KREATIVE LÖSUNG.

WÜSCHNER, ROHWER, ALBRECHT
MÜNCHEN

Gernot Wüschner (l.), Carsten Rohwer (o.), Hans-Peter Albrecht (u.)

GRÜNDUNG
1982

MITARBEITER
42

BILLINGS 1993
ca. 76 Mio.

GESCHÄFTSFÜHRUNG
Gernot Wüschner,
Carsten Rohwer,
Hans-Peter Albrecht

**KAMPAGNEROS
(Süddeutsche Zeitung)**
Gernot Wüschner
(Creative Director),
Konrad Przewieslik (Art
Director), Georg Butter
(Text), Claudia Straub
(Beratung)

PREISE
In den internationalen
Wettbewerben „Das
Plakat" und „Die
Anzeige" wurde die SZ-Kampagne ausgezeichnet

ADRESSE
Wüschner, Rohwer,
Albrecht
Werbeagentur GmbH
Thomas-Wimmer-Ring 11
80539 München
Telefon 089/290033-0
Telefax 089/290033-13

WÜSCHNER, ROHWER, ALBRECHT
WERBEAGENTUR

Mit Löwenbräu fing alles an. Im Jahre 1982 nämlich war Carsten Rohwer dort noch frisch gebackener Marketingleiter und nach der Schließung von GGK München war man auf der Suche nach einer neuen Agentur. Ex-GGK-Geschäftsführer Gernot Wüschner hatte gerade die Wüschner Werbe- und Verlagsgesellschaft gegründet und was lag näher, als sich an ihn zu wenden? 1993 fügte auch Hans-Peter Albrecht seinen guten Namen hinzu. Er hatte schon seit 1990 der Geschäftsleitung angehört, vorher ➤

Von Unterhaltung bis Kritik

◀ war er Texter bei Lürzer, Conrad & Leo Burnett und bei Springer & Jacoby gewesen, ein Mann mit Erfahrung also. Spaß, Image, Geld, so umschreibt das Trio sein Credo in fundamentalistischer Klarheit. Und Spaß machte auch die Kampagne zur Bundesausgabe der Süddeutschen Zeitung. Ziel war es, neue Leser zu gewinnen, denen die SZ bisher zu „süddeutsch" war, ein wenig zu regional und bayerisch. Es galt, das Image der Zeitung zu verändern, es sollte vor Augen geführt werden, was der Leser von der neuen Bundesausgabe erwarten durfte: Das ganze Spektrum des politischen, wirtschaftlichen und kulturellen Lebens mit mehr Differenzierung, mehr Nuancen, mehr Facetten als sie andere Zeitungen zu bieten haben. In einer Zeit, in der die Übergänge zwischen gesellschaftlichen Positionen und Werten immer fließender werden, stellte die Kampagne den differenzierten Blick auf die Dinge und die intellektuelle Beweglichkeit des Lesers in den Vordergrund. Von Jelzin zu Clinton, von Töpfer zu Joschka, Scharping zu Lafontaine usw.: Auf visuell ungemein eindringliche Art und Weise führten die Printmotive dem Betrachter nicht nur das reiche Spektrum der Zeitung vor Augen, sondern auch ihre Weigerung, die Welt noch länger als einen Ort polarer Gegensätze zu begreifen. ■

Von Richtlinien bis Kompetenz

Von Spiel bis Kultur

Von Kultur bis Betrieb

DIESE ANZEIGEN ÖFFNETEN DER SZ DEN GESAMTDEUTSCHEN MARKT MIT ERFOLG

ELSE? · **WÜSCHNER, ROHWER, ALBRECHT** · WHAT ELSE? · WHAT

SZ MAGAZIN
Vor allem neue Anzeigenkunden sollten durch diese Kampagne erreicht werden.

ALLGEMEINE LEASING
Außergewöhnliche Bildcollagen verdeutlichen Kreativität und unkonventionelle Konzepte.

NECKERMANN
Unter Beibehaltung der schon klassischen Grundpositionierung „Neckermann macht's möglich" soll dem Konzern mit einer Serie von zeitgemäß anmutenden Groß-Plakaten der Wirtschaftswundermief genommen und das Image modernisiert werden.

METZLER
Laute und freche Headlines verleihen der Kampagne einen starken Aufmerksamkeitsgrad — die Holzhammermethode zog.

SPITZENOPTIK
PROFI-IMAGE

WERBEAGENTUREN SIND SICH ALLE FURCHTBAR ÄHNLICH? SEIT 1984 SORGEN HILDMANN, SIMON, REMPEN & SCHMITZ MIT GEWITZTEN KAMPAGNEN FÜR DEN GEWISSEN UNTERSCHIED – EINE AUSZEICHNUNGSLAWINE BEWEIST DAS.

JÜRGEN WERTH (CREATIVE DIRECTOR)

HILDMANN, SIMON, REMPEN & SCHMITZ/SMS
DÜSSELDORF

GERD SIMON, GESCHÄFTSFÜHRER CREATION

GRÜNDUNG
1972

MITARBEITER
113

BILLINGS 1993
ca. 154 Mio. DM

GESCHÄFTSFÜHRUNG
Gerd Simon, Hans-Peter Esser, Dr. Jörg Rehorn, Rainer Schumann

KAMPAGNEROS
(Nikon)
Jürgen Werth (Creative Director), Jürgen Florenz, Frank Lübke, Jürgen Werth (Art Director), Frank Berger, Britta Poetzsch, Stefan Telegdy (Text)

PREISE
Die Nikon-Kampagne wurde vom ADC mehrfach ausgezeichnet

ADRESSE
Hildmann, Simon, Rempen & Schmitz/SMS
Rathausufer 16-17
40213 Düsseldorf
Telefon 0211/1309-0
Telefax 0211/131507

HILDMANN, SIMON, REMPEN & SCHMITZ

max 86

„Kleinbildkameras sehen heutzutage eigentlich ziemlich gleich aus. Gleich groß und gleich schwarz". Jürgen Werth, CD der Düsseldorfer Agentur, die sich in nicht ferner Zukunft ein Vierteljahrhundert im Markt tummelt, kann das getrost so lapidar sagen. Alle Welt weiß nämlich, das Hildmann, Simon, Rempen & Schmitz (im weiteren kurz H,S,R, & S genannt) einen dieser schwarzen Kästen verdammt gut beworben hat und das auch weiterhin mit Erfolg tut: Die Nikon.

H, S, R & S betreuen das japanische Wunder der Fototechnik seit 1984. In dieser Zeit hat sich Nikon von einem etwas elitären Anbieter für Profis (mit entsprechendem Marktanteil) zum zweitgrößten Hersteller im Markt entwickelt. Damit verbunden sind eine wesentlich breitere Produktpalette und die Notwendigkeit, die Zielgruppe der Amateure auf breiter Medienebene anzusprechen.

Was dem Profi recht ist, ist dem Amateur bekanntlich teuer. Diese Referenz nutzte H, S, R & S und ersann den von beiden Lagern gern genommenen Slogan „Das Auge der Welt", angereichert mit verschiedensten Motiven aus dem Bereich der Profi-Fotografie. Bei H, S, R & S ist man der Überzeugung, daß der Verbraucher keinen Unterschied zwischen Produkt- und Imagewerbung macht. Ein gutes Produktmotiv diene immer auch dem Markenimage. Um diese Mischform zusammenhalten zu können, hat man einen eigenständigen Auftritt entwickelt, der sich durch die schwarzen Balken, die Typografie und ein variables Layout definiert. Und durch Witz und Esprit der Headlines natürlich. ➤

VOM BUNDESKANZLER BIS HIN ZU SCHMIERIGEN SEX-PRAKTIKEN: „DAS AUGE DER WELT", DIE NIKON-KAMERA, SIEHT EINFACH ALLES.

ELSE? · HILDMANN, SIMON, REMPEN & SCHMITZ · WHAT ELSE? · WHAT

LEIBWÄCHTER
Bei H, S, R & S macht man selbst aus Magenbittern noch ein süßes Ereignis...

ÄPFEL
Ein schönes Beispiel, wie man aus einfachem Obst eine interessante Ware zaubern kann.

VELTINS
Gute Bierwerbung findet man in Deutschland immer noch viel zu selten – Veltins ist gut.

▸ Dem Texter-Team Frank Berger, Britta Poetzsch und Stefan Telegdy gelang das seltene Kunststück, daß die Copy dem Bildsujet mindestens ebenbürtig ist oder die ganze Anzeige wohltuend dominiert. Ein klassisches Beispiel: die Geschichte vom „Stern"-Fotografen Harald Schmitt, seiner F3 und den anderen Nikon-Modellen, die ihn in fast 80 Ländern dieser Welt begleiteten. Auf der einen Seite steht eine Liste der von ihm besuchten Länder: 3 x Vietnam, 1 x Kambodscha, 2x Nord Irland und noch zehn weitere Kriseneinsätze. Auf der anderen Seite die Abbildung der gut verwitterten F3 und der Satz „1 x in Reparatur". Diese kongeniale Text-Bild-Symbiose wurde gebührend hoch dekoriert: Seit der Überarbeitung der Kampagne im Jahre 1989 sind Kunde und Agentur um einige ADC-Medaillen (viermal Silber, einmal Bronze, diverse Auszeichnungen) reicher. Dazu eine Eurobest-Auszeichnung, viele weitere Anerkennungen und Berge von Fanpost.

Es ist eine reine Spekulation, daß unser Bundeskanzler, gleich 38mal mehr oder minder freiwilliges Nikon-Model, die Kampagne so vorangetrieben haben soll. Zumal sein in 38 Fotos festgehaltener unermüdlicher Händeschütteleinsatz bei gekrönten und mächtigen Häuptern dieser Welt durch die Headline („Eine Nikon muß jahrelanges Schütteln ohne Ausfälle überstehen") gleich wieder verniedlicht wird. Letztlich ist der Weg des Erfolges egal – Hauptsache, er stellt sich ein. ◼

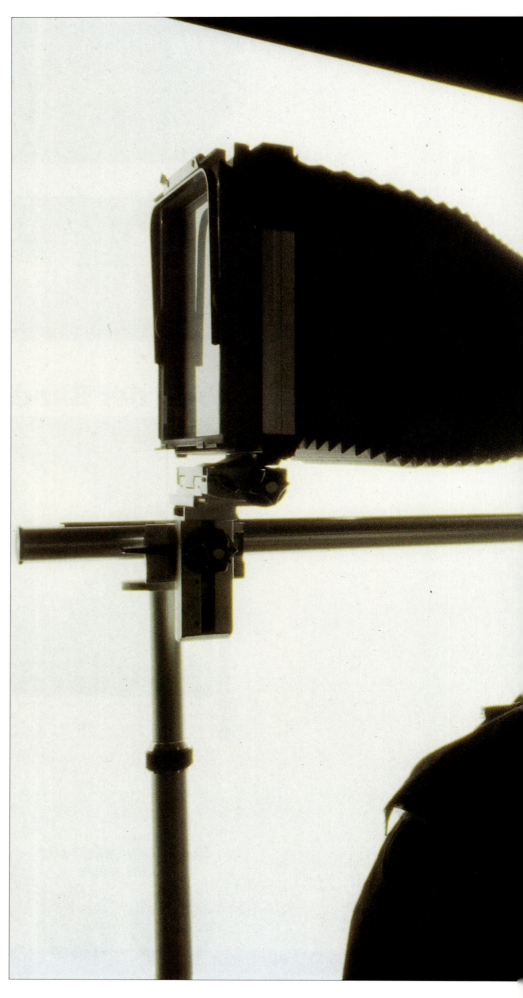

DIE MEISTEN NIKON-MOTIVE WERDEN VON DEM RENOMMIERTEN DÜSSELDORFER „STILL-LIFER" AXEL GNAD FOTOGRAFIERT, HIER AN SEINER GROSSBILDKAMERA.

TEQUILA STATT CHAMPAGNER

MIT IHREN ETWAS ANDEREN „WEST"-KAMPAGNEN KASSIEREN SCHOLZ UND FRIENDS REGELMÄSSIG BEI DEN PREISVERLEIHUNGEN AB.

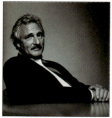

PETER ERZBERGER

PETER GOLDAMMER

DAS CREATIV-TEAM WEST

MANAGING DIRECTOR PETER M. SCHÖNING

SCHOLZ & FRIENDS
HAMBURG

GRÜNDUNG
1981

MITARBEITER
272

BILLINGS 1993
380 Mio. DM

GESCHÄFTSFÜHRUNG
Peter M. Schöning (Managing Director), P. Erzberger, J. Gietz, P. Goldammer, G. Heinemann, N. Lindhof, K. Riggert, W. Schönholz, N. Streich, Dr. H. Wettlaufer, G. Wischmann, T. Wulfes, G. Gahren

KAMPAGNEROS (WEST)
P. Goldammer (GF Creation), P. Erzberger (GF Marketing), H. Koch (CD)

PREISE
Beim ADC gehört die Agentur 1994 zu den großen Gewinnern

ADRESSE
Scholz und Friends GmbH
Steinhöft 9
20459 Hamburg
Telefon 040/37681-0
Telefax 040/366869

SCHOLZ & FRIENDS

1987 fiel der Startschuß für die „Test the West"-Kampagne. Bis dahin hatte die Reemtsma-Antwort auf Marlboro noch keinen Raucher so recht zur Untreue bewegen können. Das änderte sich, als in regelmäßigen Abständen völlig durchgeknallte Hollywood-Typen als Verführer oder Verführte auf deutsche Großflächenplakate traten. Heute, sieben Jahre später, rangiert West auf Platz zwei der größten Markenfamilien in Deutschland. Scholz & Friends sagt warum: „Grenzüberschreitende Provokation als Programm brachte der Marke Erfolg

und veränderte die deutsche Werbelandschaft." Die geheimen Verführer zum West-Schwenk sind geübt in richtungsweisenden Kampagnen – national wie international. Jürgen Scholz, einst Team/BBDO-Geschäftsführer und -Gesellschafter, gründete die Agentur 1981 zusammen mit Michael Menzel. 1985 stieg der „Freundeskreis" durch Verkauf von 51 Prozent der Anteile an BSB Backer Spielvogel Bates Worldwide (mit Option auf mehr) in das internationale Business ein. Als Scholz dann vor rund zwei Jahren mit fünf Prozent Rentenshares in der Tasche das Wirken in dem Werbetempel am Hamburger Hafen gegen das Leben als Ökobauer im Umland tauschte, wurden in der Branche die ersten Grabreden auf das renommierte Haus gehalten. Unrechtens, denn Peter M. Schöning, Managing Director der Nach-Scholz-Ära, bewies schnell, daß neue Strukturen alte Erfolge aufrechterhalten können. Trotz Etat-Abwanderungen als Folge erster Schocks unter der Klientel konnte Schöning für 1993 einen Billingzuwachs von mehr als sieben Prozent verkünden. Scholz & Friends ist heute organisatorisch in vier Families, sprich Profit center, unterteilt, die mit zentralen Service-Bereichen arbeiten. Jede Family hat zwischen 35 und 50 Mitarbeiter und wird von jeweils einem Beratungs- und Creations-Geschäftsführer geleitet. Es gibt S & F-Niederlassungen in Berlin und Dresden. Mutmaßliches Briefing: „Test the East". ■

TEST THE FAR EAST: DIE TOLLKÜHNEN MÖNCHE IN IHREN RASENDEN GO-CARTS WAREN EIN WEST-HÖHEPUNKT.

ELSE? · SCHOLZ & FRIENDS · WHAT ELSE? · WHAT ELSE? · WHAT

TETRA PAK
Ungewöhnliche Filme machten innerhalb kurzer Zeit aus einer Verpackung einen Markenartikel.

SIERRA TEQUILA
Beim ADC 1994 erhielt die Sierra-Kampagne eine Silber-Medaille. Bei den Anzeigen für die Flasche mit Hut war Häßlichkeit Trumpf – das Konzept ging wahrlich auf.

BMW
Die ungewöhnliche Verbindung von Tankstutzen und Damenschuh regt zum Lesen des Kleingedruckten an...

THE PRODUCT IS THE HERO

 MIT IHRER KARGEN KAMPAGNE FÜR LUCKY STRIKE WANDELTE DIE HAMBURGER AGENTUR EINEN ALTEN IN EINEN MODERNEN MYTHOS UM UND EROBERTE SICH SO EIN PLÄTZCHEN IM WERBEOLYMP.

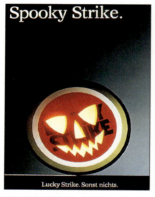

SPOOKY STRIKE. SONST NICHTS.

V.L.: WERNER KNOPF, BEAT NÄGELI, OLAF SCHNAKENBERG

KNOPF, NÄGELI, SCHNAKENBERG
HAMBURG

Knopf, Nägeli, Schnakenberg

GRÜNDUNG
1. April 1987

MITARBEITER
56

BILLINGS 1992
ca. 86 Mio. DM

GESCHÄFTSFÜHRUNG
Detmar Karpinski,
Werner Knopf,
Beat Nägeli,
Olaf Schnakenberg

**KAMPAGNEROS
(Lucky Strike)**
Werner Knopf (CD Text),
Christian Traut (CD Art),
Olaf Schnakenberg,
Sabine Pahl (Beratung),
Michael Barke (Art Director)

PREISE
Die Lucky-Strike-Kampagne ist mit über 100 Preisen die meistausgezeichnete in Deutschland

ADRESSE
Knopf, Nägeli,
Schnakenberg
Werbeagentur GmbH
Oderfelder Straße 23
20149 Hamburg
Telefon 040/471032-0
Telefax 040/464481

Nach zwei erfolglosen Versuchen, die neue Lucky Strike Filterversion in Deutschland einzuführen, vertraute B.A.T 1987 auf den geballten Elan von Knopf, Nägeli, Schnakenberg. Die Drei, alle bis dato in hohen Positionen namhafter Agenturen, hatten ihr gesammeltes Know-how frisch in den Dienst eigenen Unternehmertums gestellt. Und was fiel ihnen zu der Glimmstengel-Misere ein? Gerade mal Lucky Strike. Sonst nichts. Stimmt nicht: Die Packung ließen

sie noch ablichten. Immer irgendwie anders.

Die Kampagne mit der Minimaloptik und der Lapidarkomik verdrängte nach und nach, Land um Land, den Motorradfahrer, der bis zu dem Zeitpunkt für die Raucher der Welt auf seiner schicken Maschine ewig lächelnd im Monument Valley unterwegs war.

Den Erfolg der Kampagne (die Auflistung der angesammelten Trophäen für die Lucky-Strike-Kampagne füllt derzeit sechs DIN A4-Seiten) erklären Werner Knopf (CD Text), Beat Nägeli (CD Art), Olaf Schnakenberg (Beratung) sowie der inzwischen zweite CD Text und vierte Mitinhaber der Agentur, Detmar Karpinski, vergleichsweise wortgewaltig: „The product is the hero." In erster Linie eine Absage an klassische Zigaretten-Werbewelten, beziehe die Kampagne den Verbraucher ernsthaft in die Kommunikation ein und lasse durch eine intelligente Auseinandersetzung beim Betrachter der Anzeige Bilder im Kopf entstehen.

Die Agentur legt übrigens Wert auf die Feststellung, daß sie nicht nur aus Lucky Strike besteht. Stimmt. In der Kundenliste findet sich sonst noch einiges...

DAS AUS DER ANZEIGE VERSCHWUNDENE PRODUKT ERSCHEINT WIE DURCH MAGIE IM BEWUSSTSEIN DES BETRACHTERS.

ELSE? · KNOPF, NÄGELI, SCHNAKENBERG · WHAT ELSE? · WHAT

ASTRA PILSENER
Die Agentur, das Bier, der Kiez. K, N, S machen keinen Hehl daraus, daß sie aus Hamburg kommen.

DELTA RADIO
Vom Pils zum Pilz – diese Anzeige hob Delta Radio positiv vom Einheitsbrei der Privatsender ab.

DIE ZEITSCHRIFTEN
Zur Not greift man auf den ältesten Werbetrick der Welt zurück.

EIN STARKER AUFTRITT

ES IST NOCH NICHT LANGE HER, DA RISS MAN SICH DIE C&A-ETIKETTEN AUS DEN KLAMOTTEN. QUALITÄT UND PREISE WAREN GUT, ABER DORT ZU KAUFEN, GALT NICHT ALS SCHICK. UM DIESES IMAGE LOSZUWERDEN, DREHTE DIE HAUSEIGENE WERBEABTEILUNG MÄCHTIG AUF.

NIKOLAI KARO

ROLF GÖLLNITZ UND JOACHIM MÜLLER

C & A DÜSSELDORF

MITARBEITER
ca. 60

GESCHÄFTSFÜHRUNG WERBEABTEILUNG
Joachim Müller (Werbeleitung), Rolf Göllnitz (Creative Director)

KAMPAGNEROS (Don Quixote)
Joachim Müller (Werbeleitung), Rolf Göllnitz (Creative Director), Nikolai Karo (Regie), Babette Brühl (Art Direction), German Answer Production (Filmproduktion)

PREISE
Die Spots „Alice in Fashionland", „Don Quixote" und „Daydream" gewannen viele Publikums- und Fachpreise

ADRESSE
C&A Mode & Co.
Werbeabteilung
Bleichstraße 20
40211 Düsseldorf
Telefon 0211/166-0
Telefax 0211/1662788

Immer öfter kommt es vor, daß Firmen eigene Werbeabteilungen besitzen, die vollverantwortlich eigene Kampagnen entwickeln und schließlich nur zu deren Realisation kleinere Filmproduktionsfirmen und Agenturen heranziehen. Vor allem notwendig für den Erfolg solcher innerbetrieblichen Werbeabteilungen sind fähige Köpfe an der Spitze. Mit Joachim Müller (Werbeleitung) und Rolf Göllnitz (Creative Director) verfügt C&A über zwei Spitzenkräfte der Branche. Sie sind die Leiter des

Teams der Düsseldorfer Werbeabteilung, die für die Gesamtkonzeption der C&A-Young Collections-Kampagne 1993 verantwortlich zeichnet, die unter dem Motto „Don Quixote" einen der schönsten Kinospots der letzten Jahre hervorgebracht hat. Vor allem erstaunlich ist die ungeheure Bandbreite, nicht nur der umworbenen Zielgruppen, sondern auch der eingesetzten Medien, die das Produkt an dem Mann bringen sollen. Selten ist bisher von den Möglichkeiten der multidimensionalen Mediennutzung in einem solchen Maße Gebrauch gemacht worden. Angestrebt ist eine Verbundwirkung der Maßnahmen, in der der Gesamteffekt größer ist als die Summe der einzelnen Werbeeffekte. Für die Young Collections-Kampagne sind zum Beispiel folgende Medien eingesetzt worden: Ein Kinofilm und ein (gekürzter) TV-Spot; 4-farb-Anzeigen in einer Vielzahl von Publikationstiteln; schwarzweiß-Anzeigen in ganzseitigem Format in Tageszeitungen; parallel dazu die Ausgabe eines Posters mit aktuellen Kollektionsbeispielen am Erstverkaufstag; Ausstattung des Young Collections Store-Bereichs und der Warenträger mit entsprechenden Fotos; Schaufenstergestaltung; In-Store-Promotion; Don Quixote-Postkarten; Veröffentlichung einer CD-Compilation (inklusive der YC-Hits „Far far away" und „Dream a little dream of me"). Gerade der Einsatz von gängiger Popmusik macht die Vorteile einer solchen multimedialen, bis ins letzte koordinierten Kampagne deutlich. Solche Songs werben nicht ➤

FÜR DEN DON QUIXOTE-SPOT WURDE EINE GANZ NEUE BILDERWELT ENTWICKELT.

ELSE? · C & A · WHAT ELSE? · WHAT ELSE? · WHAT ELSE? · WHAT

RODEO

Eine weitere gelungene Kampagne der C&A-Werbeabteilung war im letzten Jahr die für Rodeo. Die Energie und Bewegungsfreude der Bilder sprang direkt auf den Zuschauer über, die Musik von Stefan Massimo & The Deli Cats unterstrich den visuellen Rausch auf kongeniale Weise. So wurde Mode zum Lebensgefühl.

◄ nur direkt für das Produkt, indem sie angenehme Assoziationen hervorrufen (z.b. die „guten alten Zeiten"), sondern sie haben das Potential, selbst zu verkaufbaren Waren zu werden. Ein gutes Beispiel ist hier der Musiktitel zum Spot „Anytime & Anywhere" im Rahmen der Rodeo-Kampagne, der es immerhin in die TOP 20 Deutschlands gebracht hat. Immer wenn dieser Song im Radio gespielt wird, denkt der Hörer automatisch an Kleidung aus dem Hause C&A. Umgekehrt sorgt der Film-Clip für stärkere Nachfrage nach der CD. Auf diese Weise verstärken sich die Werbeträger gegenseitig. Auch der immer stärkere Einsatz von Postern und Postkarten ist ein Beispiel dafür, wie Werbeträger selbst zu begehrten Waren werden. Es gibt kaum ein Team in Deutschland, daß die Klaviatur der multidimensionalen Mediennutzung mit einer solchen Geschicklichkeit zu bedienen versteht wie die Leute um Rolf Göllnitz und Joachim Müller. ◼

DIE IDEALE LOCATION FÜR DIE SEPIAFARBENEN BILDERTRÄUME DES DON QUIXOTE-SPOTS FAND MAN SCHLIESSLICH IN SPANIEN.

Max 97

KONTINUITÄT
ALS MARKENZEICHEN

IN 27 JAHREN ERARBEITETE SICH DIE FLEISSIGE STUTTGARTER AGENTUR EINEN SICHEREN KUNDENSTAMM – FLEXIBEL MIT DEN STRÖMUNGEN DER ZEIT UND MANCHMAL DIREKT DAGEGEN.

MUSTANG, CD-TEXT: BRIGITTE FUSSNEGGER
MUSTANG, CD-ART: ULI WEBER

LEONHARDT & KERN
STUTTGART

WILHELM KERN (O.), DR. DETLEF KULESSA, HANS H. GREUTER, WALDEMAR MEISTER, GÜNTHER LEONHARDT (V. L. N. R.)

GRÜNDUNG
1966

MITARBEITER
39

BILLINGS 1993
Keine Angaben

GESCHÄFTSFÜHRUNG
Leonhardt & Kern
Werbung GmbH:
Günther Leonhardt,
Wilhelm Kern

Uli Weber, Waldemar Meister, Hans H. Greuter

KAMPAGNEROS
(Mustang)
Uli Weber, Creative Director Art
Brigitte Fussnegger, Creative Director Text

PREISE
Die Mustang- die Jockey- und weitere L&K-Kampagnen wurden mit Publikums- und Fachpreisen geradezu überschüttet

ADRESSE
Leonhardt & Kern
Werbung GmbH
Olgastr. 80
71182 Stuttgart
Telefon 0711/21099-0

Leonhardt & Kern
Werbung GmbH

Und in diesen 27 Jahren sammelte sie bisher fast 300 Preise für ihre herausragende Gestaltung. Stets vermieden Günther Leonhardt und Wilhelm Kern, daß ihre Agentur zu groß wurde und einen eher nicht-kreativen Apparat unterhalten mußte. Entsprechend konsequent war nach einem Vierteljahrhundert schließlich auch der Schritt, bei einem ständig weiterwachsenden Kundenstamm Verantwortung innerhalb des Hauses weiterzugeben. Seit 1992 also gibt es drei unabhängig voneinander operierende Agenturen unter dem Dach der Mutter – jeder Kunde soll das Recht auf einen Ansprechpartner aus der Geschäftsführung haben. Kontakter also gibt es hier nicht. Die Rechnung ging auf – die Jahre 1992 und 1993 gehörten zu den erfolgreichsten der Firmengeschichte.

Unterwäsche, Herrenhemden, Brillen, Porzellan, Bohrmaschinen, Bier und der ADAC – Leonhardt und Kern führen ein außerordentlich vielseitiges Agentur-Netzwerk, das je nach Etat problemgerecht arbeitet.

Den Vogel ab aber schossen sie in den letzten Jahren mit ihrer Kampagne für Mustang-Jeans, die diese deutschen Hosen zur Konkurrenz für amerikanische Vorbilder machten. Die zerstörerische Kraft der Elemente jedenfalls macht diesen Beinkleidern nichts aus – das wissen längst nicht nur die Fans des Mustang-Kino-Spots von 1992. „Fade Away" hieß dieser Spot, für den Uli Weber und Brigitte Fussnegger von Leonhardt & Kern Alpha GmbH verantwortlich zeichneten und den die Filmproduktion CEBRA unter der Regie von Walter Brandau drehte.

Die Jeans wurde in einem relativ komplizierten Aufnahmeverfahren von oben aufgenommen, wobei die Kamera auf einem ca. vier Meter hohen Gerüst stand und das Tableau mit der Hose von allen Seiten, bei Bedarf aber auch von unten beleuchtet werden konnte, um die teilweise überirdischen Aufnahmeeffekte zu erzielen. Verschiedene Tricktechniken von der Stop-Motion-Animation bis hin zur komplexen Computergrafik wurden schließlich eingesetzt, um den „Verfall", oder besser natürlich „Die Haltbarkeit" dieser Jeans im Bild festzuhalten. Das Ergebnis war faszinierend und wurde in Cannes, vom Art Directors Club Deutschland und mit einer ganzen Serie weiterer wichtiger Werbepreise ausgezeichnet. Auch im Print- ➤

KOMPLIZIERTER AUFBAU FÜR EINEN „EINFACHEN" SPOT. DAS VIER-METER-GERÜST FÜR MUSTANG „FADE AWAY".

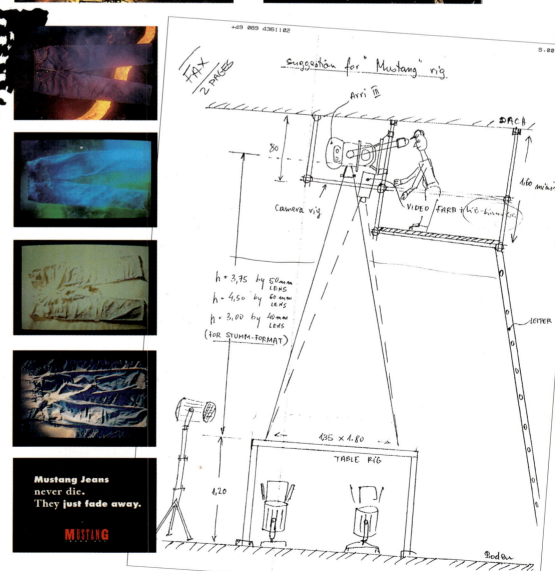

◁ Bereich räumten die Mustang-Kampagnen stets Preise ab und die neue Print-Kampagne hat ebenfalls das Zeug dazu: Eine Galerie von originellen Typen aus dem Jeans-Mutterland USA präsentiert die neue „Oregon"-Kollektion so überzeugend, daß gar nicht erst die Idee aufkeimt, aus Künzelsau kämen keine Spitzen-Hosen. ■

DIE JEANS DER UNBEGRENZTEN MÖGLICHKEITEN: GERMANISCHE HOSEN MACHEN AUCH US-BEINEN EINE TOP-FIGUR.

ELSE? · LEONHARDT & KERN · WHAT ELSE? · WHAT ELSE? · WHAT ELSE?

EINHORN
Ein Name, der zum Programm wird: Durch einen Hut wird man auf Blusen und Hemden aufmerksam gemacht. Fast jeder, der diese Anzeige gesehen hatte, konnte sich später daran erinnern!

JOCKEY
Mit dem Text „Let Him Swing" leistete sich die Kreativ – Mannschaft um Uli Weber einen genialen Wurf.

HUDSON
Sie haben die Beine. Wir die Mode. Noch Fragen?

LAMY
Kein Schnickschnack, nur Form und Funktion. Im Prinzip ganz einfach...

COR
Einfach und gut: Nichts verstellt hier den Blick aufs Wesentliche – so und nicht anders muß es sein.

AGENTUREN

GIANTS

CHAMPIONS

MAX-FAVORITES
[Sie hatten in „Max" mindestens eine „Anzeige des Monats"**]**

INTERNATIONALS

NEWCOMER

DIE REDAKTION WARNT:
Das Ein- oder Nichteinordnen in diese Kategorie stellt keine Wertung dar – der Rechtsweg ist also ausgeschlossen...

VERDAMMT ZUR QUALITÄT

 FÜR HOLGER JUNG UND JEAN-REMY VON MATT IST GUTE WERBUNG LUST UND LIST: SIE HAT EIN ATTRAKTIVES ÄUßERES UND ERFREUT DAS HERZ, DOCH IM KERN IST SIE OFFENSIV UND VERFOLGT GERADLINIG IHR ZIEL. MAX-LESER SCHÄTZEN DAS!

GRUPPENBILD MIT CHEFS – ALLE MITARBEITER JVM

JUNG UND VON MATT VOR'M TROJANISCHEN PFERD

JUNG V. MATT
HAMBURG

GRÜNDUNG
1. Juli 1991

MITARBEITER
45

BILLINGS 1993
68 Mio. DM

GESCHÄFTSFÜHRUNG
Holger Jung, Jean-Remy von Matt

KAMPAGNEROS
Deneke von Weltzien, (Creative Director)
Kay Zastrow (Art Director), Dominik Philipp (Beratung), Ralf Zilligen (Text)

ADRESSE
Jung v. Matt
Werbeagentur GmbH
Glashüttenstr. 38
20357 Hamburg
Telefon 040/431353-0
Telefax 040/431353-113

JUNG v. MATT

Im Vorwort ihrer Selbstdarstellung richten Holger Jung und Jean-Remy von Matt, die kometenhaften Agentur-Ein- und Aufsteiger des Jahres 1991, ihren ausdrücklichen Dank an alle, die ein Vorurteil gegen kreativ-positionierte Werbeagenturen haben. Das Winning-Team aus dem Hamburger Renommierstall Springer & Jacoby hat aus den geläufigen Unterstellungen gegenüber dieser Spezies Agenturen (Beratungsschwächen, Nonchalance mit Marketingzielen, nichtperfekte Abwicklung) die einzig logische Konsequenz gezogen: JvM ist zur Qualität verdammt.

Damit leben die Inhaber und inzwischen 45 Mitarbeiter verdammt gut. Dem kreativen „Chaos" vertraute sich als Erster Sixt-Budget mit einen erklecklichen Etat an – das Taufgeschenk für JvM, die sich, leicht abseits der bevorzugten hanseatischen Werberstandorte – beim Schlachthof niedergelassen hatten. Obwohl VW-Golf-Fahrer, eroberten JvM bald den Porsche-Etat. Effekt: die (neben Toyota) einzige Autowerbung, die ihre Erinnerungswerte verdoppeln konnte. Summa summarum schlug die rapide gewachsene Liste illustrer Kunden, darunter Minolta, Panasonic, Mövenpick und gut dreizehn mehr, Ende letzten Jahres mit 68 Millionen Mark Umsatz zu Buche.

Gleichwohl beweisen die in der Branche eher des Überfliegens Verdächtigten durchaus auch Bodenständigkeit. Bierernstes verläßt die Agentur sowieso nicht. So wurde Jever Pilsener durch abenteuerliche Motivschöpfungen vor dem Altherrenriegen-Dasein gerettet: Froschkönig mit Jever-Kronkorken, Kaktus mit Jever-Etikett oder Wackelpudding mit Jever-Banderole. Und dazu die Standardline: „Nicht alles, was so tut wie ein Jever, schmeckt auch wie ein Jever." JvM bekennt: „Wir haben brutal gegen die Regeln der klassischen Bierwerbung verstoßen und so für riesige Aufmerksamkeit gesorgt. Wir haben Mut zum Spaß bewiesen." Haben sie. Und eine Erklärung dafür, wie gute Werbung sein muß, haben sie auch: „Wie das Trojanische Pferd: Sie hat ein attraktives Äußeres, kommt als Geschenk daher und erfreut die Herzen. Doch im Kern ist sie offensiv auf ein Ziel gerichtet, das sie geradlinig und konsequent verfolgt. Gute Werbung ist Lust und List." ■

JVM ZUR MAX-FAVORISIERTEN JEVER KAMPAGNE: „WIR WAREN NICHT BIERERNST, HABEN SYMPATHIE DURCH IRONIE GESCHAFFEN."

ELSE? · JUNG V. MATT · WHAT ELSE? · WHAT ELSE? · WHAT ELSE

PORSCHE
Die Aufgabe bestand darin, das Image des klassischen Sportwagens ein wenig zu entstauben und ihm wieder den spektakulären Touch zu geben, den er früher besaß. Dazu reichte es nicht, weiter vom alten Mythos zu zehren, er mußte neu aufgeladen werden. Der Markenkern „Sportwagen" wurde wieder in den Vordergrund gerückt, das legendäre Auto roch mittlerweile zu sehr nach Parfum und zu wenig nach Benzin. Man wollte auch weg vom Statussymbol für Reiche, hin zum Traum für echte Liebhaber. Porsche-Fahren ist nicht länger eine Frage des Geldes, sondern des guten Geschmacks. Technische Vorteile wurden kompetitiv umgesetzt: „Die meisten hängt er beim Beschleunigen ab, den Rest beim Bremsen." Die Kampagne zog, Porsche-Facts wurden von potentiellen Kunden weitaus häufiger erinnert als im Vorjahr.

RENÉ LEZARD
Die Kampagne für die französische Modefirma beschreibt den ewigen Kampf des Lustvollen, Schönen, Guten gegen die dunkle Macht der Gleichmacherei.

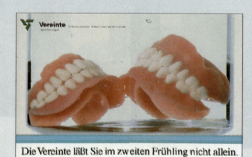

VEREINTE VERSICHERUNGEN
Mit Printmotiven, die direkt ins Bewußtsein des Betrachters dringen, und unbewußte Ängste und Wünsche aktualisieren, wurde ein großes Publikum erreicht, das Produkt immer bekannter.

DEUTSCHE STÄDTEREKLAME (DSR)
Diese Kampagne sollte weniger ein großes Publikum erreichen als vielmehr die Mediaszene selbst involvieren. Die Aufgabe bestand darin, Plakatwände als Werbeträger interessanter zu machen. Die Löcher in den Köpfen authentischer Meinungsmacher veranschaulichen visuell das Problem, während der dazugehörige Text die Lösung barg. Spitzen-Idee!

mini TEAM MIT VIEL PROFIL

BESCHEIDEN IN DEN DIMENSIONEN, DAFÜR UM SO ANSPRUCHSVOLLER IN DER KREATION – MIT EINEM WINZIGEN MITARBEITERSTAB BEWEIST AGENTURCHEF ROLF HUNSINGER, DASS WENIGER MANCHMAL MEHR IST.

ROLF DIETER HUNSINGER (L.), THOMAS ELSNER

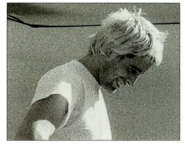

David Sims, Fotograf für Sommer 94

MPS HUNSINGER
MÜNCHEN

GRÜNDUNG
1984

MITARBEITER
6

BILLINGS 1993
ca. 6 Mio. DM

GESCHÄFTSFÜHRUNG
Rolf Dieter Hunsinger

KAMPAGNEROS
(Strenesse)
Rolf Dieter Hunsinger (Text, Fotoproduktion, Koordination, Media-Arbeit), Thomas Elsner gestaltet das gesamte Design.

ADRESSE
MPS Rolf Hunsinger
Gudrunstraße 3
80634 München
Telefon 089/163065
Telefax 089/166258

MPS

Wie schafft es eine Agentur, mit einer Handvoll Leuten große Etats erfolgreich zu stemmen? MPS Hunsinger zeigt, wie's geht. In einer Branche, wo es vor Kreativen nur so wuselt, hat Rolf Hunsinger den Mut, mit zwei Mitarbeitern und einem Art Director zu arbeiten. Der Art Director wiederum beschäftigt ebenfalls nur zwei Mitarbeiter. Damit umgehen sie die Gefahr eines „Wasserkopfes", erklärt Rolf Hunsinger das Miniaturgebilde mit Schwerpunkt Mode. Die Konzepte entstehen in direkter ➤

◀ Zusammenarbeit zwischen Rolf Hunsinger und dem Graphik-Designer Thomas Elsner. Die bei Werbeagenturen üblichen Titel für verschiedene Arbeitsbereiche entfallen. Hunsinger erklärt das so: „Wir haben beide nicht die Absicht, in übliche Agenturdimensionen zu expandieren. Dadurch haben auch unsere Kunden langfristig immer denselben Gesprächspartner."

Thomas Elsner, der das gesamte Design macht, arbeitet in seinem eigenen Studio. Rolf Hunsinger verantwortet Text, Fotoproduktion plus Koordination und Media-Arbeit. Auch er werkelt in seinen eigenen vier Wänden („Diese Kombination von zwei selbständigen Kreativ-Büros hat sich optimal bewährt, weil es jedem Partner den größtmöglichen Freiraum gibt.").

Der Erfolg des Teams ist belegbar. 1986 übernahm es den Strenesse-Etat von drei Millionen Mark. In der gleichen Größenordnung bewegt sich der Etat ihres anderen Werbekunden Bianca. MPS Hunsinger betreut Strenesse in den Bereichen Werbung, Verkaufsförderung und Public Relation, und gab der Marke ein unverwechselbares Profil. Für Strenesse verdreifachte sich der Umsatz…

Auch hier „Anti-Programm" statt klassischer Mode-Werbung, „die sich zu oft mit gefälligen Produkt-Präsentationen oder albernen Gags begnügt". Entwickelt wurde eine Kampagne, in der eine symbolische Welt mit immer neuen Themen präsentiert wird. Im Mittelpunkt steht die selbstbewußte Frau, die in ihren Tagträumen ausbricht, auf Abenteuersuche gehen möchte.

Die Strenesse-Group hilft beim Aufbau dieser Welt. In den Anzeigen-

IN SOUTH CAROLINA ENTSTANDEN DAVID SIMS' FOTOS ZUR AKTUELLEN „BLUE"-KAMPAGNE.

THE SPY STORY
Die Star-Fotografin Ellen von Unwerth inszenierte für Strenesse in New York einen kleinen Spionage-Fotoroman. Die Schwarz-Weiß-Aufnahmen arbeiten die Symbios von Menschen und Architektur der Großstadt heraus.

ROSEMARY FERGUSON WÄHREND DES SHOOTINGS AM STRAND (U.) UND IM STRENESSE-KATALOG.

Copys erfährt der Leser, daß diese zudem noch erotische Dame ein sinnliches und selbstironisches Spiel mit den Männern spielt – aus dem sie am Schluß über alle triumphierend hervorgeht.

Das Hunsinger-Elsner-Konzept wird von namhaften Fotografen wie Jacques Olivar und Ellen von Unwerth. Für die Strenesse-Kampagne macht seit neuestem David Sims die Fotos, die Bianca-Werbung lichtet Martin Brading ab. Kontinuität und persönliche Arbeit sind so auch auf der visuellen Ebene gewährleistet. Vor allem Sims spröde Bilder haben hohen Wiedererkennungswert. Kleine Unschärfen sind – zu Gunsten der Authentizität – gewollt. ■

E? · WHAT ELSE · WHAT ELSE? · WHAT ELSE?

THE BIG EASY
Top-Model Christy Turlington in einer Aufnahme-Pause in New Orleans. Diese Produktion von Ellen von Unwerth hebt die schwüle Atmosphäre des amerikanischen Südens hervor und bot damit ebenfalls ein ideales Umfeld für Teile der Strenesse-Kollektion.

UNA STORIA D'AMORE
Die „Liebesgeschichte" von Ellen von Unwerth spielt in Rom. Wie viele Fotoromane von Hunsinger/Elsner gab es diese Geschichte als Mini-Heftchen in Zeitschriften und für Auserwählte als opulenten Bildband.

KLASSIKER UNTER SICH

 COCA-COLA, LEVI'S, CAMEL ETC: DIE KUNDENLISTE VON MCCANN-ERICKSON LIEST SICH WIE EINE AUFZÄHLUNG AMERIKANISCHER MYTHEN. GRÜNDERVATER HARRISON KING McCANN WÄRE AUCH AUF SEINE DEUTSCHEN NACHFAHREN STOLZ.

GUNNAR P. WILMOT, VORS. MCCANN DEUTSCHLAND

DAS LEVI'S-TEAM: M. MÖHR, S. STEPHAN, W. CAMPHAUSEN, O. MOHR, R. BOLLMANN (V.L.N.R)

McCANN-ERICKSON
FRANKFURT

GRÜNDUNG
1928

MITARBEITER
486

BILLINGS 1993
ca. 648,3 Mio. DM

GESCHÄFTSFÜHRUNG
Gunnar P. Wilmot (Chairman), Egon Kerst, Konrad von Viereck

KAMPAGNEROS (LEVIS 517 UND 501)
Rainer Bollman (CD), Wolf-Peter Camphausen (AD bei „517"), Roland Gehrmann (AD bei „501"), Patrick Hélinck, Oliver Mohr (Kontakt)

ADRESSE
McCann-Erickson Deutschland GmbH
Großer Hasenpfad 44
60598 Frankfurt
Telefon 069/60507-0
Telefax 069/60507-666

McCANN-ERICKSON
TRUTH WELL TOLD

McCann-Erickson steht wie der berühmte Fels in der Brandung. Und das seit nunmehr 1928, als Harrison King McCann mit seinem Kunden Esso im Gepäck über den großen Teich kam und flugs drei Full-Service-Büros in einer werblichen Diaspora der dreißiger Jahre installierte. Inzwischen sind die Reklame-Kontore allerdings zu einer der größten Kreativschmiede im Lande mutiert: sechs eigenständige

Profitcenters, strategisch glücklich über die Republik verteilt, 486 Mitarbeiter, ein Umsatz, der sich auf die 700-Millionen-Marke zubewegt, und eine illustre Kundenliste sprechen für sich selbst.

Wen wundert's, daß jung gebliebene Markenklassiker wie Coco-Cola, Camel und Maggi sich bei dem Agenturklassiker gut aufgehoben fühlen. So zum Beispiel auch die Levi's 501 (in Insiderkreisen bitte nur „die 501", das verrät Kompetenz). Für Levi Strauss Germany entwickelte das Kreativteam in Frankfurt um Rainer Bollmann (CD) und Roland Gehrmann (AD) eine Kampagne, die „die Philosophie der wahren, ehrlichen Werte symbolisch herausgearbeitet". Motto: „Be original". Untrennbar mit dieser Philosophie verknüpft ist das gesunde Selbstbewußtsein der Traditionsmarke, die für sich beansprucht, der Urahn aller Jeans zu sein. Daß alle anderen lediglich aus ihr, der Fünf-Null-Eins hervorgegangen sind, findet sich dann mehr oder weniger dezent in dem Anzeigenmotiv wieder. „Was liegt da näher, als die Metapher mit dem Wolf und den domestizierten Hunderassen", erklärt McCann-Erickson diese Schöpfung.

Furchtlos ging Bollmann, diesmal mit Art Director Wolf Peter Camphausen, daran, die ➤

DER HÄUSERSPRINGER MIT DER „517" AUF DER SKIZZE DES ZEICHNERS UND IN DER ENDGÜLTIGEN ANZEIGE.

ELSE? · M^cCANN-ERICKSON · WHAT ELSE? · WHAT ELSE? · WHAT

COCA-COLA
Der Brause-Klassiker wird nach wie vor klassisch beworben – wer das trinkt, ist absolut gut drauf und relaxed.

CAMEL
Meilenweit? Immer noch, aber im Mini-Action-Adventure.

BLACK & DECKER
Scharfer Typ – mit ironischer Doppeldeutigkeit ans Werbe-Ziel.

KRIM SEKT
Die Beine ihres Autos wurden früher ähnlich beworben – heute geht's um Krimsekt. Erkennt man doch sofort – oder?

DER WOLF IST DER URAHN ALLER HUNDE, DIE 501 URAHN ALLER JEANS – UND: THE MORE YOU WASH THEM, THE BETTER THEY GET. ALLES KLAR!

◂ eigene Konkurrenz im Hause Levi nicht weniger vehement zu bewerben. Ohne Gesichtsverlust für das „Original" und über jeden Zweifel erhaben, daß das neue Objekt, „die 517", eventuell auch zu den Domestizierten gehören könnte.

Die Kampagne lehrt, daß die Levi's 517 speziell dann eine Alternative ist, wenn die 501 nicht paßt. Präzise im Hüft- und Oberschenkelbereich. In der Aussage „Feel free" – mit der Interpretationmöglichkeit „Mach einfach, was Du willst" – finden „stärkere Jeansfreaks" den Trost, trotzalledem doch zur 501er-Gemeinde zu zählen.

Aber man sollte nun nicht glauben, daß bei McCann-Erickson nur die großen Tiere bedient werden. Es kann sehr wohl passieren, daß sich in der Eingangshalle in Frankfurt ein Manager von der Levi Strauss Company, von General Motors Europe und ein Angestellter der Fremdenverkehrsgesellschaft Tegernseer Tal über den Weg laufen. Die Aufteilung des Agentur-Networks in viele kleinere Einheiten ermöglicht dem Agentur-Riesen die angemessene Betreuung auch kleiner Etats. So entgeht McCann-Erickson der Gefahr, ein unbeweglicher Gigant zu werden – man bleibt nach allen Seiten offen. ■

NICE GUY AUS BEVERLY HILLS

DIE WERBEKAMPAGNE IST DURCHAUS GEEIGNET, ALLE NÄHTE ZU SPRENGEN. KLAPPT ABER NICHT: DAS PRODUKT IST VON MEISTERHAND GEFERTIGT UND NIETENFEST: EINE HOSE, FÜR DEREN VERMARKTUNG GROSSBRITANNIENS GRÖSSTER JEANSHERSTELLER PEPE TIEF WIE NIE ZUVOR IN DIE TASCHE GEGRIFFEN HAT — EINE „MAX"-LIEBLINGSANZEIGE DES MONATS.

STARFOTOGRAF BRUCE WEBER

TOTH DESIGN
NEW YORK

KAMPAGNE
Anfang 1993 schloß Pepe, einer der großen europäischen Jeanshersteller einen Werbevertrag mit dem Sender MTV ab. Die US-Agentur Toth-Design kreierte und die britische Agentur DDB-Needham schaltete die aus drei verschiedenen Spots bestehende Kampagne in MTV. In Deutschland erschien die begleitende Print-Kampagne in Zeitschriften wie „Max", „Stern", „Elle", „Männer Vogue" und anderen.

KAMPAGNEROS
Bruce Weber (Fotograf, Regie), Suzie Hinton (Drehbuch)

ADRESSE
Kontakt: D-Z-Z Product & Corporate Publicity
Am Meerkamp 20
40667 Meerbusch

Pepe Jeans
LONDON

From the beginning: Zuerst war da die hochkarätige Werbeagentur Toth aus den USA. Toth, ein alter Hase auf dem Gebiet internationaler Modekampagnen, zog für den englischen Jeanshersteller Pepe alle nutz- und erfolgbringenden Register. Dem klassischen Motto (nicht kleckern,…) gehorchend, ließ sich die Agentur gleich bei der Wahl des Protagonisten nicht lumpen. Haupthosenträger: kein Geringerer als der derzeit „netteste Junge von nebenan", angesiedelt in Beverly

Hills: Jason Priestley, das neue Teenageridol Amerikas. Eine schmalhüftige und zeitgemäße Mischung aus romantischer Liebe, verhaltenem Sex, gewürzt mit einer Prise James Dean und viel Sechziger-Jahre-Charme. Ihm zur Seite steht Kent Masters King, deren Gesicht besonders den amerikanischen Fernsehzuschauern vetraut ist. Kents knisternde Sinnlichkeit betört unseren Jeanshelden Jason jedesmal aufs Neue. Die Musik von John Leftwich unterstreicht das Geschehen.

Bruce Weber, Fotograf, Filmproduzent, Art Director, kurz: eine Kultfigur auf seinem Gebiet, setzt alles in Szene. Suzie E. Hinton, bekannt durch kritisch umjubelte Werke („Rumblefish", „The Outsiders", beide verfilmt von Francis Ford Coppola) hat extra für die Pepe-Werbekampagne ausdrucksvolle, gefühlsbetonte Drehbücher geschrieben. Was konnte da noch schiefgehen? Hinzu kommt, das Produkt ist gut.

Das weltweite Werbekonzept ist Schwerpunkt der neuen Pepe-Marketingstrategie. Aussage von einem der Geschäftsführer, Fred Gehringer (Ex-Direktor von Ralph Lauren): „Noch nie hat es eine so revolutionäre und einzigartige Werbung für Denim gegeben, die Pepe's weltweite Zielsetzung reflektiert, die Jugend von Heute und ihre für sie wichtigen Werte und Wertvorstellungen zu verstehen."

Der Werbefeldzug durch Deutschland startete in Printmedien wie „Stern", „Tempo", „Prinz", „Männer Vogue", „Elle", „Marie-Claire", „Cosmopolitan", „Bravo", „Young Miss" und „Max". ■

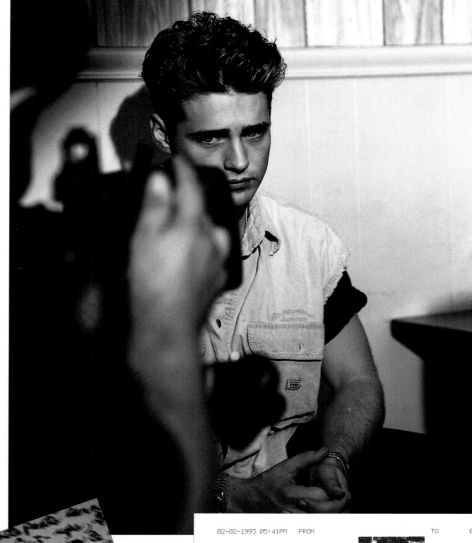

WEBERS FAXHYMNE AN PRIESTLEY UND DAS ARBEITSERGEBNIS.

```
02-02-1993 05:41PM   FROM                    TO    01144814515069   P.02

A lot of people ask me what it's like to photograph
Jason Priestly.  They ask me, "Is he a cool guy?" and
"Does he have a good sense of humor about himself?"
I've photographed a lot of film personalities and a
lot of rock stars on the road, and I can honestly
say that what I like about Jason is that he can be
so incredibly handsome and still be so honest.  He's
nicer to my assistants than he is to me.  And when
kids of all ages come up to ask him for an autograph
or just to say hello, he looks them in the eye and
really spends time with them.

One moment that I remember really well was when
we were filming him for the short on fame.  Among the
crowd was a young, heavy set, retarded girl.  She pushed
other people away and tried to get his attention.  Jason
was in the middle of signing autographs, but he turned
around and gave her a big hug.  A lot of girls and
guys would have loved to be in her place at that moment.
And he sincerely meant the gesture.

Jason's a young guy, but he's a dedicated actor who I hope
grows up to be another Spencer Tracy or Paul Muni.  I can
honestly say that because he's so fearless.  Filming and
photographing him was always fun, except that I'm incredibly
jealous of his eyebrows and eyelashes.

                                            Bruce Weber
                                            NYC 1993
```

Bruce Weber   135 Watts Street   New York, New York 10013   212-226-0814

KREATION „PUR"

„DIE ZEIT IST REIF FÜR NEUES" WAR DAS MOTTO DER BOGIE-KAMPAGNE, DEREN SCHÖNSTES MOTIV VON „MAX"-LESERN ANFANG 1993 ZUR ANZEIGE DES MONATS GEWÄHLT WURDE – EINE KLEINE, ABER FEINE AGENTUR AUS KÖLN IST DAFÜR VERANTWORTLICH.

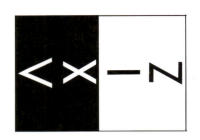

GESCHÄFTSFÜHRERIN MONIKA SCHRÖDER

AXIZ KÖLN

GRÜNDUNG
1990

MITARBEITER
5

BILLINGS 1993
ca. 2,5 Mio. DM

GESCHÄFTSFÜHRUNG
Monika Schröder

KAMPAGNEROS
Leander Jahoda (Creative Director REPLAY), Klaus Kampert (Fotos BOGIE)

ADRESSE
Axiz Werbeagentur GmbH
Ubierring 49
50678 Köln
Telefon 0221/ 327037

Zu Beginn des Jahres 1993 kam die deutsche Marke BOGIE mit einer neuen Kollektion an die Öffentlichkeit. Monika Schröder und ihr Team von Axiz kreierten den „Bogie"-Mann, der mitnichten zum Fürchten sein, sondern im Gegenteil Vertrauen einflößen sollte. In einer Anzeigenserie für die Zeitschrift „Max" in den ersten Monate des Jahres wurden die Fotos von Klaus Kampert abgedruckt. Sie signalisieren totale Körperbeherrschung, Ruhe, Ausgeglichenheit – alles Attribute, die der potentielle Käufer mit der beworbenen Kollektion assoziieren soll. Der Bogie-Mann „pur" war ebenso als Poster und Schaufensterdisplay zu sehen.

Monika Schröder leitet ihre Agentur Axiz seit 1990. Mit fünf Mitarbeitern und einer Reihe von Freelancern brachte sie es 1993 auf Billings von rund 2,5 Millionen Mark.

Nach Bogie kam Replay, die italienische Modefirma, die seit einiger Zeit auch Schuhe herstellt. Die neue Replay-Schuh-Kampagne wurde von dem Düsseldorfer Creative Director Leander Jahoda geleitet.

Zu den weiteren Kunden von Axiz zählen die Ford-Werke, die sich von der Agentur seit Jahren ihre Serie von extravaganten Autokalendern gestalten lassen – übrigens europaweit. Die Ford-Motorsport-Line, ein aktuelles Sportswear-Programm wird von Axiz ebenso werblich betreut wie die DEKRA. Darüber hinaus arbeitet die Agentur als Dienstleister im Gastronomie-Bereich – eine Reihe von rheinischen Horten des Frohsinns läßt sich von Monika Schröder und ihrem Team vermarkten. ■

DER BOGIE-MANN FLÖSST NICHT FURCHT EIN, SONDERN VERTRAUEN.

ELSE? · **AXIZ** · WHAT ELSE? · WHAT ELSE? · WHAT ELSE? · WHAT

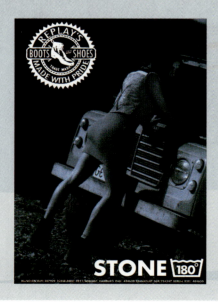

REPLAY
Uli Steinmetz fotografierte die neueste Kampagne von REPLAY-Shoes, für die Leander Jahoda aus Düsseldorf verantwortlich war. Und wo fotografiert man neues Schuhwerk am besten? Natürlich in der rauhen Berglandschaft Gran Canarias.
Auch hier war es das Ziel der Kreativen, durch die Wahl der Location den Lifestyle-Charakter des zu bewerbenden Produktes zu unterstreichen.

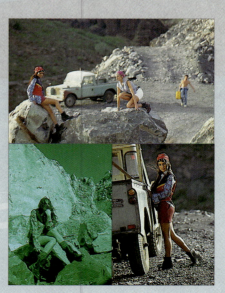

PARADISE NOW

 HORST WACKERBARTH IST FOTOGRAF, KREATIVCHEF UND KÜNSTLER – SEINE BIBLISCHE KAMPAGNE FÜR OTTO KERN REGTE DEN DEUTSCHEN WERBERAT AUF, DIE MODEBEWUSSTEN KÄUFER AN UND WURDE MAX-ANZEIGE DES MONATS.

HORST WACKERBARTH UND SEIN SOHN WANJA

HORST WACKERBARTH
DÜSSELDORF

KAMPAGNEROS (Otto Kern)
Horst Wackerbarth, Hedy Valencise, Gerd Hiepler und Klaus Stoffers, die gemeinsam an der Kampagne für den Modemacher Otto Kern arbeiteten, schließen sich regelmäßig für Werbekampagnen verschiedener Kunden zusammen. Konzept, Fotografie, Styling und Produktion nehmen sie selbst in die Hand.

ADRESSE
Horst Wackerbarth
Ross-Straße 13
40476 Düsseldorf
Telefon 0211/480021
Telefax 0211/441311

Horst Wackerbarth

Horst Wackerbarths Karriere ist nicht die eines typischen Kampagneros, sondern die eines Fotografen und Künstlers. Ausstellungen, Fotobücher und speziell das „Rote Couch"-Projekt haben seinen Namen bis weit über die deutschen Grenzen hinaus bekannt gemacht – hierfür wurde er schließlich ebenso mit Kunst – wie auch mit Werbepreisen ausgezeichnet. 1988 traf er den Maler Jörg Immendorf, der von der legendären Roten Couch ein Gemälde anfertigte. Während der Maler malt, filmt und porträtiert Wackerbarth. Das Ergebnis ist „Marcels Erlösung": Film, Fotos und jenes Gemälde. Immer wieder versicherte sich die Werbung seiner Talente, der Modemacher Otto Kern ging mit ihm eine inzwischen heilige Allianz ein.

Der Fotograf Wackerbarth hierzu: „Gute Modefotografie zeigt nicht nur Produkte, sondern veranschaulicht Zeitgefühl. Autorenfotografie erlaubt die individuelle Handschrift des Urhebers. Sie findet selten in der Werbung und immer weniger in anspruchsvollen Zeitschriften statt." Die Kern-Kampagne kommentiert er folgendermaßen: „Wenn wir religiöse Gefühle verletzen, tut uns dies aufrichtig leid. Es ist nicht beabsichtigt. Alle Beteiligten glauben selbst an Gott. Immer haben sich Menschen mit biblischen Themen auseinandergesetzt. Früher waren es die Maler, beauftragt von der Kirche oder von den Königshäusern. Heute können es Fotografen sein, beauftragt von Unternehmen. Unsere kunstvoll in Szene gesetzten Bilder verstehen wir als moderne Ikonen des zeitgemäßen Glaubens. Wenn wir Anstöße geben können und dazu beitragen, daß die Menschen für die aktuellen Probleme unserer Zeit sensibilisiert werden, dann freuen wir uns. Aber natürlich wollen wir auch Mode verkaufen."

Damit die nicht zu kurz kommt, wird sie kunstvoll im Bildkontext inszeniert. Auf Ähnlichkeiten zur umstrittenen Benetton-Kampagne angesprochen, wird Wackerbarth ungehalten: „Benetton ist destruktiv, wir nicht. Wir provozieren nicht, sondern machen positive Aussagen und zeigen beispielhaftes Handeln." ➤

„WIR WÜNSCHEN MIT JESUS, DASS FLÜSSE UND SEEN VOM GIFTMÜLL BEFREIT WERDEN."

„WIR WÜNSCHEN UNS MIT DER PALÄSTINENSERIN MUNA FRANGI UND DER JÜDIN JENNIFER RUSH, DASS DER FRIEDEN ZWISCHEN DEN VÖLKERN VON DAUER IST."

„DU BIST DIE MUTTER DER WELT. ICH BITTE DICH WIE EIN SOHN."

„DAS BLUT FLIESST NICHT IN DEN SAND. DAS BLUT BLEIBT BEI MIR."

„MITHIN", SAGTE ICH EIN WENIG ZERSTREUT, „MÜSSEN WIR WIEDER VON DEM BAUM DER ERKENNTNIS ESSEN, UM IN DEN STAND DER UNSCHULD ZURÜCKZUFALLEN?" – „ALLERDINGS", ANTWORTETE ER, „DAS IST DAS LETZTE KAPITEL VON DER GESCHICHTE DER WELT."   HEINRICH VON KLEIST

◁ Und er erklärt weiter: „Letztlich machen doch alle Hersteller das gleiche. Top-Model als Kleiderständer am Strand war die Lifestyle-Fotografie der 70er und 80er Jahre. Im Bewußtsein der Verwender findet ein Wertewandel statt, der Marktstrukturen verändert." Und Wackerbarth und Kern handelten auch selbst beispielhaft: Auf einem Foto des neuen Kern-Katalogs schließen die Jüdin Jennifer Rush und die Palästinenserin Muna Frangi Frieden. Mit dem Honorarverzicht der beiden Prominenten und einer großzügigen Spende Otto Kerns (5% des kompletten Werbetats des Hauses) wird ein Friedensprojekt im Gaza-Streifen unterstützt. Völlig legitim, daß Kern und sein Werbeteam mit solchen Aktionen auch den Absatz steigern wollen. So brachte der öffentliche Aufschrei über die Abendmahl-Szene immerhin ein dreispaltiges Foto auf der Titelseite der „Bild-Zeitung" ein. Resultat: Nach Umfragen haben durch die Berichterstattung in Fernsehen und Printmedien 79,1 Millionen Deutsche etwas von der Modefirma aus Kaiserslautern gehört. ■

CHARISMA UND FAIR PLAY

 DIE AGENTUR GEHÖRT ZU DEN BRANCHEN-PIONIEREN IN DEUTSCHLAND, DOCH IHRE HEUTIGE STRUKTUR IST ALLES ANDERE ALS VERKRUSTET. AUS DER „SYSTEM-REKLAME WÜNDRICH-MEIßEN" VON 1926 WURDE ANFANG 1994 „GPP" MIT NEUEM, ERWEITERTEM KONZEPT.

MICHAEL PREISWERK, PETER GODENRATH

GODENRATH, PREISWERK & PARTNER
LEONBERG

GRÜNDUNG
1947

MITARBEITER
74

BILLINGS 1993
ca. 120 Mio. DM

GESCHÄFTSFÜHRUNG
Peter Godenrath, Michael Preiswerk, debis Marketing Services GmbH

KAMPAGNEROS (PUMA)
Andreas Pauli (Creative Director Art),
Katherine Schwarz, (Creative Director Copy)

ADRESSE
Godenrath, Preiswerk & Partner
Werbeagentur GmbH
Leonberger Straße 99-101
71229 Leonberg
Telefon 07152/6005-0
Telefax 07152/43159

GPP.
GODENRATH PREISWERK & PARTNER WERBEAGENTUR GMBH

Bis vor wenigen Monaten hießen GPP noch nach dem Gründer einer der ersten deutschen Agenturen, Hans Wündrich-Meißen, die bereits vor dem 2. Weltkrieg für Reklame zuständig war. 1947 wurde die Wündrich-Meißen neu gegründet, als der Senior 1986 starb, übernahm Peter Godenrath die Agentur. 1992 stieß schließlich Michael Preiswerk, einer der bekanntesten Branchen-Kreativen (früher bei McCann-Erickson) dazu – und brachte den Prestige-Etat der

Marke PUMA sozusagen gleich mit. Doch Puma ist nicht alles – auf der Kundenliste stehen so illustre Namen wie Volkswagen, Burda Verlag, DEKRA, IBM Deutschland und ZDF – neben drei Dutzend weiteren.

Zu Anfang des Jahres 1994 schließlich kaufte sich die Marketing-Service-Firma Debis, eine Tochterfirma des Daimler-Benz-Konzerns, in die Agentur mit ein und nun legte sich der Agenturklassiker einen neuen Namen zu. Es gehört zu den Plänen der neuen GPP, den Umsatz in den folgenden Jahren weiter zu steigern und sich im Ranking weiter zu verbessern – schon jetzt gehört die Agentur zu den 25 größten in Deutschland. Preiswerk streckt seine Fühler auch nach (derzeit anderweitig vergebenen) Werbeaufgaben innerhalb des Daimler-Benz-Konzerns aus, verstärkt aber auch die Präsenz der neuen Gruppe nach außen. Neben der klassischen Werbung und Verkaufsförderung bietet GPP nunmehr auch Sponsoring, Eventmarketing, Messebau, Raumtechnik und Marketingconsulting an.

Zur Puma-Kampagne: Hier wird das Puma-World-Team vorgestellt. Athleten, die nicht nur durch Leistung überzeugen, sondern auch durch Charisma und Fair Play.

Diese Gedanken werden dann durchgängig durch alle Medien vorgestellt. Die Individualität der einzelnen Sportler steht dabei im Vordergrund. Der Basketballer Cedric Ceballos kämpft gegen „Bad Guys", Sprinterin Merlene Ottey ist „State of the Art" und Lothar Matthäus, der Kapitän der deutschen Fußball-Nationalelf, wird einfach zu „The Boss". Katherine Schwarz und Andreas Pauli sind die Verantwortlichen dieser Kampagne. ■

PUMA „SOCCER" DER FILM

„THE BOSS" LOTHAR MATTHÄUS, „DISCMAN" CEDRIC CEBALLOS UND „STATE OF THE ART"-SPRINTERIN MERLENE OTTEY SIND DIE PROTAGONISTEN DER PUMA-KAMPAGNE VON GPP.

PUMA „DISCMAN" DER FILM

max 121

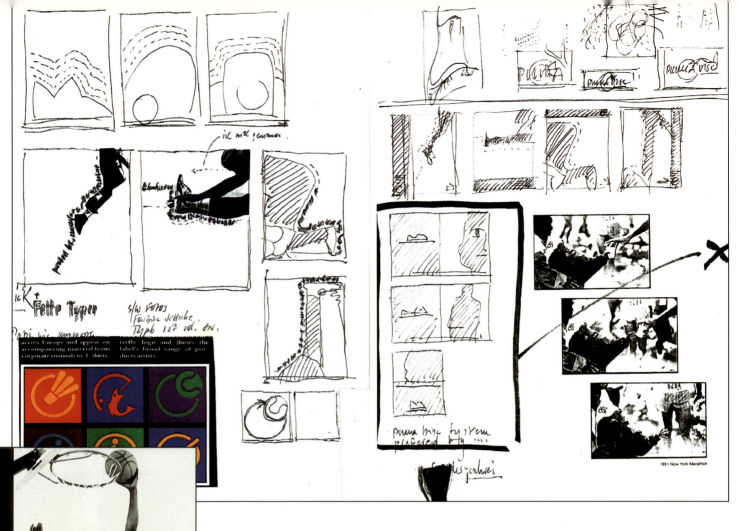

ART DIRECTOR ANDREAS PAULI KONZIPIERTE DIE MOTIVE DER ANZEIGEN-SERIEN MIT MATTHÄUS, CEBALLOS UND OTTEY FÜR DEN KUNDEN PUMA

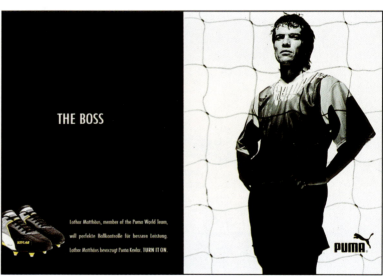

ELSE? · GODENRATH, PREISWERK & PARTNER · WHAT ELSE? · WHAT

PLAYMOBIL
Ich krieg gleich die Krise! GPP arbeitet nicht nur mit Modell-athleten, sondern mit der Topzielgruppe der Zukunft.

AUTO ZUBEHÖR
Für die VW/Audi/Porsche-Zentral-importeure, den Autoport Stuttgart, das Porsche-Zentrum, Volkswagen und Votex arbeiten die Auto-Profis von GPP ebenfalls.

STUTTGARTER HOFBRÄU
Mondschein-Anzeigen mit Niveau für das Stuttgarter Bier – klassische Fingerübung und gleichzeitig ein Heimspiel für die Agentur.

AGENTUREN

GIANTS

CHAMPIONS

MAX-FAVORITES

INTERNATIONALS
[Sie sind auf weltweite Kampagnen spezialisiert]

NEWCOMER

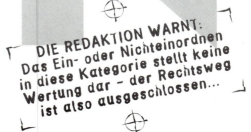

DIE REDAKTION WARNT:
Das Ein- oder Nichteinordnen
in diese Kategorie stellt keine
Wertung dar – der Rechtsweg
ist also ausgeschlossen...

EDEL HILFREICH UND RIECHT GUT

 DIE KREATIONEN DES HAUSES CHANEL BESCHRÄNKEN SICH SPÄTESTENS SEIT DEM ENGAGEMENT DES REGISSEURS JEAN-PAUL GOUDE NICHT MEHR ALLEIN AUF MODE, DÜFTE UND SCHMUCK FÜR FRAUEN — AUCH DER „NEUE MANN" ERHÄLT EINE CHANCE.

JAQUES HELLEU

CHANEL PARIS

JACQUES HELLEU UND JEAN-PAUL GOUDE

GRÜNDUNG
1910

KREATION
Karl Lagerfeld
(verantwortlich für
Haute Couture, Pret-à-
Porter, Accesoires)

KAMPAGNEROS
Jacques Helleu
(künstlerischer Direktor,
verantwortlich für das
äußere Erscheinungsbild
des Hauses),
Jean-Paul Goude
(Filmregie)

ADRESSE
Kontakt über:
Chanel GmbH & Co.
Brandstücken 23
22549 Hamburg
Telefon 040/8009102
Telefax 040/802887

Coco Chanels Vita beginnt am 19. August 1883. Im Alter von 27 Jahren manifestiert sie im Paris der Jahrhundertwende das Markenzeichen „Chanel Mode". Zunächst mit Hutkollektionen. 1913 Eröffnung der ersten Modeboutique in Deauville mit selbstkreierten Stricksachen, sozusagen die Keimzelle ihres späteren Imperiums. Das Jersey verdankt Coco Chanel seinen Durchbruch, 1916 in Harper' Bazaar als „charming chemise dress" und ebenso tragbare wie erträgliche Alternative

CHANEL

SCHATTENBOXEN WILL TRAINIERT SEIN — AM SET DES EGOÏSTE-SPOTS. U.: DIE ANZEIGE DAZU.

zum Korsett gefeiert. Das „Kleine Schwarze" wird durch Coco Chanel zum „Muß", Kurzhaarfrisuren und Hosen für Frauen zum „Kann". 1921 sorgt sie mit Chanel No. 5 fast für Stunk im Duftmarkt. Noch nie zuvor hatte sich ein Mensch der Mode auf dieses Terrain gewagt. Der sagenhafte Erfolg des Parfums hatte viele Mütter, darunter Marilyn Monroe, die der Welt verkündete, daß „Number Five" das einzige sei, was nachts auf ihre Haut komme.

1971 stirbt Coco Chanel, die Legende lebt weiter. Ebenso ihr schöpferisches Werk, das seit 1983 von Karl Lagerfeld verantwortet wird.

Szenenwechsel: Tief im Dschungel Brasiliens. Ein Team von Arbeitern baut eine Gebäudefassade in etwa der Größe der beiden Gabriel-Pavillons an der Place de la Concorde auf, dazwischen, in gleißender Hitze, Frauen in ebenso eleganten Abenkleidern. Einfache Erklärung für das umständliche Unterfangen: Jean-Paul Goude („die Hand eines Lautrec, das Auge eines Eisenstein und die Schalkhaftigkeit eines Chaplin", Jacques Helleu, der Künstlerische Direktor des Pariser Hauses über Goude) dreht einen Chanel-Spot. Brillant, frech, schnell wie der Geist der Gründerin. Kleine Unwegsamkeiten wie Unwetter, diverse Krankheiten, Intoleranz der überrumpelten Einwohner bis hin zu Drohungen und reichlich viel ➤

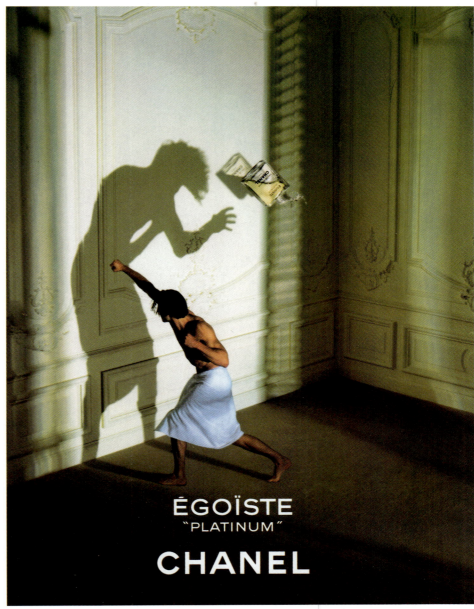

ÉGOÏSTE "PLATINUM" CHANEL

ELSE? · CHANEL · WHAT ELSE? · WHAT ELSE? · WHAT ELSE · WHAT

ANTAEUS
Einer der ersten – gelungenen – Morphing-Versuche der Werbung war Chanels Antaeus-Spot.

COCO
Werbe-Preise ohne Ende für Goudes Käfig-Spot mit Multimedia-Star Vanessa Paradis.

EGOÏST
Ebenfalls legendär: Der „Montre tois"-Spot von Regie-Supermann Goude.

◂ Streß im Team haben sich denn auch gelohnt. Das surrealistische Abenteuer in Brasilien für das Herrenparfum mit dem eigentlich nicht gerade Freunde bringenden Namen Egoiste brachte einen der ungewöhnlichsten Werbespots der neunziger Jahre hervor.

Wir erinnern uns: „Die Flügel der hohen Fenster öffnen sich, Frauen erscheinen auf den schmalen Balkons und brüllen wenig damenhaft „Egoïst" – nur ein Fenster bleibt geschlossen. Dahinter hält sich der gleichgültige Beau, nach dem die Frauen verlangen, versteckt. Von diesem „Egoïsten" bekommt der Zuschauer nur den maskulinen Unterarm zu sehen, der abweisend einen Flakon Egoïste auf die Balkonbrüstung stellt."

Drei jahre später bricht Goude mit den Stereotypen des ersten Egoïste, „weil es das Parfum so fordert". Er führt den Betrachter in das Hotelzimmer, in dem sich der Verführer in Gestalt eines eleganten Boxers – nach Benetzung mit Egoïste Platinum – leicht narzistisch im Spiegel betrachtet. Derweil er dann mit nacktem Oberkörper und Handtuch um die Hüfte ein pantomimisches Boxtraining absolviert, wächst sein Schatten an der Wand zu einer gigantischen Silhoutte an. Von außen wieder die Frauenstimmen „Zeige Dich, Egoïste!"

Gegenüber seinem Vorgänger nahm sich Egoïste II wie eine Low-Budget-Produktion aus. Der Film entstand in kürzester Zeit und mit einfachsten Mitteln. Statt einer üppigen Inszenierung gab Goude dem Erfindungsreichtum und der technischen Raffinesse den Vorrang. Chanel: „Dieser Spot steht für Sensibilität, die den neunziger Jahren eigen ist. Er stellt weniger die Eigenschaften des männlichen Eroberers heraus, als vielmehr einen gesunden Humor." ■

ENTSTEHUNG EINES STORYBOARDS – DIE HAND DES KÜNSTLERS SKIZZIERT BEREITS ALLE DETAILS.

NEGATIV POSITIV

 SIND LUCIANO BENETTON UND SEIN FOTOGRAF OLIVIERO TOSCANI DER ZEIT MAL WIEDER VORAUS? SIE WERBEN NICHT, SIE LASSEN WERBEN. MIT PROVOZIERENDEN PLAKATEN GEBEN SIE ANSTÖSSE – DER REST IST GRATIS-PR.

FOTOGRAF OLIVIERO TOSCANI IST HOBBY-PFERDEZÜCHTER.

LUCIANO BENETTON LEBT SEINE UNGEWÖHNLICHE FIRMENPHILOSOPHIE AUCH SELBST.

BENETTON
MAILAND

KAMPAGNEROS
Luciano Benetton, Vizepräsident des von ihm gegründeten Textil-Imperiums, überwacht prinzipiell alle Werbeaktivitäten persönlich.

Hausfotograf und Art Director ist Oliviero Toscani, der mit Benetton gemeinsam die Kampagnen prägt.

ADRESSE
Benetton P.R.Deutschland
Carmen Jung P.R.
Holbeinstraße 7
81679 München
Telefon 089/987113
Telefax 089/981311

UNITED COLORS OF BENETTON.

Luciano Benetton spart Agenturkosten und entwirft die Kampagnen seines Wirkwaren-Imperiums mit seinem Freund und Fotografen Oliviero Toscani selbst. Bald braucht er womöglich gar keine Werbung mehr zu machen, denn seine Kampagnen werden in der Öffentlichkeit stets heiß diskutiert – der Name des Produktes wird damit auch weitertransportiert. Bis Mitte der achtziger Jahre war auf den Benetton-Plakaten die Welt noch in Ordnung. In beschaulicher Eintracht warben Jugendliche und Kinder aller Hautfarben mit den „United Colors of Benetton" für die Völkerverständigung. Doch seit sechs Jahren widmet sich die Werbung der Italiener den sozialen Themen unserer Zeit. Das Bild eines albanischen Flüchtlingsschiffes und das eines Mafiaopfers führten vielerorts zu Kopfschütteln. Toscani, das kreative Mastermind der Benetton-Kampagnen, will den Betrachter mit den dargestellten Problemen konfrontieren.

Toscani, Sohn eines Mailänder Fotojournalisten, gibt sich ge lassen: „Wir sind der Meinung, daß es sinnvoller ist, unser Budget dafür einzusetzen, die Menschen in über 100 Ländern mit ihren eigenen Vorurteilen zu konfrontieren, als über unser Produkt zu informieren." Ein Selbstverständnis, mit dem sich der Kreative natürlich eher im Bereich der Kunst wiederfindet.

Diese unkonventionelle Mischung von moralischen und sozialen Zielen ist umstritten, weil damit letztlich der Verkauf eines Produktes angekurbelt werden soll. Doch der Maestro glaubt mit der Unterstützung von Aids-Initiativen und Aufklärungskampagnen inklusive Kondomverteilung, eine moralische Rechtfertigung für seine Art der Werbung zu haben: „Diese Kampagne konzentriert sich genau auf die Menschen, die von der Gesellschaft entmenschlicht werden, weil sie AIDS haben oder HIV-infiziert sind."

Bei Benetton wird aber nicht nur „sozial" geworben, sondern auch gehandelt, z.B. werden wir seit dem letzten Sommer aufgefordert, gebrauchte Klamotten in den Benetton Läden abzugeben. Dieses Projekt zum Kleiderrecycling ist das weltweit erste dieser Art. Fast 500.000 Kilo Alt-Klamotten wurden gesammelt und mit dem Roten Kreuz und dem Roten Halbmond an Hilfsbedürftige ➤

„ICH, GOIKO GAGRO, VATER DES VERSTORBENEN MARINKO GAGRO, WÜNSCHE, DAß DER NAME MEINES SOHNES UND ALLES, WAS VON IHM GEBLIEBEN IST, IM NAMEN DES FRIEDENS UND GEGEN DEN KRIEG VERWENDET WIRD."

DIE ERSTEN MOTIVE, DIE KEINE MODE MEHR ZEIGTEN

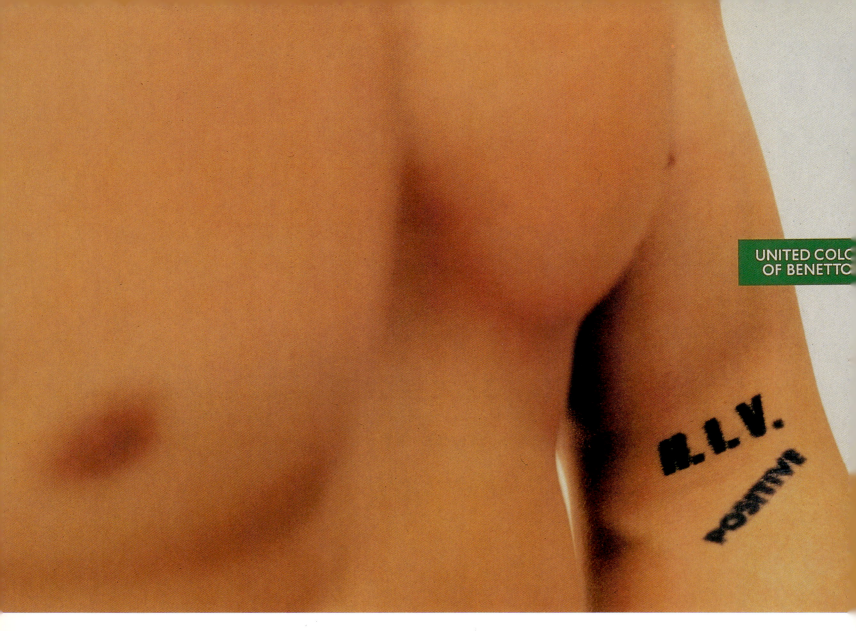

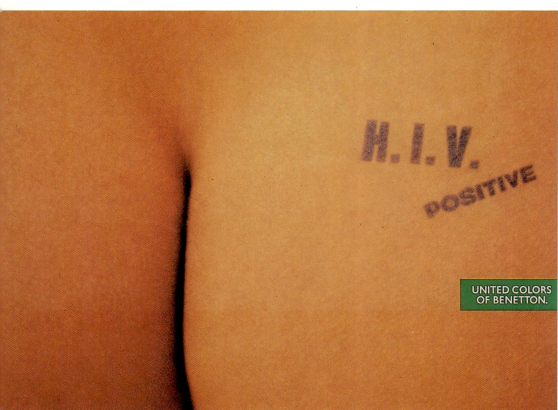

TOSCANIS FOTOS ZUM THEMA AIDS SIND METAPHERN — DER MEHRFACHE WERBEPREISTRÄGER WILL VORURTEILE ABBAUEN. MANCHE KRITIKER MEINEN, ER ERREICHT DAS GEGENTEIL...

◂ verteilt. Luciano Benetton zeigt sich als Samariter, der sicherlich weiterhin für Aufruhr in der Branche sorgen wird.

Auch bei den aktuellsten Motiven der Kampagne ist der vorprogrammierte Skandal erneut Methode. Toscanis Anzeigen und Plakate zeigen ein blutbeflecktes T-Shirt und die Hose, die angeblich der bosnische Soldat Marinko Gagro trug, als er im Juli 1993 erschossen wurde. Viele werden wohl die Meinung des Zentralausschusses für Werbung in Bonn teilen: „Wir lehnen es ab, daß ein Unternehmen mit Leid und Elend auf sich aufmerksam macht." Die Stellungnahme von Benetton-Sprecherin Marina Galanti dazu: „Niemand wird sich einen Pullover kaufen, wenn er ein blutiges Hemd sieht." Es gibt Stimmen, die sagen, dieses Argument würde glaubwürdiger klingen, wenn man das Firmenlogo aus den Anzeigen gleich mitentfernt hätte... ■

EINFACH IST SCHÖN

„KREATIVITÄT UND DESIGN VERLANGEN, DASS MAN DEN BLICK NACH VORNE RICHTET — AUF ETWAS NEUES, ANDERES. UND ICH ÜBERRASCHE GERN" VERSPRICHT CALVIN KLEIN, DESSEN „OBSESSION"-ANZEIGE 1993 IN „MAX" EINMAL ZUR ANZEIGE DES MONATS GEWÄHLT WURDE.

CALVIN KLEIN, MODESCHÖPFER

CALVIN KLEIN
NEW YORK

GRÜNDUNG
1982
CRK ist die hauseigene Werbeagentur der Firma Calvin Klein Cosmetics, New York

INHABER
Calvin Klein

BILLINGS 1993
keine Angaben

KAMPAGNEROS (Obsession)
Mario Sorrenti (Creative Director, Fotograf)

ADRESSE
Kontakt c/o Agentur Schoeller & von Rehlingen Public Relation
Johnsallee 22
20148 Hamburg
Telefon 040/410 80 91

Calvin Klein

Obsession siedelt Calvin Klein geographisch „zwischen Liebe und Wahnsinn" an. Was sich als äußerst treffsicher erwiesen hat. Denn: der gleichnamige Duft, 1985 kreiert, ein Jahr später gefolgt von Obsession for men, überdauerte die glamourösen Achtziger und setzt seinen Siegeszug derzeit ungehindert fort – obgleich die neue Obsession-Generation eher auf natürliche Leidenschaft als auf die Unmäßigkeit des letzten Jahrzehnts steht. Die CRK, hauseigene Agen- ➤

◁ tur der Calvin Klein Cosmetics, New York, griff die Trendwende auf und folgte dem Gebot der Schönheit, die nunmehr im Ursprünglichen, im Schlichten liegt.

Der Meister der Mode und Düfte Klein, der früher Brooke Shields und Marky Mark in seine Designer-Jeans steckte, bleibt gleichwohl konsequent freizügig in seiner Werbung. Für die neuen „Obsessioners" erhob er das 20jährige englische Top-Model Kate Moss zur Kultfigur. Eine Symbiose aus kindlicher Unschuld und verhaltener Sinnlichkeit, fotografiert von Mario Sorrenti, dem 21jährigen Freund der Protagonistin. „Ich liebe Dich", haucht Kate Moss – mit Blick in die Kamera. „Ich liebe Dich, Kate", antwortet Mario – angesichts der privaten Verbändelung der beiden hochauthentisch – aus dem Off, „Ich habe Dich immer geliebt." Der Dialog soll die „persönliche und emotionale Komponente" der neuen Bildsymbolik zum Ausdruck bringen. Für Calvin Klein paßt Marios Obsession für Kate genau zu der Positionierung seiner Düfte.

Klein-Kampagnen haben eines gemein: sie provozieren den puristischen Geist. ■

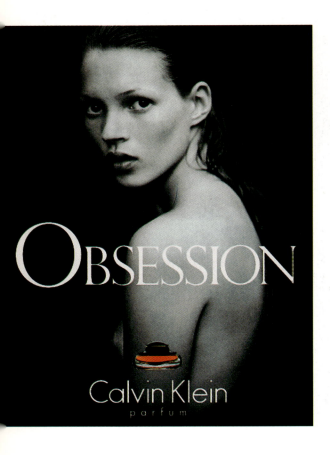

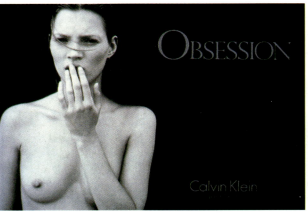

SELBST AMERIKA, MUTTERLAND DER „SAUBEREN" WERBUNG, HATTE NICHTS GEGEN DIE HÜLLENLOSE KATE.

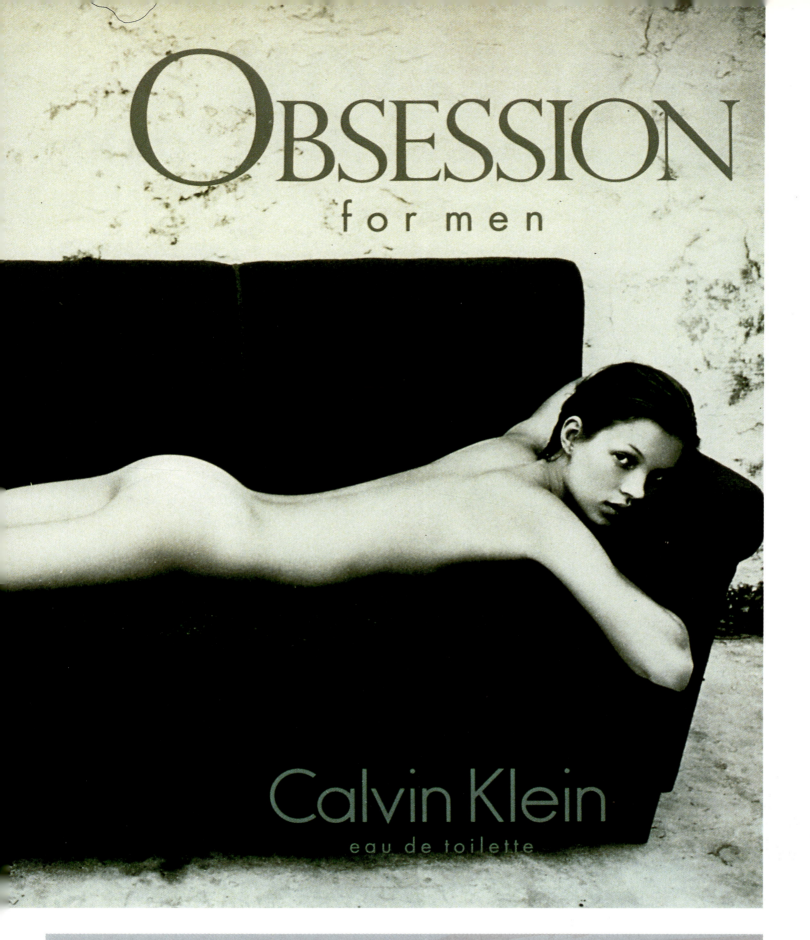

OBSESSION
for men

Calvin Klein
eau de toilette

ELSE? · CALVIN KLEIN · WHAT ELSE? · WHAT ELSE? · WHAT

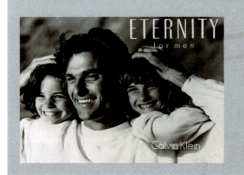

ETERNITY
„Ich wollte einen Duft für Menschen schaffen, die modern sind und Tradition zu schätzen wissen", sagt Amerikas großer Designer Calvin Klein, der mit seiner Duft-Kreation Eternity Klassik, Moderne und Zeitgeist verbindet.

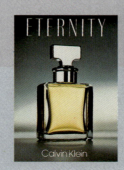

NEW LOOK
NEW YORK

DIE 1991 IN KOBLENZ GEGRÜNDETE AGENTUR HAT EINEN GUTEN START ERWISCHT – SEIT ANFANG 1994 OPERIERT SIE WELTWEIT ALS LEAD-AGENTUR FÜR ALLE LANCASTER-MARKEN. IN NEW YORK WURDE DAS ERSTE US-BÜRO ERÖFFNET.

**FEINE ADRESSE:
AVENUE OF THE AMERICAS**

SELTEN SO RELAXED: HERWIG PREIS

SELECT
KOBLENZ

GRÜNDUNG
Januar 1991

MITARBEITER
20

BILLINGS 1993
Keine Angaben

GESCHÄFTSFÜHRUNG
Herwig Preis, Christian Schröder, Gerhard Aretz

KAMPAGNEROS
Herwig Preis, Jürgen Eikel, Christiane Dennert, Nicole Müller (im Sinne von „flachen Hierarchien" arbeitet man bei Select in Kreativteams)

ADRESSE
Select Gesellschaft für Corporate Communications mbH
Sonneneck 16
56077 Koblenz
Telefon 0261/97261-0
Telefax 0261/97261-11

SELECT
CORPORATE COMMUNICATIONS

Select ist nicht „irgendwie anders", sondern der eigenen Darstellung zufolge „7 x anders". Der agentureigene Katechismus lehrt u.a., daß das Koblenzer Haus mit weltweiter Vernetzung „flache Hierarchien" hat. Ein Grafiker kann hier ebenso Kundenberater sein, wenn er den besseren Job macht. Entschieden wird sofort, denn „wer mit dem Kunden spricht, der darf auch entscheiden. Lean advertising".

Ein bewegtes Agenturleben ist Select, der Gesellschaft für Corporate Communications, naturgemäß gegeben. Denn ebenfalls unter der Regie von Herwig Preis und Christian Schroeder findet sich unter derselben Adresse die 1988 gegründete Gesellschaft für Kommunikation shortcut. Deren Philosophie „Full Service rund um das bewegte Bild" wurde 1991 um die Philosophie der auf klassische Werbung ausgerichteten Agentur Select ergänzt: „Do the unexpected".

Dieser Devise wurde man gleich im ersten Jahr mit Auftrag Nummer eins gerecht: Es ging um den weltweiten Launch der Duftmarke Parfums Chopard und deren Duft Cašmir. Nach der erfolgreichen Einführung folgte 1992 der weltweite Relaunch der Marke Monteil, für den Select Tatjana Patitz exklusiv verpflichtete. Aus dem eigenen Lande kam der Gesamtetat des Sportschuh-Anbieters Avia hinzu, der später auf europaweite Aufgaben ausgedehnt wurde. Im letzten Jahr ging ein Select-Team über den großen Teich und widmete sich den Entwicklungsaufgaben für die neustrukturierte Lancaster Group sowie für den Benckiser-Konzern. Seit Jahresbeginn ist die New Yorker Agentur-Szene um ein Büro reicher: Select übernahm als Leadagentur die weltweite Betreuung aller Lancaster-Marken.

Eine Anleitung für geneigte Nachahmer findet sich unter Punkt vier des agentureigenen Katechismus: „Wir arbeiten international und gestalten aus Koblenz, Hamburg oder New York für internationale Märkte. Über ein eigenes Datennetz transportieren wir Nachrichten, Druckfilme und Videos. Für den schnellen Zugriff. Garantie für einheitlichen Markenauftritt weltweit. Kostenminimierung in der Produktion. Vorteile für den Kunden." Auch von den anderen illustren Kunden des Select-Teams werden einige von der Vernetzung profitieren. ■

„WIR GLAUBEN AN DIE KRAFT DER STARKEN MARKE UND RICHTEN UNSERE ANSTRENGUNGEN DARAUF, MARKEN GROSS UND UNANTASTBAR ZU MACHEN." BEI VIELEN MARKEN IST DAS GEGLÜCKT.

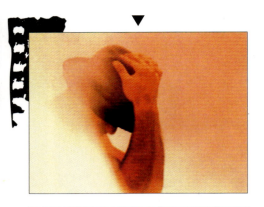 

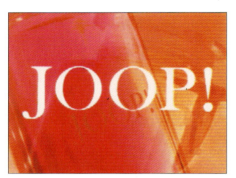

„WIR GLAUBEN AN DIE KRAFT DER EMOTION, WEIL SIE EINEN STÄRKEREN EINDRUCK BEI DEN MENSCHEN HINTERLÄSST ALS DIE RATIO." Q. E. D.

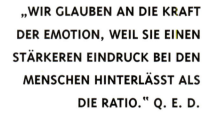

ELSE? · SELECT · WHAT ELSE? · WHAT ELSE? · WHAT ELSE · WHAT

LANCASTER
Super-Coup Anfang 1994 – Select wurde weltweite Leadagentur der Lancaster-Marken.

ZINO DAVIDOFF
Die Werbung für Cosmetic-Produkte des Tabak-Imperiums kommt von Select.

DAVIDOFF – COOL WATER
Auch bei diesem Spot trifft die Unternehmensphilosophie: „Do the Unexpected."

AGENTUREN

GIANTS

CHAMPIONS

MAX-FAVORITES

INTERNATIONALS

NEWCOMER
[Sie gehören zu den aktuellen Shooting-Stars der Branche]

DIE REDAKTION WARNT: Das Ein- oder Nichteinordnen in diese Kategorie stellt keine Wertung dar – der Rechtsweg ist also ausgeschlossen...

SUPERMODELS
EN GROS

ENTSCHLOSSENHEIT, DISZIPLIN UND LEIDENSCHAFT ZEICHNET DAS TEAM UM HEIMAR SCHRÖTER IN FRANKFURT AUS – MIT DER SPEKTAKULÄREN EINFÜHRUNGSKAMPAGNE FÜR DEN OPEL CORSA 1993 GELANG EIN GROßER WURF.

HEIMAR SCHRÖTER

PH. RIEFENSTAHL, DAVID MENEER, A. GUENTHER, U. DUVENDACK, M. LEHMANN – DAS CORSA-TEAM

LOWE & PARTNERS
FRANKFURT

GRÜNDUNG
1986

MITARBEITER
157

BILLINGS 1993
ca. 285 Mio. DM

GESCHÄFTSFÜHRUNG
Heimar Schröter, Harry Baumgärtner (Deutschland), Günter Bestgen, Wolfgang Blum, Rolf Greulich, Robert Schützendorf, Jörg F. Troester (Frankfurt)

KAMPAGNEROS (OPEL CORSA)
Konzeption TV: Paul Weinberger, John Merrimar. (Lowe Howard-Spink; London)
Konzeption Print: Arwed Guenther und Uwe Duvendack (Frankfurt), David Meneer

ADRESSE
Lowe & Partners GmbH
Hamburger Allee 45
60486 Frankfurt
Telefon 069/79404-0
Telefax 069/79404-224

LOWE & PARTNERS

„Der Erfolg der Agentur begründet sich primär durch Stärke und Kontinuität des kreativen Produktes", sagt Lowe über Lowe, deutsches Headquarter in Frankfurt, Niederlassungen in Düsseldorf und Hamburg. Wer noch mehr wissen will über das Erfolgsrezept derer, die sich hinter dem Agenturnamen verbergen, dem droht das siebenköpfige GF-Team mit einer akademischen Abhandlung. Der Versuch, Entschlossenheit, Leidenschaft und

Disziplin zu beschreiben, die nötig seien, um einen solchen kreativen Standard zu erreichen, käme dem nämlich gleich.

Lassen wir also kreative Taten sprechen. Und davon gibt's ein gerüttelt Maß unter der Ägide von Deutschlands Lowe-Heads wie Heimar Schröter und Rolf Greulich. Zum Beispiel das letztjährige Lieblingskind im Hause: die Supermodel-Kampagne zur Einführung des Opel Corsa, die von der britischen Mutter-Agentur konzipiert wurde. „Wer", so fragte sich die Agentur, „wer, außer den schönsten Frauen der Welt, könnte Konkurrenz für den Corsa sein?" So ließ man also die Schönsten im Lande anreisen. Aufgabenstellung: sich an den Corsa schmiegen, sich auf ihm räkeln, ihn verliebt ansehen, ihn mit wohlmanikürten Fingerspitzen streicheln, um ihn dann eifersüchtig und zickig zu bewachen – was hat er, was sie nicht haben? Kleine, spannende Eifersuchtsszenen. Message: Der Corsa läßt im Styling alles hinter sich.

Weniger aufwendig war die Kampagne für den Frankfurter Zoo. Der Gedanke war, auf Großflächen, wie auch im Kino, mit „unprätentiösen" (so sagt die Agentur) Commercials die Assoziation „Zoo = Bunte Tiere" witzig und ironisch zu durchbrechen. Mit simplen, an die Überschriften von Boulevard-Zeitungen erinnernden Textzeilen, wird Kopf-Kino erzeugt. Bei „Schwarze Traummänner, mehr als 200 kg Muskeln, ohne Slip" denkt der Betrachter wohl weniger an ein Tiergehege. Dazu die Aussage (Off-Stimme) eines realen Zoo-Besuchers, der lakonisch feststellt: „Geschlechtsverkehr, das findet auch öffentlich statt." Im März dieses Jahres startete die für Deutschland von Lowe & Partners ➤

SPOT- UND PRINT-KAMPAGNE ERHIELTEN DURCH TATJANA (L.), NAOMI (M.) UND DIE ANDEREN SUPERMODELS IHRE IDENTITÄT.

ELSE? · **LOWE & PARTNERS** · WHAT ELSE? · WHAT ELSE? · WHAT

FRANKFURTER ZOO
„Kino im Kopf" zu erzeugen war die Zielvorgabe der interessanten Kampagne des Lowe-Teams (Lehmann, Krempl, Vaske) für den Frankfurter Zoo: Angesichts der markigen Headlines, die an „Rambo", leichtbekleidete Damen, irrwitzig komische Komödien oder supersanfte Love-Stories erinnern, ist der Betrachter verblüfft und erfreut zugleich, daß all diese Attribute auf die Tiere eines der schönsten Tierparks hinweisen. Mit Mini-Budget Maxi-Effekt erzielen – größer könnte der Kontrast zur Supermodel-Kampagne nicht sein.

◂ Hamburg modifizierte Smirnoff-Kampagne. Sie wurde von Lowe Howard-Spink/London entwickelt und realisiert und hat alles an edlen Trophäen abgesahnt, was die Branche so bietet: Goldener Löwe Cannes '93; Grand Prix de la Presse Cannes '93; 3 Awards Eurobest '93; 2 Awards Epica '93.
Fazit: Keine Zeit für akademische Abhandlungen! ∎

NAOMI UND DER DURCHGESÄGTE CORSA: VOM SCRIBBLE ÜBER DEN SPECIAL-EFFECT BIS ZUR FERTIGEN SZENE – MILLIONENTEURE REALISATION MIT „BATMAN"- TOUCH.

KÖNIGE DES UNDERSTATEMENT

IM KNALLHARTEN WERBE-WETTBEWERB SETZEN DIE SAARLÄNDER MIT MÜNCHNER FILIALE AUF CHARME: IHR ERSTER HERZENSWUNSCH IST EHRLICHKEIT UND OFFENHEIT, „PARTNERS" SIND VOR ALLEM DIE KUNDEN.

DIE POMMES FRITES VON T + A

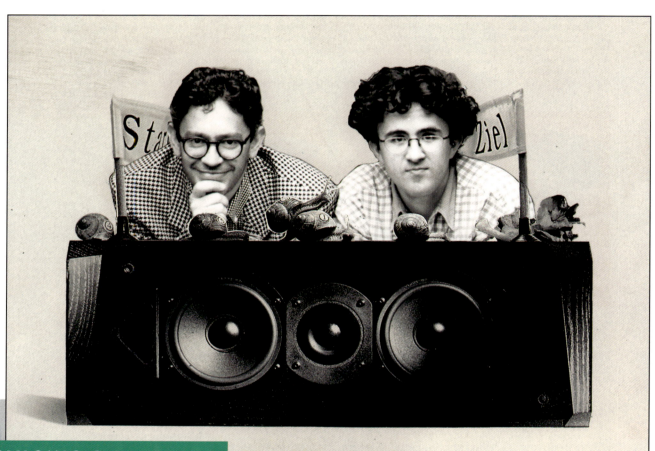

MAKSIMOVIC & PARTNERS
SAARBRÜCKEN

IVICA MAKSIMOVIC UND ERNST GEORG (ONO) MOTHWURF

GRÜNDUNG
1989

MITARBEITER
9

BILLINGS 1993
ca. 0,6 Mio.

GESCHÄFTSFÜHRUNG
Ivica Maksimovic (Art Direction),
Ono Mothwurf (Text)

KAMPAGNEROS
„Creative Directors sind die Cracks in Agenturen. Sie haben oft ein Jahrzehnt Werbung auf dem Buckel und sorgen für bleibende Qualität. Und eben das ist das Schlimme an ihnen. Das Gleichbleibende. Damit sich bei uns nichts festfährt und Veränderungen immer möglich bleiben, gibt es bei uns keinen CD. Damit ist jeder CD."

ADRESSE
Maksimovic & Partners
Werbeagentur GmbH
Johannisstr. 5
66111 Saarbrücken
Telefon 0681/31916

„Werbung kann nur dann überzeugen, wenn das Produkt seine Werber überzeugt hat." Das ist die erste von sechs „Maksimen", die die freundlichen Profis von der Saar ausgegeben haben. Das heißt auch, daß Maksimovic & Partners nicht für jedermann werben würden, nur weil der Geld hat. Man versteht den Konsumenten nicht als beliebig manipulierbaren Idioten, der alles kauft, was ihm die Werbung oft genug einbleut, sondern als aufgeklärten Menschen mit Weitsicht, der nicht an die heile Welt, grenzenlosen Optimismus und makellose Schönheit glaubt, sondern auch etwas über die Nachteile eines Produktes erfahren möchte. „Wir möchten den toten Gegenständen ihre Geheimnisse zurückgeben, damit unsere Welt nicht stumpfsinnig wird und seelisch kaputtgeht": Wer hinter sanft-kraftvollen Sprüchen wie diesem inhaltsleere New-Age-Symbolik vermutet, wird durch die fantasievollen Kampagnen der Saarländer eines Besseren belehrt.

Die Saarbrücker Stadtwerke werden mit Horror-Szenarien eines Energie-Fiaskos beworben, die HiFi-Gerätefirma T+A mit einer Tüte Pommes Frites (weil man sich ja jetzt schließlich kein Edel-Essen mehr leisten kann!). Als sich die Nobelmarke Braun aus dem HiFi-Sektor verabschiedete, arrangierte die Agentur ein stilvolles Markenbegräbnis – bisheriger Höhepunkt des Understatement.

Der gebürtige Jugoslave Ivica Maksimovic betreute als angestellter Kreativer früher illustre Kunden wie Fiat und Club Med, doch dann folgte er dem Ruf, als Professor den Aufbau der Hochschule der Bildenden Künste Saar mitzugestalten und gründete die eigene Agentur, die schon bald von einer Reihe „Trabanten-Agenturen" umkreist werden soll – die Filiale München steht schon. ■

DIE UNVORTEILHAFTESTE KAMPAGNE DER WELT: OHNE RESPEKT WURDEN DIE SCHLICHT AUSSEHENDEN ABER TECHNISCH ERSTKLASSIGEN GERÄTE MIT ORIGINELLER HÄSSLICHKEIT VERBUNDEN.

UNSER GLAUBENSBEKENNTNIS

Wir glauben an die Osmose.

∗

Wir glauben, daß jede Marke ein Wesen ist, das Herz, Verstand und Seele besitzt.

∗

Wir glauben, daß wir nur dann Werbung machen können, wenn wir uns ein bißchen in dieses Wesen verlieben.

∗

Wir glauben, daß auf osmotische Weise unsere Liebe für die Marke auf die Seher unserer Werbung überspringt.

∗

Wir glauben, wenn das nicht so wäre, hätten wir viel mehr Kunden.

∗

Wir glauben aber, daß es Wichtigeres gibt, als eine lange Kundenliste.

ELSE? · MAKSIMOVIC & PARTNERS · WHAT ELSE? · WHAT ELSE?

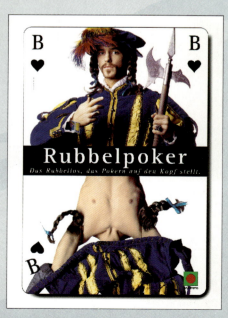

AIDS-HILFE SAAR
„In welchem Kostüm kommen Sie?" fragten Maksimovic & Partners überlebensgroß auf Dutzenden Litfaßsäulen der Stadt und bildeten ein Noppen-Kondom ab. So ungewöhnlich wie die Kampagne selbst ist auch ihre Entstehung: „Bei uns ist jeder Creative-Director", heißt es an der Saar, „auch der Jüngste. Und gerade die Jüngsten sind die Wichtigsten. Denn sie helfen den Alten, ihre Sicht der Dinge immer wieder zu überprüfen. Jeder, der es geschafft hat, bei uns reinzukommen, hat deshalb das Zeug mitzureden. Wenn also die junge Grafikerin die Copy des Obertexters öde findet, dann sagt sie ihm das auch. Und der muß dann nochmals ran."

SAARBRÜCKER STADTWERKE
Besonders reizvoll war es, einmal eine Kampagne zu entwickeln, die helfen sollte, nicht mehr, sondern weniger zu verkaufen. Weniger Wasser und weniger Energie. Und zwar soviel weniger, daß ein ganzes Kraftwerk stillgelegt werden kann...

RUBBELPOKER SAARTOTO
Mit der realen Umsetzung klassischer Spielkartenfiguren bewarb man das Glücksspiel im Saarland. Landesvater Oskar Lafontaine wird es gemocht haben...

RAN AN DEN KUNDEN

DER ILLUSTRE KUNDENKREIS DER FRANKFURTER BRACHTE DER JUNGEN AGENTUR DEN RUF EINER – IM POSITIVEN SINN – ELITÄREN IDEENFABRIK EIN.

KONRAD WENZEL, HEINZ HUTH

KAY HENKEL, CD

HUTH + WENZEL
FRANKFURT

GRÜNDUNG
1992

MITARBEITER
28

BILLINGS 1993
40 Mio. DM

GESCHÄFTSFÜHRUNG
*Heinz Huth,
Konrad Wenzel*

KAMPAGNEROS
Die Creative-Directoren der „Mercedes Benz Nutzfahrzeugkampagne" sind Kay Henkel und Konrad Wenzel

ADRESSE
*Huth + Wenzel
Werbeagentur GmbH
Grüneburgweg 12
60322 Frankfurt
Telefon 069/955212-0*

HUTH + WENZEL

Mitte 1992 ließen sich Heinz Huth und Konrad Wenzel in Frankfurt nieder und binnen weniger Monate hatten die beiden mehr als zwei Dutzend Mitarbeiter, ein gutes Dutzend Kunden und einige „Große" dazu. Solches Renommée will erarbeitet sein und Huth + Wenzel verdienten sich ihre Meriten vor allem bei Springer und Jacobi in Hamburg, wo sie eine Unit leiteten. Daß es die beiden nach Frankfurt zog, kam den Hamburgern gerade recht, sie gaben ordentlich Starthilfe – die ➤

Das Treatment "Silberpfeil"

Der Mercedes Transporter steht vor einer schönen Markthalle. Ein Mann lädt eine Steige ein, noch eine Steige und noch ein Steige. Der Laderaum füllt sich. Schließlich schlägt er die Klappe zu und steigt ein.

Ein Off-Sprecher sagt dazu: "Die meisten Leute fahren einen Mercedes Transporter weil er zuverlässig, wirtschaftlich und hart im Nehmen ist.

Und genau das macht ihn auch zu einem der erfolgreichsten Rennwagen auf Deutschlands Straßen:"

Schnitt.

Im Close-up legt eine Hand einen Schalter um, das Martinshorn ertönt, der Zündschlüssel wird gedreht, der Motor heult, das Blaulicht kreist, ein Garagentor öffnet sich, Scheinwerfer blenden auf - und der "Silberpfeil für Notfälle" sprintet in den Einsatz.

"Für das wichtigste Rennen überhaupt: den Wettlauf um's Überleben."

Super:

Mercedes-Benz Nutzfahrzeuge

FÜR DAS WICHTIGSTE RENNEN ÜBERHAUPT: DEN WETTBEWERB UM´S ÜBERLEBEN. DAS TREATMENT ZUM WERBESPOT „SILBERPFEIL" ZEIGT IN GROBEN SKIZZEN BEREITS DIE BILDER DES SPÄTEREN FILMS.

DAS SCRIBBLE
So könnte der Film aussehen

DAS LAYOUT
Die Vorgabe für den Kameramann

DER FILM
Das fertiggedrehte Endprodukt

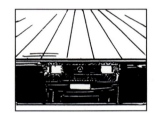

◁ beiden Agenturen sind nicht nur freundschaftlich, sondern auch rechtlich miteinander verbunden.

Den Bereich „Mercedes Benz Nutzfahrzeuge" betreuen hinfort Huth + Wenzel, denen es gelang, aus der trockenen Materie eine Menge herauszuholen. Die Kampagne ist eine klassische Aufklärungskampagne: Mercedes erklärt der vom Stau genervten Öffentlichkeit, warum ihre Nutzfahrzeuge wirklich nützlich sind und argumentiert offensiv, worin die besondere Problemlösungsfähigkeit von zum Beispiel Krankenwagen oder anderen Nutzfahrzeugen besteht.

Da wird der sachliche Krankenwagen zum „Silberpfeil", jener für seine Zuverlässigkeit und Schnelligkeit bekannte Mercedes-Rennwagen in der großen Zeit des Automobilsports.

Ähnlich gingen die Kampagneros auch an ihre weiteren Kampagnen. Um nur einige davon zu nennen: Eder-Bier, Der Tagesspiegel, Helberger. ■

ELSE? · HUTH + WENZEL · WHAT ELSE? · WHAT ELSE? · WHAT

DELL COMPUTER
Ein weiterer großer Kunde ist die amerikanische Computerfirma, deren ungewöhnliche Anzeigen auffallen: Seit zehn Jahren ist Dell ein Herausforderer in einer der schnellsten Branchen der Welt. Die Kampagne soll Dell als direkten, schnörkellosen Angreifer bekannt machen, der deswegen so flexibel ist, weil er stets den Kontakt zu seinen Kunden hält.

AGENTUR
MIT AUSBLICK

SCHON DIE LAGE IHRER GESCHÄFTSRÄUME IST AUßERGEWÖHNLICH – IM NEUERBAUTEN HAMBURGER „KREUZFAHRTCENTER" VOR DEM PANORAMA DES HAMBURGER HAFENS RESIDIERT EINE KLEINE, EFFEKTIV ARBEITENDE AGENTUR.

G. HAACKER, JOE DAHLHAUS, O. RÄCKER

CORNELIUS KRABIELL, HOLGER LIEDTKE

KRABIELL & LIEDTKE
HAMBURG

GRÜNDUNG
1989

MITARBEITER
12

BILLINGS 1993
26,15 Mio. DM

GESCHÄFTSFÜHRUNG
Cornelius Krabiell (Beratung)
Holger Liedtke (Kreation)

KAMPAGNEROS (MAX)
Holger Liedtke (Creative Director), Johannes „Joe" Dahlhaus (Art Director), Gero Haacker (Junior Art Director), Oliver Räcker (Text)

ADRESSE
Krabiell & Liedtke
Werbeagentur GmbH
Van-der-Smissen-Straße 2
22767 Hamburg
Telefon 040/3891810

KRABIELL & LIEDTKE

Der Service einer Großagentur gekoppelt mit der Flexibilität und dem persönlichen Charme einer kleinen Kreativschmiede – das ist das Credo der ebenso jungen wie erfolgreichen Hamburger Denkfabrik.

Natürlich kennen Cornelius Krabiell und Holger Liedtke große Agenturen. Schließlich haben sie sich bei der Hamburger Dependance von McCann-Erickson getroffen und von dort aus gemeinsam für die Zukunft geplant. Krabiell ist zudem erblich vorbelastet, sein Vater Hans F. Krabiell ist Chef der etablierten Hamburger Agentur „Die Gilde". Doch anstelle ins vom Vater gemachte Nest sprang „Nel", nachdem er sich bei Lintas und McCann die Hörner abgestoßen hatte, ins kalte Wasser und gründete mit Kreativ-Partner Liedtke den eigenen Laden. Die Billings von 1993 sowie die inzwischen umfangreiche Kundenliste bestätigen, daß das Konzept aufging. Verlage, Automobilzulieferer, Kosmetikfirmen und Parteien gehören zu den Auftraggebern der Agentur.

Gerade bei Kunden aus dem Verlagsbereich ist häufig Flexibilität über das übliche Maß hinaus gefragt – Presseerzeugnisse haben enge Deadlines und Verlage wie „Gruner und Jahr" und die „Verlagsgruppe Milchstraße" sind bekannt für extrem hohe Qualitätsanforderungen und schließlich auch dafür, daß ein Konzept kurz vor der Deadline noch einmal umgebaut werden muß. So erging es Krabiell & Liedtke auch mit ihrer Kampagne für das „Max"-Special „Top Models": Bis die Anzeigen standen, absolvierten Agentur-Mitarbeiter und Verlagsangehörige in Kooperation mit Hamburger Kurierunternehmen einen Marathon, an dessen Ende ein mit Rekordstückzahlen verkauftes „Max"-Model-Buch stand. ∎

VON UNZÄHLIGEN SCRIBBLES ZUR FERTIGEN ANZEIGE: „MAX"-BÜCHER.

EINE MILCHTÜTE FÜR DIE „VERLAGSGRUPPE MILCHSTRASSE"

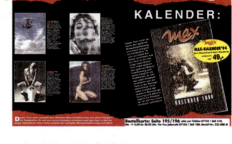

ELSE? · KRABIELL & LIEDTKE · WHAT ELSE? · WHAT ELSE? · WHAT

WAHLKAMPAGNE CDU
Die CDU verließ sich bei der letzten Hamburg-Wahl auf Plakate von K & L – ohne diese Wahlhilfe wäre das Ergebnis von Herrn Fischer womöglich noch schlechter ausgefallen.

LANGNESE VERPACKUNG
Wenn Sie das nächste Mal eine dieser leckeren Eisbomben einkaufen, denken Sie daran, daß die Verpackungen von Werbeprofis entworfen werden.

CAR & DRIVER
Noble Automobile, in Hamburg professionell in Szene gesetzt.

KLEIN
ABER FEIN

„WER WERBUNG LIEBT, MUSS VERRÜCKT SEIN" GLAUBEN DIE MACHER DIESER GAR NICHT SCHRILLEN, ABER SEHR KREATIVEN STUTTGARTER AGENTUR, DEREN NAME PROGRAMM IST UND DIE, WENN ES SEIN MUSS, BARFUSS DURCH DIE EIGER-NORDWAND KLETTERN.

Catherine Heyer, Michael „Mike" Friedrich

EISBRECHER STUTTGART

GRÜNDUNG
1991

MITARBEITER
5

BILLINGS 1993
Keine Angaben

GESCHÄFTSFÜHRUNG
Catherine Heyer, Creative Director Art
Michael Friedrich, Creative Director Text

KAMPAGNEROS (Bellevue)
Catherine Heyer, Art Direction
Michael Friedrich, Text
Edel Meisner, Graphik

ADRESSE
Stuttgarter Straße 7
70469 Stuttgart
Telefon 0711/8179932
Telefax 0711/8179931

EISBRECHER
KONZEPTION FÜR WERBUNG

„Die meisten herausragenden Kampagnen sind nicht das Resultat einer genialen Eingebung zwischen Tür und Angel, sondern einer langen Reise zwischen Scylla und Charybdis. Auf dem Marathon zwischen weißen Seiten und erfolgreicher Präsentation wird viel Schweiß vergossen, bevor Sie den durch zufriedenes Nicken des Kunden ausgelösten Adrenalinstoß empfangen." Nicht nur wenn es um die Selbstdarstellung seiner Agentur geht, wird Mike Friedrich zum

Poet – seine Anzeigentexte strahlen den gleichen Brustton der Überzeugung für die Sache aus.

Von der Pike auf hat er das schließlich gelernt – über die Stationen Young & Rubicam, Lintas und TBWA kam er wieder in seine schwäbische Heimat, arbeitete bei Leonhardt & Kern und gründete dann mit Catherine Heyer Eisbrecher. Die hervorragende Art Directorin mit der sanften Stimme kommt aus London und verdiente sich ihre Sporen bei Durana-Ketchum und Lintas.

Gemeinsam sind die beiden stark; vor allem betreuen sie eine Reihe von Zeitschriften der Verlage „Motorpresse" und „Milchstraße". Ihre Kampagne für das Immobilienmagazin „Bellevue" zum Beispiel fand bundesweite Beachtung, die Zeitschrift konnte die Auflage innerhalb von zwei Jahren verdoppeln. Mit dem Satz: „Wir haben die Schlüssel zu den schönsten Immobilien", und einer Serie von interessanten Anzeigen waren „Eisbrecher"-Anzeigen in „Stern", „Max", „TV-Spielfilm" und einer Reihe weiterer Blätter zu sehen. Speziell das Inselmotiv machte den potentiellen Freizeithaus-Interessenten Lust auf „Bellevue".

DIE ENTSTEHUNG EINER DER SCHÖNSTEN UND ERFOLGREICHSTEN ANZEIGEN DES EISBRECHER-TEAMS: DIE INSEL-IDEE FÜR BELLEVUE.

ELSE? · EISBRECHER · WHAT ELSE? · WHAT ELSE? · WHAT ELSE? ·

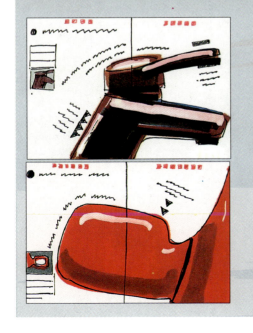

HERTFELDER LACKIERWERK
Mit einfachen geometrischen Körpern weisen die Eisbrecher auf eine neue Lackiertechnik hin.
Die Botschaft: Wer diese Formen in Serie lackieren kann, der kann auch allem anderen einen glänzenden Neuanstrich geben.

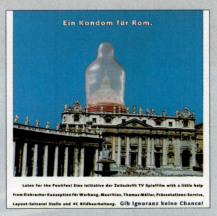

LATEX FOR THE PONTIFEX
Mit der Gummiverhüllung der Peterskirche bekam Christo Konkurrenz…
Gib Ignoranz keine Chance!

QUIRLIGE
QUERDENKER

DAS ERFOLGSGEHEIMNIS DER KÖLNER SENKRECHTSTARTER IST EINFACH. SIE SETZEN AUF DEN UNTERHALTSAMEN WERT DER WERBUNG UND MACHEN DAS, WAS GEFÄLLT. DAS RESULTAT: IHRE KAMPAGNEN BESTECHEN DURCH INTELLIGENTE ANDERSARTIGKEIT.

BRUCE McCALL

V. L.: JOSI ILMBERGER (CD ART), JÜRGEN MILZ (ORGANISATION/BERATUNG), FRANK SCHÄTZING (CD TEXT)

INTEVI
KÖLN

GRÜNDUNG
1990

MITARBEITER
35

BILLINGS 1993
ca. 40 Mio. DM

GESCHÄFTSFÜHRUNG
Josi Ilmberger (CD Art), Jürgen Milz (Organisation/Beratung), Frank Schätzing (CD Text)

KAMPAGNEROS
Josi Ilmberger, Jörg Herzog (Art), Jürgen Schönberger, Heike Flottmann (Beratung), Frank Schätzing, Stefan Weigl (Text), Roswitha Casper (Traffic), Judith Erpenbach (Produktion), Solo Hauffen (FFF/Art Buying)

ADRESSE
Intevi Werbeagentur GmbH
Hohenzollernring 2-10
50672 Köln
Telefon 0221/20185-0
Telefax 0221/2018550

InTeVi.
WERBEAGENTUR

Schon die Büroräume der 1990 gegründeten Agentur lassen keinen Zweifel daran, daß Normalität hier ein Fremdwort ist. Die drei Inhaber Josi Ilmberger, Jürgen Milz und Frank Schätzing haben sich nämlich in einem ausgedienten Schwimmbad einquartiert. Das Trio hatte vorher bei der Kölner Agentur Westag gearbeitet und wollte dem aufgeblasenen Verwaltungsapparat großer Agenturen entfliehen – mit einer Erkenntnis: „Die Werbung steckt in einer Sackgasse und muß sehr schnell verändert werden", so Milz. Ihnen leuchtete nicht länger ein, daß Agentur-Kunden immer mehr Geld für immer weniger Ideen berappen müssen. Mit dieser Einstellung eroberten sie Etats wie die der Mercedes-Nutzfahrzeuge, Mazda, Upjohn und der Westdeutschen Landesbank. Trotz des schnellen Erfolges sind sie ihrer Devise „Querdenken" stets treu geblieben.

Die extravagante Kampagne für die Westdeutsche Landesbank versucht, eine vermeintlich rational handelnde Zielgruppe emotional zu packen. Die dahinterstehende Idee war ein spontaner Einfall und wurde in kürzester Zeit druckreif umgesetzt. Langwierig war hingegen die Suche nach einem geeigneten Illustrator, dessen Stil spektakulär und werbewirksam sein sollte. Nach einigen Recherchen stieß man auf das Multitalent Bruce McCall, der die Bildideen des Intevi-Teams visionär und intuitiv umsetzte. Der gebürtige Kanadier arbeitet in New York als Illustrator, Herausgeber für Autozeitschriften und humoristischer Autor. Vorher hat er in Stuttgart 25 Jahre lang Werbung für Mercedes-Benz gemacht. Ohne komplizierte Headlines oder überzogene intellektuelle Aussage lockt die Kampagne mit dem Reiz des Unmöglichen. Die unverwechselbaren Bilder sind verträumt – und passen anscheinend nicht in unsere Zeit. Vielleicht macht sie das so auffällig und doch klassisch. ■

DER ILLUSTRATOR BRUCE McCALL SCHUF TRAUMWANDLERISCHE BILDER.

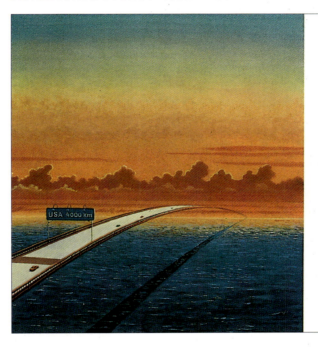

ELSE? · INTEVI · WHAT ELSE? · WHAT ELSE? · WHAT ELSE? · WHAT

MERCEDES BUSSE
Die Mercedes-Nutzfahrzeug-Kampagne war der Durchbruch für Intevi. Die Anzeige beweist, daß Information nicht langweilig sein muß.

EMI ELEKTROLA
Witz und Charme. Schwere Musik wird mit Leichtigkeit umworben.

SPIES HECKER
Tierisch einfach. Bei Intevi versteht man es glänzend, mit wenigen Worten eine starke Wirkung zu erzielen.

ZWEI FÜR ALLE FÄLLE

MIT IHREM HUNGER NACH NEUEM UND MANCHEN SCHRILLEN IDEEN IST ES JÜRGEN MANDEL UND VOLKMAR WERMTER IN WENIGER ALS ZWEI JAHREN GELUNGEN, DIE KONKURRENZ DAS FÜRCHTEN ZU LEHREN.

JÜRGEN MANDEL, VOLKMAR WERMTER

Nicht die Produkte machen die Menschen schön, sondern die Werbung.

DIE BOSSE IN POSE: MANDEL UND WERMTER

MANDEL UND WERMTER
DÜSSELDORF

GRÜNDUNG
1. Juli 1992

MITARBEITER
15

BILLINGS 1993
ca. 35 Mio. DM

GESCHÄFTSFÜHRUNG
Jürgen Mandel (Kreation)
Volkmar Wermter (Beratung)

KAMPAGNEROS
(Symantec):
Jürgen Mandel,
Volkmar Wermter

ADRESSE
Mandel und Wermter
Agentur für Marketing
und Werbung GmbH
Kaistraße 12
40221 Düsseldorf
Telefon 0211/90172-0
Telefax 0211/9017220

MANDEL *und* WERMTER

Daß alte Hasen sich in nichts von erfolgreichen Newcomern unterscheiden müssen, belegen Jürgen Mandel und Volkmar Wermter. Sie sind beides in Personalunion. 1992 frisch auf den deutschen Agenturmarkt geschlüpft, lehrte das bis dato Winning-Team in der Düsseldorfer TBWA-Geschäftsleitung die Konkurrenz noch in den Startlöchern das Fürchten. Der bescheidenen Selbstdarstellung („Wir sind noch eine kleine Agentur") folgte stehenden Fußes die Drohgebärde: „Aber mit

großen Kunden wie Dr. Oetker, Trumpf, Symantec viertgrößter Software-Hersteller der Welt oder Pioneer." Das saß in der Branche. In der hauseigenen Kasse machte sich dieser glückliche Umstand mit 30 Millionen Mark Umsatz gleich im ersten Jahr bemerkbar.

Dabei hatte sich gerade der US-Multi Symantec eher kleinlich gezeigt. Lakonisches Briefing: „Machen Sie uns bekannt, machen Sie uns berühmt, aber tun Sie es schnell." Und gern zum Nulltarif. Mandel und Wermter machte. Im SPIEGEL erschienen wechselnde Anzeigen mit dem Bild einer berühmten Persönlichkeit (z.B. Sitting Bull und Sigmund Freud), darunter eine Telefonnummer. Statements dieser Personen sollten die Firmenphilosophie von Symantec ausdrücken.

Die Folge: 50 000 Telefonanrufe, Interviews im Fernsehen, Berichte in den Printmedien, Auszeichnungen vom deutschen und europäischen Art Directors Club. Bei Symantec war man natürlich hochzufrieden, denn mit einem Schlag waren die Norton-Computerprogramme in aller Munde. ■

DIE ANNOUNCE-MENT-KAMPAGNE FÜR SYMANTEC ZU THEMEN WIE TATKRAFT UND LEIDENSCHAFT ETC. WECKTE SOFTWARE-INTERESSEN.

ELSE? · MANDEL UND WERMTER · WHAT ELSE? · WHAT ELSE? · WHA

GEGEN SEXUELLEN MIßBRAUCH VON KINDERN
Bei einem Film über sexuellen Mißbrauch von Kindern bedurfte es keines Briefings, die Aufgabe stellte sich von selbst. Das schockierend und provozierend aufbereitete Filmdokument wurde von Vox ausgestrahlt „Der Kunde: Einmal nicht einer, sondern viele. Die Kinder dieser Welt." (Zitat der Agentur)

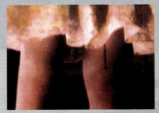

DIE AUS DEM RAHMEN FALLEN

MARC UND MIKE MEIRÉ KENNEN KEINE BERÜHRUNGSÄNGSTE – IM RAHMEN IHRES „NEW COMMUNICATION"-KONZEPTS WERBEN SIE ZUM BEISPIEL AUCH FÜR GELUNGENE ARCHITEKTUR.

M²: Unsere Titelbanane nackt

MARC MEIRÉ, MIKE MEIRÉ, THOMAS BRIED

MEIRÉ UND MEIRÉ
Köln/Wiesbaden

GRÜNDUNG
1985

MITARBEITER
40

BILLINGS 1993
Keine Angabe

GESCHÄFTSFÜHRUNG
Marc Meiré, Mike Meiré,
Thomas Bried

KAMPAGNEROS
(Zeilgalerie)
Thomas Bried,
Mike Meiré

ADRESSE
Meiré und Meiré New
Communication GmbH
82549 Königsdorf
Telefon 02234/61001-0
Telefax 02234/64081

m² meiré und meiré

max 156

Mike Meiré liebt es, seine Faszination in ergreifende Worte zu kleiden. Das klingt dann zum Beispiel so: „Computerarchitektur verleitet zu hypnotischer, farbintensiver Raumgestaltung", schwärmt er. „Perspektiven gleichen Sturzflügen eines Raubvogels." Das sagte er in Bezug auf ein Gemeinschaftsprojekt der „Architektur und Wohnen"-Redaktion und Philips Consumer Electronics. Die Aufgabe: sichtbar machen, wo in einem Einfamilienhaus sich die Produkte der Unter-

haltungselektronik ansiedeln. Für die Kölner Meiré-Brothers kein Problem. Sie kennen keine Berührungsängste mit der Architektur, auch wenn sie nicht nur im Kopf und Computer des Entwerfers stattfindet.

Sie haben schon Läden und Messestände gebaut, ihre eigene Agentur und ein Verwaltungsgebäude innen komplett eingerichtet (real) und dem trendigen Käufer das High-Tech-Konsum-Monument „Zeilgalerie" in Frankfurt im Barockrahmen verkauft. Den Erfolg erklären Meiré und Meiré, kurz m², wortdramatisch so: „Die Spannung zwischen dem intellektuell-ästhetischen Architekturerlebnis und dem sinnlichen, mit Sehnsüchten besetzten Kaufvergnügen thematisiert der barocke Bilderrahmen. Er assoziiert den Genuß des Konsums – gerade im Kontrast zu seinen modernen, informativen Inhalten. Als durchgängiges Motiv faßt er optisch die Vielfalt aller einzelnen Geschäfte und Konzepte zusammen."

Mike Meiré betreibt gemeinsam mit seinem Bruder Mark die Werbeagentur. Auf dem Briefkopf des jungen Unternehmens steht schlauerweise „new communication", denn das ist, was die beiden fasziniert. Die neuen Möglichkeiten auszuschöpfen, die die heutige Technik bietet. „Im Grunde ist ein Haus nichts anderes als eine

Verpackung", sagt Mike Meiré und läßt am Bildschirm ungeniert ein Bürohochhaus entstehen, das noch nicht mal einen Bauplatz hat.

1993 erhielt Mike Meiré den internationalen Award des New Yorker Art Director's Club für die Kreation des Kalenders „Save World Monuments". ■

DIE FRANKFURTER ZEIL-GALERIE WURDE DURCH M² ZUM HAUS, DAS AUS DEM RAHMEN FÄLLT.

ELSE? · MEIRÉ UND MEIRÉ · WHAT ELSE? · WHAT ELSE? · WHAT

VOX
An den Anzeigen von Meiré und Meiré lag es sicher nicht, daß der Sender in die Problemzone kam.

BOSSE
Trend pur in der Anzeige „activities compasso workstation" von Bosse.

DORNBRACHT
Edle Bad-Armaturen brauchen noch edlere Anzeigen – so wird's gemacht!

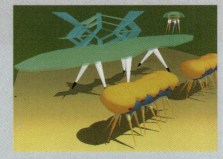

KUNSTWELT MÖBEL
Virtuelle Realitäten sind auch beim Möbeldesign nützlich, wie diese Anzeige beweist.

IM REICH DER SINNE

MIT IHRER KAMPAGNE FÜR DAS KAUFHAUS LUDWIG BECK GING DIE JUNGE MÜNCHNER AGENTUR NEUE WEGE: STATT AUF DIE EWIGGLEICHEN HOCHGLANZ-BILDER SETZTE MAN LIEBER AUF DIE IMAGINATION DER ZUSCHAUER.

KLAUS NEUSER, TRAUGOTT MASSMANN

MASSMANN, NEUSER
MÜNCHEN

GRÜNDUNG
1992

MITARBEITER
15

BILLINGS 1993
ca. 28 Mio. DM

GESCHÄFTSFÜHRUNG
Traugott Maßmann,
Klaus Neuser

KAMPAGNEROS
Creative Director und
Texter aller Kampagnen
ist Klaus Neuser

ADRESSE
Maßmann, Neuser
GmbH Werbeagentur
Preysingstraße 10
81667 München
Telefon 089/4484940
Telefax 089/4802466

Maßmann, Neuser

Traugott Maßmann, der Marketingstratege, und Klaus Neuser, der Texter, operieren seit 1992 mit einer gemeinsamen GmbH auf Münchner Agenturterrain. Inzwischen gibt es 15 Kreative mehr im Haus, die helfen, sechs Kunden zu betreuen und 28 Millionen Mark Billings zu bewegen. Was es nicht gibt, sind Zweifel, daß ein verhältnismäßig kleines Team große Ideen haben kann und sich auf zeitgemäße Reduktion versteht.

Das bewiesen sie mit einer auffällig unauffälligen Kampagne für das Kaufhaus Ludwig Beck. „Der Film zum Kaufhaus soll in den Köpfen des Publikums entstehen", fanden Maßmann, Neuser. Die Kollegen aus der Werbebranche und die Musikvideoregisseure machten so viele glänzende Filme, daß die schönsten Bilder in der Phantasie der Zuschauer mit wenigen Worten abrufbar seien. Darum gibt es ausschließlich farbige Schrifttafeln. Geduldet werden nur eine dezent-jazzige Musik und eine sparsame Geräuschkulisse.

Sodann muß sich der Betrachter durch die einzelnen Botschaften lesen: „Es war wieder einer dieser Tage:/ Hitze lähmte die Stadt./ Nichts war zu hören,/ außer dem leisen Kochen des Quecksilbers im Thermometer./ Da ging die Tür auf./ Eine Lady betrat den Raum./ Mit leisem Klirren zersprang das Thermometer. Mit dem Gefühl der Erleichterung – die man sonst nur beim „Abgeschlossenen Roman" im STERN empfindet – vernimmt der Leser auf der letzten Schrifttafel: „Mode bei Ludwig Beck – Kaufhaus der Sinne."

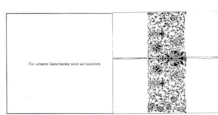
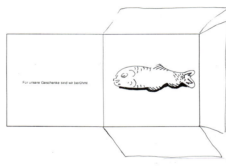

Der lasziv-verführerische Slogan „Kaufhaus der Sinne" ist angetan, dieselben beim Konsumvergnügen im Kaufhaus Beck schwinden zu lassen. Maßmann, Neuser sieht ihn als emotionales ➤

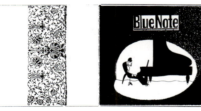

UM DEN SINNENFROHEN KATALOG FÜR LUDWIG BECK ZU KOMPLETTIEREN, WAREN DUTZENDE VON ENTWÜRFEN NÖTIG.

ELSE? · MAßMANN, NEUSER · WHAT ELSE? · WHAT ELSE? · WHAT

COLUMBIA TRISTAR
Filmplakate – eine besondere Spezialität.

ADVANTAGE
Je leiser die Musik, desto besser muß die Soundanlage sein...

CLARINS
Schön ist zuwenig – Kosmetikanzeigen mit Tiefgang.

WBS
High-End-Elektronik unterm Mikroskop: Wer nach Frequenzgang kauft, interessiert sich für die kleinsten Details.

max 159

◀ Versprechen, „er hat Magie und aktiviert". Dieser Slogan wird in Anzeigen und auf Plakaten durch Grafik, Typografie, Farbe und immer neue Ideen inszeniert. Durch den Mangel an konkreten Bildern wird automatisch der Dialog mit dem Kunden intensiviert. Er selbst wird zum Kreativen, der den Text mit den nötigen, individuellen Bildern ausstattet. Die Texte provozieren, unterhalten und lassen sich mit Vergnügen interpretieren. So wird durch Form und Inhalt genau das sympathische, moderne Klima geschaffen, das der Betrachter mit dem Kaufhaus assoziieren soll.

Sechs weitere „Filme" nach diesem Muster erzählen von kleinen Geschenken, die die Freundschaft erhalten, von der Welt der Teenies, vom Ende der Herrschaft der Nylonbluse, von trägen Badeanzügen, vom Kennenlernen und Verlieben und von der wirklich guten Musik.

Zur Eröffnung der Kölner Filiale des Münchner Kaufhauses gab's noch ein Buch obendrauf – für 65 Mark zu haben. ■

„DÜRFEN WIR SIE SCHARFMACHEN?" MASSMANN, NEUSER VERSUCHEN ES BEI LUDWIG BECK SOGAR MIT EINEM SPEZIELLEN SONG — NOTEN ANBEI.

CREATIVE
MARATHON

Michael Prieve: Ohne Anna läuft bei Nike überhaupt nichts

In den siebziger Jahren gründete Phil Knight, Student in Portland, Oregon die Firma Nike. Von Anfang an kümmerte sich die kleine Agentur Wieden & Kennedy um die Werbung. Diese Zusammenarbeit wurde zu einer einzigartigen globalen Erfolgsstory, zu einem Kreativ-Marathon, in dem alles mitläuft, was Rang und Namen hat. Hermann Vaske unterhielt sich mit Michael Prieve, dem weltweiten Creative Director von Wieden & Kennedy, über Company Culture und Kreativität.

Max 163

Sowohl im europäischen Büro in Amsterdam (links), als auch im heimischen Portland hängen an einer riesigen Wand die Fotos sämtlicher Mitarbeiter/innen – dort, wo andere Werbeagenturen ihre Medaillen aufhängen würden

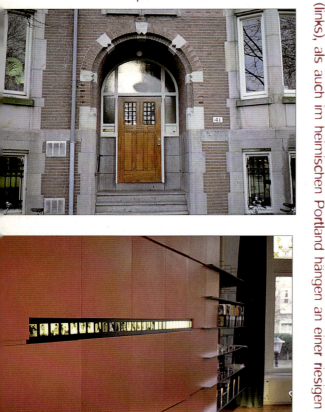

Max: *Wie würden Sie die Company Culture von Wieden & Kennedy beschreiben?*
Prieve: In Portland hängen statt Kampagnen und Preisen Fotos unserer Mitarbeiter im Foyer. Von Dan und Dave bis hin zur Putzfrau.
Max: *Tolle Idee.*
Prieve: Deshalb haben wir auch in unserem neuen Office in Amsterdam eine riesige Wand, an der wie in einer Galerie Bilder unserer Mitarbeiter hängen… Lustigerweise hängt dort sogar ein Bild meines Hundes. Denn der kommt immer mit ins Büro.
Max: *Ist Ihr Hund jetzt in Amsterdam?*
Prieve: Ja, sie ist mit mir rüber geflogen.
Max: *Wie heißt sie?*
Prieve: Anna.
Max: *Trägt Anna auch Nike?*
Prieve: Kaut wohl eher darauf herum.
Max: *Wie fing die ganze Nike-Geschichte an?*
Prieve: Der Gründervater von Nike war Phil Knight. Phil war Runner an der University of Oregon. Zusammen mit Bill Dourmen, dem Lauf-Trainer, kam er irgendwie auf Laufsportschuhe. Damals gab´s keine speziellen Sportschuhe. Letztendlich waren die beiden für das Lauffieber und die Fitnesswelle verantwortlich, die vor 10 bis 15 Jahren über die Vereinigten Staaten hereinbrach. Die Firma wuchs und wuchs und das wirklich Großartige daran ist, daß es alles unter rein sportlichen Gesichtspunkten begann und bis heute so geblieben ist. Es war der Start zu einem echten Sportler-Unternehmen: Schuhwerk von Sportbesessenen für Sportbesessene. So fing´s an und dann 1984 war die Firma beinahe pleite.
Max: *Warum?*
Prieve: Aus vielerlei Gründen. Die Verkäufe liefen nicht allzu rosig und „Reebok", ein anderes Sportschuh-Unternehmen, drängte in den Markt. Die Konsequenz: Nike mußte eine Anzahl von Mitarbeitern entlassen. Dann kam Michael Jordan. Obwohl man nicht viel über ihn wußte, nahm Nike ihn unter Vertag. Niemand konnte damals ahnen, daß Michael soviel für Nike und Basketball tun konnte.
Max: *Michael entpuppte sich als Glücksfall.*
Prieve: Ja, er war ein Glücksfall für uns und die N.B.A. Denn er hat die N.B.A. wiederbelebt, indem er sie viel interessanter und aufregender machte.
Als er kam, war der Absatz im Keller. Aber Michael hatte diese gewisse Ausstrahlung und sein Name wurde ziemlich schnell zum Mythos. Dann kam Air Jordan. Die Kombination aus seinem Spiel und der Nike-Werbung kreierte einen Mythos, der sich direkt auf das Produkt bezieht. Etwas, das es so noch nie in der Werbung gegeben hatte. Heutzutage ist das ein Klischee: Denn jetzt hat jeder Basketballspieler seine eigene Produktlinie. Aber damals war es revolutionär. Michael ist inzwischen Geschichte. Denn er spielt ja nicht mehr. Sobald Jordan mit Nike assoziiert wurde, bekam die Marke einen Kick. Wissen Sie, die Jahre, die Nike mit der Herstellung von reinen Leichtathletikprodukten verbrachte, sind ja die Basis der Marke. Dort liegen die Wurzeln und dort werden sie immer sein. Dort liegt in Wahr-

heit der Schlüssel zum Erfolg. Außerdem hat man einige unglaubliche Dinge vollbracht, was Design und technische Weiterentwicklung der Schuhe angeht - Luftpolster und so weiter.

Max: *Welchen Anteil hat die Werbung am Erfolg?*

Prieve: Das ist eine interessante Frage. Zu Anfang stand man der Werbung zurückhaltend gegenüber. Man glaubte nicht daran und wollte nicht so recht mitmachen. Nike hat sich in den letzten 30 Jahren zunehmend auf Werbung verlassen. Wissen Sie, das ist doch ein Teil des

Marketing-Spielchens, man benutzt die Athleten genauso wie die Werbung. Wenn man den Weltmeister hat, der Nike trägt, so bedeutet das doch, daß das Produkt gut ist. Das ist Werbung mit eingebauter PR. Das alles zusammen hat über die Jahre hinweg das Image von Nike geschaffen. Hier und da denke ich, daß die Designer von Nike das alles gar nicht wahrnehmen und würdigen. Denn es ist ja das Produkt, das sie entwerfen und mit dem Produkt stimmt alles. Sie entwerfen ein Produkt, das in ihren Augen etwas ganz Besonderes ist, während viele Leute meinen, daß es cool ist, nur weil es von Michael

Am Anfang war Nike ein Sportschuhhersteller unter vielen. Dann kam Michael „Air" Jordan und ein Mythos war geboren. Das war zu dieser Zeit revolutionär. Diese Anzeigen machten Geschichte

Wieden Kennedy

Jordan getragen wird.
Nike hat immer eng mit uns zusammengearbeitet. Die Beziehung stand unter der Prämisse: „Wir werden das Kind schon schaukeln". Wohl deswegen, weil die Spitzen-Leute sehr gut miteinander konnten und können. Es ist ziemlich einfach. Ich glaube, unsere Partnerschaft kommt von innen.
Max: *Was ist mit dem kreativen Funken?*
Prieve: Natürlich springt der kreative Funke von Nike rüber. Die haben ein famoses Produkt, das mit Top-Athleten verbunden wird. Die Maxime ist: „Wir wollen was machen und geben Euch Geld". Dann geben sie uns grünes Licht und alles, was wir brauchen. Als Unternehmen hat Wieden & Kennedy, das heißt Dan Wieden und David Kennedy, eine Atmosphäre geschaffen, in der die Kreativen so ungefähr alles tun können, was sie wollen. Es wurde immer auf das Kreative Wert gelegt, und nicht auf deine Stellung oder wo sich dein Büro befindet oder wieviel Geld Du machst. All dies ist Bockmist – es zählt nicht! Auf meiner Visitenkarte gibt es, wie bei allen anderen, keinen Titel – sie sieht genauso aus wie Dans. Die Arbeit geht vor: Das war und ist unser Motto. Eine ehemalige Sekretärin ist heute unsere erfolgreichste Texterin.
Max: *Wie heißt sie?*
Prieve: Janet Chab. Sie hat als Rezeptionistin angefangen und irgendwann gemeint, daß sie ein paar Sachen texten würde. Dann textete sie einfach die „Winners" – Kampagne! Die Kampagne startete in den USA und wurde später weltweit geschaltet. In den beiden letzten Jahren wurde sie zur besten Texterin in den USA gewählt. Dafür hat sie $ 100.000 bekommen. Das ist die einzige Auszeichnung, die es Wert ist, gewonnen zu werden: Du gewinnst Geld! Alle anderen Auszeichnungen, bei denen man dir für deine Einschreibgebühren irgendeine Trophäe überreicht, sind Mist. Diese hingegen kostet dich nichts. Im Grunde halten die Juroren nur Ausschau nach der tollsten Sache, die draußen läuft. Janet gewann zwei Jahre in Folge. Die Juroren sagten ihr: „Hier ist Dein $ 100.000 Scheck Glückwünsche."

„Air", Luft und Freiheit – im Mittelpunkt der Nike-Werbung steht Selbstverwirklichung. Just do it – Slogan einer Sekretärin

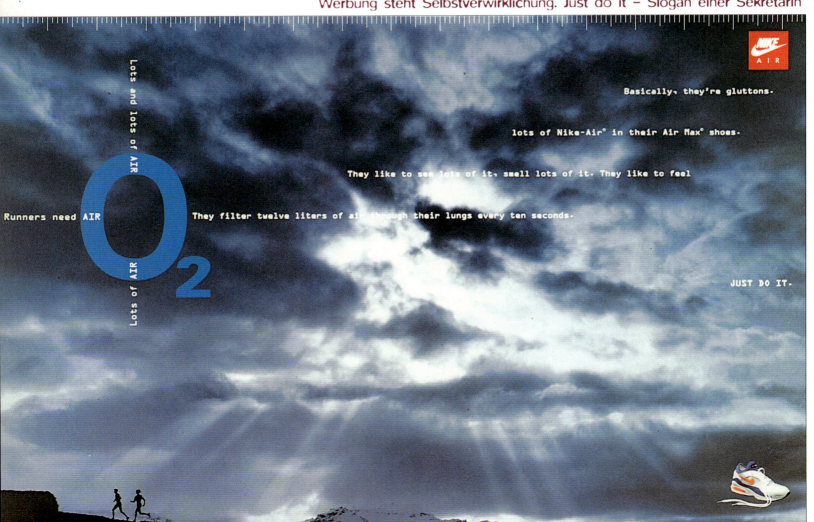

ball: Fairplay ist die Hauptsache

Das Nike-Motto „Tun, was gefällt" gilt für alles und alle Sportarten – ob Tennis, Basket-

Max: *Wer hat den Preis ausgeschrieben?*
Prieve: Der Verband der amerikanischen Zeitschriftenverleger. Wie dem auch sei: Eine ehemalige Sekretärin - kaum zu glauben — schreibt die beste Print-Werbung im Land. Liegt sicher an der Fähigkeit von Dan und Dave, jemanden zu sagen: „Warum versuchst Du´s denn nicht mal?" Janet bekam die Chance, ihre Schreibe zu finden. Nichts wurde ihr vorgeschrieben. Vor kurzem hat uns Jack verlassen. Jack war Texter und wollte Regisseur werden. Jack war ein verrückter Kerl. Alles, was er sich ausdachte, hatte mit Schimpfworten zu tun. Dan und Dave lehnten sich zurück und sagten: „Wenn das Dein Stil ist, dann mußt Du´s machen." Die beiden gaben uns die Freiheit zu entscheiden. Egal wer man war oder sein wollte, jeder konnte nach seiner Fasson. Das ist der einzige Grund, warum wir gute Werbung gemacht haben. Wenn Dan und Dave gesagt hätten, Werbung müsse so oder so aussehen, wären wir ganz schön angeschmiert gewesen.
Max: *Was unterscheidet die Nike-Werbung?*
Prieve: Weiß nicht, ich schenke der Konkurrenz keine große Aufmerksamkeit.
Max: *Aber die Konkurrenz schläft nicht.*
Prieve: Schon, die Konkurrenz sieht, was wir machen. Durch Kommunikation, Satelliten-TV und schnellen Datenaustausch wird die Welt zusehends kleiner. Damit ist es einfacher geworden mitzubekommen, was abläuft. Das ist aber nicht das Ding. Unser Geheimnis ist die Freiheit, das zu tun, was wir wollen.
Max: *Just do it.*
Prieve: Verdammt wahr. Das schöne daran ist, daß es den Leuten die Entscheidung überläßt.
Max: *Wie sind Sie zu Wieden & Kennedy gekommen?*
Prieve: Als ich ein Junge war, machte ich Sport. Ich liebte den Sport. Einer meiner Träume war, in der N.B.A. zu spielen, aber ich war nie gut genug. Als ich aus der Schule kam, wollte ich sofort bei Wieden & Kennedy anfangen. Denn die machten die Werbung für eine Firma namens Nike. Zu der Zeit war der Nike-Etat klein. Aber ich wollte was mit Sport machen. „Mann", sagte ich mir, „das klingt großartig; ich will etwas tun, was mir gefällt!" Natürlich hätte es auch Zahnputzcreme sein können – allerdings putze ich mir meine Zähne nicht so gern. Aber ich mag Sport. Ich wollte einfach zu den Leuten, die etwas über Michael Jordan zu sagen hatten. Das war cool. Es war wie ein Traum, der in Erfüllung ging. Der Company Spirit von Wieden & Kennedy und Nike geht auf den Kodex der Athleten zurück, hat einen sportlichen Hintergrund. Der Company Spirit reflektiert das Feeling von Wettbewerb, das Flair von Nichtaufgeben, das Bewußtsein für Fair Play und den eisernen Willen, das Beste geben zu wollen. Egal, ob man ver-

Das zentrale Thema der Anzeigen und Spots ist immer die Magie der Bewegung – Nike ist Bewegung, Freiheit und reflektiert das Feeling von Wettbewerb und eisernem Willen

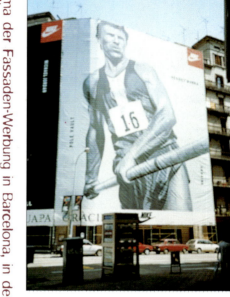

Der Spike Lee-Spot „Urban Jungle Gym" betonte die Harmonie zwischen schwarzen und weißen Jugendlichen – die vereinigende Kraft des Sports ist auch Thema der Fassaden-Werbung in Barcelona, in der überlebensgroß Kampfgeist sprüht

sucht zu texten, zu kochen oder ein Kind großzuziehen.
Max: *Haben die Leute bei W & K mehr Sportgeist als in anderen Werbeagenturen?*
Prieve: Ich weiß nicht, ob das eine Zauberformel ist. Aber es ist richtig. Viele Leute aus der Agentur gehen laufen, spielen Basketball und so weiter. In der Agentur in Portland haben wir eine kleine Turnhalle und 2 Basketballkörbe. Wer genug von der Arbeit hat, sagt: „Ich geh jetzt raus und werf ein paar Körbe."

An fünf Tagen der Woche gibt es während der Mittagspause eine Aerobic-Klasse. Diese Art Ablenkung ist eine famose Sache. Nicht nur für die Kreativen einer Werbeagentur, sondern für jede Firma. Wenn ich im Stress bin und nichts zusammen kriege, spiele ich eine Weile. Ich gehe raus, reagiere mich ab, fühle mich besser und komme erfrischt zurück.
Max: *Etwas anderes. Gibt es Lieblingsregisseure für Nike?*
Prieve: Ich weiß, daß Joe Pytka der einzige Regisseur ist, der sich darauf festgelegt hat, für keine andere Schuhfirma zu arbeiten. Joe arbeitet ja auch für Pepsi und nicht für Coke. Er arbeitet nur für Nike und würde keine anderen Schuh-Commercials machen. Andererseits ist er einer der wenigen, die sich ihre Klienten aussuchen können. Die Beziehung zu Joe hat sich als sehr fruchtbar erwiesen.
Max: *Haben Sie mit ihm gefilmt?*
Prieve: Ja, habe ich. Er ist großartig und extrem talentiert. Wir versuchen aber auch, mit jungen Leuten zu arbeiten, die nicht unbedingt groß und berühmt sein müssen. Wenn man nur einen TV-Spot im Jahr realisiert, ist es verständlich, wenn Sie auf Nummer sicher gehen. Wenn Sie aber 20 Werbefilme drehen, ist die Bereitschaft zum Risiko größer. Ein Beispiel dafür ist unsere 180er-Kampagne. Wie zu einem Experiment haben wir Regisseure aus der ganzen Welt dazu eingeladen. Das Konzept, das Coca Cola im Moment fährt, haben wir vor vier Jahren ausprobiert. Wir haben Regisseure aus Rußland, Frankreich und Australien dazu eingeladen, die Technologie der 180er in Bilder umzusetzen. Wir wollten zeigen, was hinter dieser neuen Technik steckt. Im Grunde war's wie eine Schiffstaufe. Nike mochte die Spots nicht.

Max: *Wieso nicht?*
Prieve: Die Spots waren zu kontrovers. Dennoch war es eine interessante Erfahrung, Talente auszuprobieren, die nicht nur aus Los Angeles kamen.
Max: *David Cronenberg aus Kanada zum Beispiel.*
Prieve: Ja, wir sind in andere Länder gegangen, um auch andere Arbeitsweisen kennenzulernen. Bob hat einige Spots mit Graham Wood in London produziert, für die Neneh Cherry die Musik gemacht hat. Graham Wood ist ein unglaublicher Filmdesigner aus England. Wir sind ständig auf der Suche. Sie haben sicher von Tarsem gehört? Er hat sein erstes kommerzielles Projekt mit W & K gemacht. Wir sind das Höhrrohr in der Szene und wissen immer, wer sich auf einem Gebiet so tummelt. Wir haben keinen Ober-Producer, sondern machen alles selbst. Das beinhaltet natürlich mehr Arbeit. Im Moment muß ich mich um diese Dinge in meiner Freizeit kümmern. Wir sind vollkommen beschäftigt, unsere Werbung zu machen, aber es scheint

Die Nike-Werbung auf japanisch: So fremd die Ästhetik auch anmutet, Hauptthema bleibt die menschliche Bewegung, der Schriftzug verkündet wie immer „Just do it"

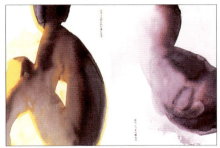

alles zu klappen.
Max: *Haben Sie mit Joe Pytka während des Drehs Basketball gespielt?*
Prieve: Oh ja, er hat kein Land gesehen, ehrlich. Er wird mir in den Hintern treten, wenn er das hört, aber es stimmt. Ich war besser als er.
Max: *Sie wissen doch, daß der Ex-Saatchi-Mann Dreyfuss Adidas wieder auf die Beine bringen soll. Haben Sie Angst, daß Sie Ihren Vorsprung durch „Just do it" verlieren?*
Prieve: Wir müssen nur unser Bestes geben. Wenn wir nicht unser Bestes geben und keinen Spaß haben, können wir das Ganze sowieso vergessen. Das hat die Arbeit für W & K so interessant gemacht. Vielleicht wird unsere Werbung nicht immer berühmt oder ausgezeichnet. Wir werden aber immer gute Werbung machen, weil wir die Arbeit tun, auf die wir stolz sind und die uns Spaß macht. Erst kürzlich hat sich David

Seit der „Air Jordan" vor zehn Jahren das Licht der Welt erblickt hat, haben sich Sportschuhe zu technischen Kunstwerken weiterentwickelt

Kennedy mit Stil aus dem Business zurückgezogen. Er war an einem Punkt angelangt, wo er sich sagte, daß ihm nicht mehr viel Zeit bleibt. Er wollte nicht mehr so viele Meetings abhalten, sondern einfach Künstler sein. Jetzt lernt er Bildhauerei an der Schule in Portland. Solange man sich diesen Geist erhält, kann man in allem, was man tut, erfolgreich sein. Für mich jedenfalls ist er erfolgreich, auch wenn er nicht der erfolgreiche Künstler sein sollte – als Persönlichkeit hat er gewonnen. Das ist es, worauf es ankommt. Wir haben ihm eine tolle Abschiedsfeier geschmissen. Die Agentur wird wachsen und sich verändern, aber solange die ursprünglichen Werte, die Leute wie Dan und Dave setzten, Bestand haben, wird es uns immer geben.

Max: *Wie viele Leute arbeiten in Portland?*

Prieve: Rund 130 in Portland; um die 20 in Amsterdam. Wir expandieren einigermaßen rasch und das ist eine der größten Herausforderungen, die sich uns momentan stellen: Wie bewältigt man dieses Wachstum; wie erhält man die Freude und das Interesse der Leute an ihrer Arbeit? Die Inspiration entsteht aus den Freiräumen, die Dan und Dave bei allen Veränderungen immer geschaffen haben – das gilt es, weiter zu führen.

Max: *Wird es Wieden & Kennedy demnächst in weiteren Ländern geben?*

Prieve: Ich weiß nicht – zwei Agenturen erscheinen mir derzeit genau richtig. Natürlich, wenn Bedarf ist, werden wir ihn erfüllen.

Max: *Erzählen Sie mir von Ihrer Homebase Portland.*

Prieve: Portland ist ein netter Ort, aber es ist kein Mekka der Werbung wie N.Y., L.A. oder London. Genaugenommen ist es so weit von einem Mekka der Werbung entfernt, wie man es sich nur vorstellen kann. Irgendwie ganz hilfreich, keiner fährt schicke Autos in Portland und es gibt nicht viele teure Restaurants, wo man sich sehen lassen muß. Die Leute legen nicht so viel Wert auf…

Max: *… Äußerlichkeiten?*

Prieve: Genau. Manchmal treten schon ein paar gute Bands auf; aber es bleibt eine kleine Stadt. Im Moment wächst Portland, weil Leute herkommen, die von New York und L.A. bedient sind. Vor ein paar Jahren konnte man niemanden dazu bewegen, nach Portland zu ziehen. Es ist leichter geworden, weil die Leute inzwischen den Life-Style der Großstädte nicht mehr händeln können.

Max: *Hat der Nike-Werber Prieve einen Lieblings-Nike?*

Prieve: Kommt drauf an, was man

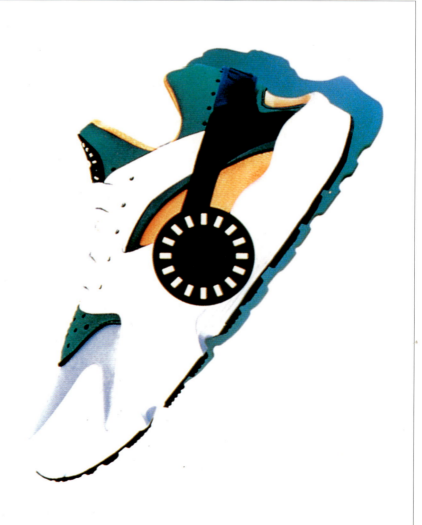

Wenn die energiegeladenen Bilder der dazugehörigen Spots erstmal im Bewußtsein des Zuschauers verankert sind,

erweckt schon die Abbildung eines genial-simplen Logos Spannung

will: Beim Basketball, denke ich, wird mein Spiel durch die „Air Jordans" einfach besser. Das neue Produkt, das in den nächsten paar Monaten erscheinen wird, ist wirklich unglaublich, ich kann's kaum erwarten. Produkte, die wirklich herausragend sind, erleichtern dir deinen Job doch erheblich. Die „Air Hulks" zum Beispiel, die sind Klasse. Das sind Wanderschuhe, ich trage sie überall.

Max: *Ihr Tennis-Shoe-Commercial lief in Europa viel auf MTV. Mußten Sie viel Archivmaterial sichten, um den Film zu machen?*
Prieve: Das ist kein Archivmaterial.
Max: *Sie wollen mich hochnehmen?*
Prieve: Nein, den hat David Fincher gemacht.
Max: *Er hat den gedreht?*
Prieve: Wir haben ursprünglich genau gedacht wie Sie und haben vorgeschlagen, alte Muster zu verwenden. Doch David bestand darauf, der Authentizität wegen, alles selbst zu drehen. Alles, was wir abgedreht haben, war neu. Den Stil der alten Filme zu imitieren, war für uns ein künstlerisches Mittel. Aber wir arbeiten auch mit Archivmaterial. Graham Wood hat gerade zwei Basketball-Spots für uns gemacht, in die er altes Material reingenommen hat. Wir machen aber auch Spots, die nur aus Archivmaterial bestehen. Zum Beispiel unser panasiatischer Spot. Er wurde von Graham Wood geschnitten und ist das Erstaunlichste und Unglaublichste, was man überhaupt in der Werbung zu sehen bekommt. Er ist so cool gemacht und das alles von alten Rollen.
Max: *Haben Sie auch „Instant Karma" gemacht?*
Prieve: Habe ich.
Max: *Der ist gut, er hat Drive.*
Prieve: Für mich war es eine große Erfahrung.
Max: *Die Verwendung von Bild und Ton ist einfach überwältigend.*
Prieve: Danke. Für mich war es aber auch deshalb eine wundervolle Erfahrung, weil ich Yoko Ono kennenlernte und ihr den Rohschnitt präsentieren konnte. Als Jugendlicher mochte ich natürlich die Musik der Beatles und John Lennon war für mich ein einzigartiger Mensch. David Fincher hat auch „Instant Karma" gemacht, und er war verdammt gut. Pit und Hensley entwarfen die Typographie. Alle waren so gut drauf. Es war einfach ein glückliches Projekt.
Max: *Wo haben Sie Yoko Ono eigentlich getroffen?*
Prieve: In New York. Sie war sehr freundlich und zuvorkommend, gab hilfreiche Anregungen. Ich kann nur wiederholen, daß dies eines der Dinge ist, die die Agentur ausmachen. Obwohl Yoko Ono involviert war, überließen Dan und Dave mir die Federführung. Das ist die Philosophie von Dan und Dave. Mein Ranking war nicht so wichtig wie die Chance, die mir gegeben wurde. Man kann nur mit den Aufgaben wachsen.
Max: *Was ist mit dem Godzilla-Commercial? Wer hat den gemacht?*
Prieve: Warren Dickinson und Steve Sandoz.
Max: *Out of Portland?*
Prieve: Ja, bevor die beiden nach Amsterdam gingen. Warren arbeitet jetzt hier und Steven ist zurück in die Staaten.
Max: *Wie wurde der Godzilla-Film technisch realisiert?*
Prieve: Die haben eine kleine Stadt gebaut und das Monster spielte ein kleiner Mensch.
Max: *Was ist mit „Quincy"?*
Prieve: Quincy Watts, Serge Luca und Charles Barkley wurden als Dreier-Serie von Susan Hoffmann und Bob Morren sehr gut umgesetzt.
Max: *Das sind aber keine Basketballspieler?*
Prieve: Charles Barkley spielt Basketball für Phoenix und Serge Luca

Die „rebound"-Anzeige ist das Print-Äquivalent des „Godzilla"-Spots: Sie wurde dutzendfach ausgezeichnet

A Death-Defying High-Flying 360 Slam Dunk. — Air Jordan from Nike.

Prieve, der Macher aller Nike-Werbung, über Nike-Boss Phil Knight: „Der spielt „Pullball" in der Ukraine.

Max: *Hat Wieden & Kennedy schon mal daran gedacht, einen Nike-Dokumentarfilm oder Spielfilm zu machen?*
Prieve: Wer weiß, es ist eine gute Idee und vielleicht machen sie sowas mal. Nike, das ist ein riesiges Potential. Die Firma steht allem Innovativen aufgeschlossen gegenüber. Sie hat eine freundliche Zukunft, ist positiv und schaut nach vorne. Nike wird immer versuchen, sich zu erneuern, und das macht die Firma definitiv zu einem Kunden, der Spaß bringt.
Max: *Ist Phil Knight noch dort?*
Prieve: Phil Knight, aber ja! Hin und wieder muß man bei ihm erscheinen.
Max: *Wie geht das ab?*
Prieve: Ich zeige ihm all die Sachen, die rausgehen sollen.
Max: *Und wie ist er? Sagt er: „Mist, ab in den Papierkorb!"*
Prieve: Manchmal, er macht keine Umschweife.
Max: *Ein Diktator?*
Prieve: Ich weiß nicht, ich stecke ja nicht in der Firma drin. Offensichtlich gehört ihm eine sehr erfolgreiche Firma. Er beschäftigt gute Leute und einige von ihnen hauen auch auf den Tisch. Nike will ständig mehr. Die Company will vorwärts.
Max: *Will Nike noch verrückter und kreativer werden?*
Prieve: So wird es Nike nicht ausdrücken. „Laßt uns vorangehen", würden sie sagen, „wir haben das schon hinter uns". Ihre Produkt-Designer fordern sie auf die gleiche Art und Weise. Nehmen sie z.B. den „Air Jordan". Er hat in diesem Jahr sein zehnjähriges Jubiläum. Wenn man das erste Modell mit dem aktuellen vergleicht, erkennt man die phänomenale technologische Entwicklung mit einem Blick.
Max: *Erzählen Sie mir über Ihre Filme mit Spike Lee.*
Prieve: Ich habe zwei Filme mit Spike gemacht. Sie spielen beide auf einem Schulhof.
Max: *Der Schulhof hat ein fantastisches Design.*
Prieve: Haben wir alles selbst gemacht. Das diente der Gesamtkommunikation des Spots. Harmonie zwischen schwarzen und weißen Jugendlichen durch Sport.
Max: *Und wie war die Zusammenarbeit mit Spike?*
Prieve: Spike ist gekommen, hat seinen Job gemacht und ist wieder gegangen. Er ist nicht der Typ, der auf „hanging out for a beer" macht.
Max: *Gibt es einen Basketball hier in Ihrem Amsterdam-Office?*
Prieve: Wo denken Sie hin. Das Büro ist zu klein.
Max: *Schade, vielleicht hätte ich ja mal probieren können, für Joe Revanche zu nehmen.*

will ständig mehr, manchmal muß ich bei ihm erscheinen, I do it"

VOM WORT ZUM BEWEGTEN BILD

Der kreative Prozeß der Entstehung eines Werbefilms am Beispiel des Spots „Magician", kreiert von Hermann Vaske von der Agentur FCB Hamburg, produziert von Laszlo Kadar und inszeniert von Paul Arden für den Mitteldeutschen Rundfunk MDR.

Am Anfang war das Wort. Dieses biblische Zitat gilt auch für den Werbefilm. Dort nennt man es „Script" und dort wird vorab beschrieben, was in der kleinen Geschichte gesagt und getan wird. Was zwischen Script und Erstsendung des Films geschieht, dokumentieren wir hier.

TREATMENT DER AGENTUR

Dies ist der erste Entwurf, den die Agentur FCB Hamburg am 7.10.93 dem MDR präsentierte.

FCB HAMBURG

TV - Treatment

Kunde	MDR	Titel/Länge	"Harmonie"
Produkt	MDR Kultur	Datum	7.10.1993
Job.-Nr.		Seite	1

HARMONIE

Klassische Musik durch den ganzen Spot.
Ein Mann, der wie ein Dirigent gekleidet ist und ein Dirigentenstab in der Hand hält, läuft eine Straße entlang. - Es ist Daniel Nazareth.

Er kommt an zwei Männern vorbei, die sich wegen eines Auffahrunfalls fürchterlich streiten. Der Dirigent gibt den beiden mit seinem Stab ein Zeichen leise zu sein und sie verstummen und werden friedlich. Auch die Musik wird nun sehr ruhig und leicht.

Als nächstes passiert der Dirigent ein Paar, das sehr schüchtern wirkt. Er erhebt seinen Taktstock, um die Stimmung der Musik zu steigern. Und plötzlich fällt sich das Paar in die Arme und küßt sich leidenschaftlich. Auch die Musik steigert wird leidenschaftlicher.

Nun kommt er zu einem Verkehrsstau. Elegant schwingt er seinen Taktstock und der Stau löst sich auf, der Verkehr fließt wieder. Die Musik wird sehr schwungvoll.

Die nächste Szene: Er kommt zu einer Gruppe Skinheads, die gerade eine Gruppe Ausländer aufmischen wollen. Wild schwingt der Dirigent seinen Taktstock und die Skins schütteln den Ausländern die Hände. Die Musik wird sehr friedvoll.

Zuletzt kommt er in einen Park, wo er auf einen sehr niedergeschlagen Mann trifft. Wieder kommt der Taktstock zum Einsatz und der Mann beginnt zu lächeln. Die Musik wird sehr fröhlich.

Ending:
1. Der Dirigent wandert weiter, bis er im MDR-Gebäude verschwindet.
2. Der Dirigent geht in die Semperoper, und dirigiert das Musikstück, das wir durch den Spot gehört haben. Er verbeugt sich vor seinem Orchester.
3. Er tanzt mit dem älteren Mann in der letzten Szene.

OFF/Logo:
MDR Kultur: Wir bringen etwas Harmonie nach Deutschland.

Der MDR. Wir senden mehr.

DAS SCRIPT: Am 7.10.93 präsentierte Hermann Vaske von FCB-Hamburg das Script Karola Sommerey, Hörfunkdirektorin des MDR. Nachdem Frau Sommerey das Script freigegeben hatte, standen Kunde und Agentur vor der Frage, wer den Spot inszenieren soll.

DER REGISSEUR: Man einigt sich auf Paul Arden als Regisseur. Paul Arden ist ungekrönter König der englischen Kreativen und war mehr als eine Dekade Chef von Saatchi & Saatchi, der großen britischen Agentur. Seine ungewöhnliche Art und Weise, emotionale sentimentale Bilder zu schaffen, war der Grund, warum sich Vaske für ihn entschied.

DIE INTERPRETATION DES REGISSEURS: Im nächsten Schritt treffen Paul Arden und Hermann Vaske die Auftraggeberin Karola Sommerey, Daniel Nazareth, den Chefdirigenten des MDR Sinfonieorchesters und Hubertus Franzen, den Chef der Klangkörper des MDR.
Arden präsentiert seine „Regie-Interpretation" des Scripts. Um die Stimmung des Films zu demonstrieren, präsentiert er ausgewählte Photos von Menschen und Straßenatmosphäre. Um die Interaktion zwischen dem Dirigenten und den Menschen linearer und stringenter zu machen, schlägt er vor, alles auf einer Location, einem Platz in einer Stadt in Mitteldeutschland zu drehen. „Die Menschen auf dem Platz" sagt Paul Arden „sind irgendwie mißmutig. Daniel Nazareth steigt auf eine Apfelsinenkiste und dirigiert. Die Musik bringt Harmonie in den Alltag der Menschen."
Der Spot endet mit einem Satz von MDR-Kulturchefin Karola Sommerey: „Wir glauben an die Kraft der Musik."

MOOD PICTURES: Um dem Kunden eine optische Vorstellung von der Anmutung der geplanten Bildwelten zu verschaffen, macht der Regisseur sich auf die Suche nach atmosphärischem Bildmaterial, das seinen Vorstellungen am nächsten kam.

DAS SHOOTING BOARD: Produziert wird der Film von Laszlo Kadar und seiner Filmproduktion. Produktionsort ist Dresden.
Letzte Regie- und Produktionsbesprechungen im Hotel Coventry: Arden präsentiert der Crew sein gemaltes Shooting Board. Minutiös hat der Altmeister jede Szene visualisiert; jedem Schauspieler, jedem Licht, jeder der Kameras hat er auf großen Zeichnungen einen festen Platz zugedacht.

DIE CREW: Mittwoch, 24. November. Das Thermometer zeigt 10 Grad Minus. Drehbeginn. Aufgenommen wird im Dokumentarstil mit drei Kameras. Die Kameraleute sind Laszlo Kadar und Frank Sprung. Executive Producers sind Heike Richter-Karst und Nick Sutherland-Dodd.
Gedreht werden zunächst die Szenen mit dem Dirigenten Daniel Nazareth. Damit ihm in seinem dünnen Anzug nicht zu kalt wird, werden ständig Wolldecken für die Drehpausen bereitgehalten.

SIE GLAUBEN AN DIE KRAFT DER MUSIK: Derweil bereiten sich in einem großen, beheizten Bundeswehrzelt 100 Statisten aus Dresden (ein unverfälschter, realistischer Querschnitt der Bevölkerung) auf ihren Auftritt vor. Trotz der Kälte herrscht Wärme: Die Wärme kommt aus den Herzen der Menschen, die in Dresden leben und mitmachen. Der Idealismus hier läßt sich nicht in Worte fassen. Jedes einzelne Bild beschreibt den gemeinschaftlichen Willen der Menschen, sich für die Kraft der Musik einzusetzen, eindringlicher als 1000 Worte.

DER IDEALISMUS DER DARSTELLER: Die Musik Mahlers und der Enthusiasmus des Dirigenten Daniel Nazareth überträgt sich auch auf die Passanten. Zum Beispiel die Frau, die ihre Katze zum Arzt brachte: Sie war von der Idee („Wir glauben an die Kraft der Musik") so begeistert, daß sie einen spontanen Brief schrieb, in dem stand, daß auch ihre Katzen an die Kraft der Musik, vorwiegend an die von Tschaikowsky, glauben.

INTERVIEW

DER REGISSEUR: PAUL ARDEN

Max: Wie sieht der Regisseur Paul Arden den Film „Magician"?

ARDEN: Der erste Werbefilm, bei dem ich Regie geführt habe, war für ein Kondom. Das Kondom war in der Mitte der Leinwand zu sehen, während die Kamera rein und raus zoomte, um den Geschlechtsakt zu simulieren.

Der zweite Werbefilm war ein Zweieinhalb-Minuten Epos für den MDR. Der Film war ein Akt des Vertrauens in mich. Ein Akt des Creative Directors Hermann Vaske, dem ich ewig dafür dankbar sein werde, daß er mir diese Gelegenheit gab. „Magician" war für mich das erste Projekt dieser Größenordnung; sogar als Art Direktor hatte ich nichts Vergleichbares gemacht.

Irgendwie hatte ich schon Bammel vor der Größe der Aufgabe. Aber mit Hilfe meines Partners Nick Sutherland-Dodd, der Produzentin Heike Richter-Karst, dem Director of Photography Laszlo Kadar und durch den Mut der Kundin Frau Sommerey, denke ich, daß wir etwas geschaffen haben, unter das wir mit Genugtuung unseren Namen setzen können.

DER KAMERAMANN: LASZLO KADAR

Max: Laszlo Kadar, wie war der Dreh?

KADAR: Unter produktionstechnischen Gesichtspunkkten bin ich mehr als glücklich, daß ein so schwieriger Dreh unter so widrigen Wetterumständen so reibungslos durchgezogen wurde.

Max: Und wie beurteilen Sie den Film?

KADAR: Echt geil.

DER KUNDE: KAROLA SOMMEREY FÜR DEN MDR

Max: Frau Sommerery, warum haben Sie sich für das Script entschieden?

KAROLA SOMMEREY: Entscheidend war für mich, daß sich das Script und letztendlich auch das filmische Ergebnis deutlich von den sonst üblichen platten Werbebotschaften absetzten. Die Werbung für ein Kulturradio, für unsere Hörfunkwelle „MDR Kultur", muß meiner Ansicht nach selbst ein kleines Kunstwerk sein. Ich beobachte mit großer Freude, daß sich auf dem großen internationalen Werbe- und PR-Markt immer mehr kreative Kräfte durchsetzen. Leider gilt dies noch nicht für die reine Hörfunkwerbung, die in der Regel phantasielos, handwerklich schlecht gemacht und dümmlich ist. Es ist wirklich ein Jammer, wie in unseren Hörfunkwellen, bei deren Gestaltung wir uns jeweils formatspezifisch große Mühe geben und kreative Programmideen in perfekte Programmangebote umsetzen, die enthaltene Werbung zum Mißklang wird. Dies ist um so bedauerlicher, weil damit beim Zuhörer die Werbung als störend empfunden wird. Um so wichtiger ist es mir, daß wir selber, wenn wir für Hörfunkprogrammme werben, mit neuen Ideen und mit einer qualitativ hochwertigen Ausführung auftreten. Dies ist meiner Ansicht nach bei dem Script und dem Ergebnis von „Magician" gelungen.

Max: Sie haben für MDR-Kultur den Satz „Wir glauben an die Kraft der Musik" geprägt. Welches Credo steckt dahinter?

KAROLA SOMMEREY: Die klassische Musik hat beim Mitteldeutschen Rundfunk schon seit seiner Gründung 1924 eine große Bedeutung. Das Sendegebiet umfaßt eine Region in der Mitte Europas, die bis ins Mittelalter hinein, europäische Musikkultur geprägt hat. Mit der gemeinsamen Sprache der Musik verbinden sich die klingenden Namen Johann-Sebastian Bach, Georg-Friedrich Händel, Georg-Phillip Telemann, Robert Schumann, Richard Wagner, Franz Liszt, Felix-Mendelssohn Bartholdy. Bis zum heutigen Tage ist diese Musiktradition auf einem sehr hohen künstlerischen Niveau lebendig. Die Musik hat hier im Bewußtsein der Menschen einen hohen Stellenwert. Vielleicht mag das naiv klingen – aber in Zeiten, in denen man kaum an etwas wirklich glauben kann, gewinnt die Musik doch vielleicht wirklich an Galubwürdigkeit. Auch bei schwierigen Themen haben wir festgestellt, daß man mit Musik Botschaften der Verständigung übermitteln kann. In dieser Tradition steht das MDR-Sinfonieorchester und der MDR-Chor mit seinem Chefdirigenten Daniel Nazareth. Daniel Nazareth, der sein ganzes Leben nur der Musik widmet, ist da ein guter Botschafter.

Max: Das kann man wohl sagen. Die Botschaft des Filmes „Magician" wird verstanden.

KAROLA SOMMEREY: Ich habe durchaus den Eindruck, daß dieser Film keine Mißverständnisse auslösen kann. Der Film ist Vision dessen, was der Dirigent beim Dirigieren fühlt und der Zuhörer denken und fühlen könnte: Die Kraft der Musik steht für Verständigung, für Harmonie. Schon während der Dreharbeiten zeigte sich, daß die Menschen ihre Gefühle, die sie bei der Musik empfanden, zum Ausdruck brachten. Zu DDR-Zeiten war die Musik eine Nische, in die man sich flüchten konnte. „Wenn ich einen Konzertsaal gehe, vergesse ich das Umfeld" – das sind Zitate von vielen Menschen in Sachsen, Sachsen-Anhalt und Thüringen. Heutzutage, wo sehr viel aufgebaut wird und sehr viel geleistet werden muß, ist die Musik für viele Entspannung und Hoffnung zugleich. Und das ist anders als in Bremen, wo ich Programmdirektorin war. Natürlich wurde auch in Bremen Musik gemacht. Aber die Musik spielt im Leben der Menschen keine so große Rolle.

Max: Welche Unterschiede und welche Ähnlichkeiten gibt es zwischen Radio Bremen und dem MDR?

KAROLA SOMMEREY: Beide sind öffentlich-rechtliche Rundfunkanstalten und daher bei der Programmgestaltung einem besonderen Auftrag verpflichtet. Einer der Unterschiede liegt darin, daß wir hier neu aufgebaut haben und dabei anderswo gewachsene Strukturen – auch der Bürokratie und Verkrustung – nicht übernehmen mußten. Die Mitarbeiter der Hörfunkdirektion können sehr kreativ arbeiten und, auch ich als Direktorin sehe Management und unternehmerische Aufgaben immer in Verbindung mit Kreativität. Dies gilt besonders für den Einsatz unserer Klangkörper, die nicht nur in Leipzig auftreten. Wir haben z.B. ein eigenes Festival gegründet, den „MDR-Musiksommer", der 1994 das dritte Mal stattfinden wird. Neben den künstlerischen Aufgaben leisten wir hier mit dem Musiksommer und mit vielen anderen Programmaktivitäten, auch ein Stück Aufbauarbeit Ost. Wir verbinden die Kunst mit dem Effekt, daß die Schönheiten der Landschaft, der Parks, der Schlösser, der Theater, der Konzertsäle, der Kirchen und Dome bekannt werden, daß wir Gäste anziehen, Freude bereiten, und damit darauf aufmerksam machen, daß es sich lohnt, hier zu investieren, zu leben und zu arbeiten.

DER FILM

DAS FERTIGE PRODUKT: Als der Dreh abgeschlossen war, galt es 15 Stunden Filmmaterial zu entwickeln und zu sichten. „Die Muster sehen prächtig aus", meldete Laszlo Kadar aus dem Münchner Kopierwerk an Paul Arden. Dann setzte er sich ins Flugzeug und brachte die Muster nach London. In der Londoner D´Arblay Street machten sich Arden und Kadar zusammen mit dem Cutter Martyn Gould – er schneidet übrigens alle Filme für den holländischen Top-Werber Paul Meier – über das Material her. Eine Woche lang saßen die drei Tag und Nacht am AVID-Schnitt-Computer, um den Berg von Material zu bearbeiten. Dann klingelt das Telefon bei FCB Hamburg. Paul Arden: „Rough Cut Is Ready."

Wenige Tage später in Leipzig. Filmabnahme beim MDR. Kadar drückt „Play" auf dem Videorecorder und der Film „Magician" läuft. Der Enthusiasmus, die Mühe und der große Einsatz aller Beteiligten, die zwischen Wort und bewegtem Bild lagen, haben sich gelohnt.

1. Die Kamera erfaßt in der Totalen die Seibnitzer Straße (einen Platz) in Dresden, Neustadt. Es liegt Tristesse über der Szene und Schnee auf der Straße.

2. Der Fleischer bringt ein halbes Schwein in die Fleischerei.

3. Beim Einparken haben zwei Trabis einen Blechschaden verursacht. Die Fahrer drohen einander und schreien sich wütend an.

4. Zwei Hunde gehen agressiv aufeinander zu. Sie fletschen die Zähne und kämpfen miteinander.

5. Ein Ehepaar in einer Wohnung. Für sie gibt es keine Zukunft und keine Gegenwart. Sie haben sich nichts mehr zu sagen.

6. Naheinstellung des traurigen Gesichts eines Blinden. Er scheint keine Hoffnung zu haben.

7. Dirigent Daniel Nazareth steigt auf eine Apfelsinenkiste, schlägt mit seinem Dirigentenstab gegen eine Laterne in der Mitte des Platzes und beginnt zu dirigieren.

8. Die Menschen unterbrechen ihre Arbeit und schauen zu ihm auf.

9. Die Töne von Mahlers 3. Sinfonie erfüllen den schneebedeckten Platz.

10. Arbeiter, die sich an verwitterten, baufälligen Gebäuden zu schaffen machen, schauen auf Daniel Nazareth herab.

11. Die Menschen, unter ihnen ein Blinder, folgen der verzaubernden Wirkung der Musik und strömen auf den Platz.

12. Mittlerweile ist es Abend geworden und der Platz füllt sich. Sogar ein Laster mit Bundeswehrsoldaten wird durch die Musik angezogen.

13. Immer mehr Menschen drängen auf den Platz.

14. Daniel Nazareth, der Zauberer, bringt den Menschen die wunderbare Musik.

15. Die Kraft der Musik wirkt. Die Menschen schauen voller Hoffnung.

16. In den Gesichtern von Erwachsenen und Kindern verschiedener Rassen spiegelt sich Freude.

17. Die Musik bringt den Menschen Harmonie.

18. Der Platz hat sich gefüllt. Die Musik beschert den Menschen ein friedliches Miteinander. In einem Lichtkegel an der Wand zeichnet sich der Schatten von Daniel Nazareth ab.

19. Der Schriftzug „Wir glauben an die Kraft der Musik" erscheint.

20. Wir sehen das Logo von MDR-Kultur und den Abbinder „Wir senden mehr".

"If you have seen 'Farewell My Concubine' and 'The Last Emperor', you'll like this."

Dave Trott
Gründer der Agentur Gold Greenless Trott

moderne mythen

Joe Pytka ist der erfolgreichste und beste Filmregisseur der Welt – ein ganzes Bündel goldener Palmen aus Cannes und viele weitere große Preise belegen dies. Der 50jährige, der in dem italienischen Neorealisten Vittorio DeSica sein kinematografisches Vorbild sieht, inszenierte die legendärsten Spots von Nike, McDonalds, Oldsmobile und General Electric. Wie man mit Mythen Marken macht, beweist seine geniale Pepsi-Serie.

Joe Pytka

Phil Dusenberry von BBDO New York erfand die Pepsi-Kampagne: „The Choice of the New Generation". Die Kampagne brachte der ewigen Nummer zwei auf dem Cola-Markt einen guten Kick und den Marktführer Coca-Cola ordentlich in die Bredouille. Maßgeblichen Anteil am Erfolg dieser neuen Generation hatte Regisseur Joe Pytka: Der Ex-Dokumentarfilmer aus Pittsburgh in Pennsylvania brachte den Amerikanern eine völlig neue Form von „Storytelling Commercial". Kleine, narrative Filme, die den Mythos Pepsi begründeten, weil sie selbst Mythen waren. Diese Filme zeichnete aus, was auch die Mythen im Altertum und in der Urzeit ausmachte. Sie wurden deshalb weitererzählt, weil es starke emotionale Stories waren. Die griechischen Göttersagen rund um Zeus und die Geschichte Trojas wurden Jahrhunderte um Jahrhunderte mündlich weitergegeben bis Homer sie in seiner „Ilias" 775 v. Chr. aufschrieb. „The broad appeal of mythos", schreibt Donna Rosenberg in ihrem Buch „World Mythology", „has enabled them to survive for hundreds and sometimes thousands of years." Die Stories waren so interessant, emotional und packend, daß die Leute ständig über sie redeten. Dieselbe geheime, faszinierende Ingredienz zeichnet die Pepsi-Werbefilme von Joe Pytka aus. Seine Millionen-Dollar-teuren Pepsi-Filme, die oft nur im amerikanischen Superbowl gezeigt werden, sind solche emotional geladenen Geschichten, daß Amerikaner zwischen Seattle und Washington und Chicago und New Orleans sie sich erzählen. Sigmund Freuds Theorie der unterbewußten Wünsche und C.G. Jungs „Kollektives Unterbewußtes" lassen grüßen.

Was Pytkas Pepsi-Filme so unwiderstehlich macht, beantwortet Star-Regisseur Adrian Lyne („9 1/2 Wochen"): „Wenn Pytka einen alten Mann auf eine Bank setzt und der eine Pepsi trinkt, glaube ich, daß der alte Mann dort schon stundenlang sitzt und Pepsi trinkt. Das kann keiner so wie Joe."
Kann Pytka selbst das Geheimnis seiner Pepsi-Filme entschlüsseln?
Der Regisseur: „Die Pepsi-Filme, ganz besonders die mit Michael J. Fox, stellen Berühmtheiten in einer wenig gönnerhaften Weise dar. Der Film mit Fox und der Kopiermaschine ist meines Wissens der erste Werbefilm, in dem eine berühmte Person als Schauspieler und nicht als Star auftritt. Wissen Sie, Fox machte da nicht eine Präsentation für eine Marke, vielmehr spielt er eine Rolle als Schauspieler mit all seinen Fähigkeiten und all seinem Charisma. Das war der erste Film dieser Art, und er hat den Ton für viele weitere TV-Spots vorgegeben. Filme von Don Johnson, Tina Turner und David Bowie folgten ihm auf den Fuß. Die hat alle Phil Dusenberry von BBDO gemacht. Ein gutes Konzept und immer wieder erfrischend. Die Pepsi-Spots überzeugen durch hohe Qualität und sind immer gut produziert. Sie sind immer unterhaltend und erfrischend. Immer „Larger than life". Ein bißchen wie Steven Spielberg."

„DAS RELIKT"

Ein Archäologe in einem Post-„Blade-Runner"-Zukunftsszenario erklärt der Schulklasse seine Ausgrabungen: Die Studenten bringen dem Professor eine Elektro-Gitarre. Der Professor erklärt ihnen dieses Relikt längst vergangener Zeit. Als die Pepsi-trinkenden Studenten ihm eine versteinerte Coca-Cola Flasche bringen und ihn verblüfft fragen, was das denn nun sei, muß auch der erfahrene Altertumsforscher passen. Seine Antwort: „I have no idea."

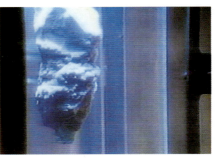

„LOST IN SPACE"

Ein Raumkreuzer schwebt durchs All. Zwei Astronauten haben ihre Arbeit erledigt. Sagt der eine: „What about a Pepsi?" Erwidert der andere: „There's only one left." Beide greifen gleichzeitig zu – die Flasche Pepsi entglitscht in die Schwerelosigkeit des Alls, hektisch verfolgt von den Astronauten. Zum Schluß des Films hat der eine Astronaut zwar die Pepsi-Flasche, der andere aber den Flaschenöffner. Dumm gelaufen...

„DESERT-FOX"

Michael J. Fox und seine Freundin kommen nachts mit einem Pick-Up-Truck an eine verlassene Tankstelle mitten in der Wüste. Der Pepsi-Automat an der Tankstelle wird von einem wildgewordenen Hund bewacht. Nach einigen Abenteuern und einer Menge Streß gelingt es den beiden, sich eine Pepsi zu erobern. Zu früh gefreut: Der Köter hat sich im Eifer des Gefechts die Autoschlüssel geholt....

„ALIEN"

Nachts in einer Seitenstraße einer amerikanischen Großstadt. Zwei College-Kids werden von einem Monster verfolgt. Bei der Hetzjagd auf Leben und Tod verstecken sich die beiden in einem Ölfaß, das vor einem Pepsi-Automaten liegenbleibt. In seiner Wut schlägt das Monster gegen die Tasten des Automaten – eine Pepsi fällt raus. Das Alien säuft und anstatt die beiden zu fressen, rülpst es sie an. Kommentar der Kids: „Der ist wohl nicht von hier".

„STREETBALL"

Kinder spielen fröhlich Basketball. Plötzlich bebt die Erde. Ein riesiger Athlet tritt auf. Er biegt den Korb zu sich herunter und haut den Ball hinein. Nach dieser Tat geht er zur Eisbox – doch es ist keine Pepsi mehr da. Seine grimmige Miene hellt sich auf, als er einen kleinen Jungen mit einer Pepsi-Flasche sieht, der ihn anlächelt. Im Coke-Spot gab der Kleine die Buddel ab, hier sagt er cool: „Don't even think about it".

„OUT OF PEPSI"

Im Busch von Kenia. Wir sehen die beiden kenianischen Marathonläufer Moses Kiptanur und Douglas Wakihuri. Sie laufen, begegnen wilden Tieren, bestehen Abenteuer. Schließlich kommen sie zu einem Pepsi-Automaten. Die Stimme aus dem Off: „The best marathon-runners of the world come from places of Kenya, which is understandable, considering that out here it's approximately 26.2 miles to the next Pepsi."

„MUTATION"

Das Supermodel Cindy Crawford betritt, begleitet von einer Gruppe Wissenschaftler, einen „Deprivations-Tank", in dem die Pepsi-Süchtige auf Limo-Entzug gesetzt wird. Ein paar Wochen später wird der Tank geöffnet und man kann sehen, daß sie sich in den schwergewichtigen Komiker Rodney Dangerfield verwandelt hat. Und mit Cindys Engels-Stimme flötet der Dicke: „I'm dying for a Pepsi".

DIE DEUTSCHE ANTWORT

Aus deutschen Landen kamen lange nur Einheitswerbefilme – GAP macht endlich beim Kino Anleihen und holt sich von dort auch die Regisseure.

GERMAN ANSWER PRODUCTION

VON VOLKER HUMMEL

Wer kennt sie nicht, die biederen Spots für Zahnpastas, Waschmittel und Fleckenentferner, die immer noch die deutschen Bildschirme dominieren? Bar jedes kreativen Funkens hält in solchen Filmchen die Kamera gnadenlos aufs Produkt und ein in autoritäres Weiß gekleideter Fachmann (ersetzbar durch eine Hausfrau) beschreibt mit den ewig gleichen Worten („Super", „Ultra", „Porentief" etc.) die Vorteile der jeweiligen Marke. Bilder und Worte gleichen sich, dem Zuschauer bleibt nur gähnende Langeweile. Diesem Einheitsbrei setzt die Münchner German Answer Production (GAP) seit drei Jahren Spots entgegen, die von vorneherein als kleine Spielfilme konzipiert sind. Geschichten werden erzählt, in die der Zuschauer sich hineinversetzen kann, mit Bildern, die man nicht alle Tage sieht. Nach diesem Konzept werden in England und den USA schon seit Jahren erfolg-

DIE GAP-DENKFABRIK

reich Werbefilme gedreht. Bekannte Kino-Regisseure wie Alan Parker („Fame", „Angel Heart") und Ridley Scott („Alien", „Blade Runner") begannen ihre Karriere mit Commercials und drehen auch heute noch welche. Dahinter steckt das Verständnis von Werbung als einer Kunstform, statt nur eines ökonomischen Erfüllungsgehilfens. Dieses Verständnis ist in Deutschland wenig verbreitet.

Genau diese Lücke versuchten Andreas Simon, Stefan Müller und Nikolai Karo zu füllen, als sie 1991 GAP (engl. = „Lücke") gründeten. Haus-Regisseur Karo kommt, wie seine angelsächsischen Vorbilder, aus dem Spielfilmbereich. Er studierte an der renommierten Münchener Hochschule für Film und Fernsehen (HFF) und schloß dort 1989 ab. Ein Jahr zuvor hatte er den Bundesfilmpreis in Gold für seinen Spielfilm „Noblesse oblige" erhalten. 1990 traf er auf einem Filmfestival Alan Parker: „Da hat mich der Virus erwischt,

NIVEA CREME: „FACES"
REGIE: NIKOLAI KARO

ANDREAS SIMON

Werbefilm zu machen. Da war etwas in Bewegung. Da war eine Liebe zum Film. Und die Bilder sahen so aus, wie ich denke, daß sie aussehen müssen. Deshalb habe ich gesagt: Laßt es uns in Deutschland probieren". Den Wirtschaftsinformatiker Stefan Müller hatte Karo schon während seines Studiums kennengelernt. Müller war eher zufällig zum Filmgeschäft gekommen und agierte bis Ende 1990 als Produktionsleiter, u. a. bei Filmen von Karo. Dritter im Bunde ist der Medieningenieur Andreas Simon. Auch er war als Produktionsleiter tätig gewesen und hatte sich dann auf die Post-Produktion von Werbespots spezialisiert. Simons Werbe-Know-How, Karos prämierte Spielfilme und Müllers organisatorisches Talent schienen genau die richtige Mischung zu sein. Die ersten legendären Treffen des Trios fanden in Müllers wackeliger Altbauküche statt. Das Fehlen eines repräsentativen Büros stellte für die enthusiastischen Drei zu Beginn noch kein Problem dar. Ihren ersten Spot machten sie im Auftrag von Ogilvy & Mather

ANTI-AIDS: „GRIM REAPER"
REGIE: IAN MACDONALD

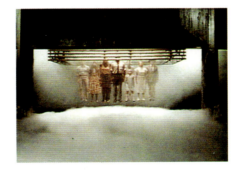

für „Ilja Rogoff". Er geriet ganz ordentlich, ist heute jedoch nicht mehr auf ihrer Musterrolle zu finden. Gleich danach kam nochmal eine große Agentur, Young & Rubicam, mit dem Spot „Around the World" für Colgate. In 14 Tagen reisten die drei mit einem kleinen Team durch acht Länder, um die verschiedensten Kids vor die Kamera zu bekommen. Man hatte nur ein schmales Budget, und es galt unter Beweis zu stellen, daß man auch mit wenig Geld schnell und gut arbeiten kann.

Obwohl die Auftraggeber trotz anfänglicher Bedenken schließlich zufrieden waren und alles wie am Schnürchen klappte, stellten sich erstmal keine Follow-Up-Aufträge ein. Das Provisorische wurde langsam zu einem Problem und man fragte sich, wie man den Agenturleuten noch länger Müllers Küche als angemessenen Ort für ein Pre Production Meeting verkaufen sollte. Schließlich fand man in einer ehemaligen Autosattlerei mitten in München das passende Büro-Ambiente. Zum Durchbruch kam es dann wenig später mit dem "Daydream"-Spot für C&A Young

HONDA: „MICHAEL J. FOX"
REGIE: IAN MACDONALD

TELEKOM AUSTRALIA: „THE FRONT"
REGIE: IAN MACDONALD

STEFAN MÜLLER

GOTHA BIER: „VAMP BEER"
REGIE: NIKOLAI KARO

Collections. Der Kontakt zu C&A kam damals durch Babette Brühl zustande, Art Directorin von GAP und Ehefrau von Nikolai Karo. Sie hatte für C&A als Grafikdesignerin einiges entwickelt und die drei ins Gespräch gebracht. Schließlich erhielt man von C&A einen Brief: „Wir hätten gerne einen neuen Young-Collections-Film, denken Sie sich dazu etwas aus." Der resultierende Spot wurde genau wie ein Spielfilm konzipiert, jeder der sechs sorgfältig ausgesuchten Schauspieler bekam seine eigene Rolle in einer kleinen Geschichte. Von großem Vorteil war die vollkommen freie Hand, die Karo bei seiner Arbeit gelassen wurde. Diese Freiheit hat sich auf die Bilder übertragen und ist wohl auch der Grund für den großen Erfolg des Spots: „Ja, nicht festgelegt zu sein, war sehr wichtig. Denn eine Produktion ist von irgendeinem Punkt an im Fluß. Dann entwickelt sich eine Eigendynamik. Das Bildchen aus dem Storyboard ist nicht mehr wichtig. Es entwickelt sich etwas viel Tolleres. Das ist wie bei einer Jam Session von Jazzmusikern. Plötzlich groovt es" (Karo, w&v 6/92, S.18).

Doch nachdem der Spot fertig war, passierte erstmal wieder nichts. Diese Reaktionslosigkeit war jedoch nur die Ruhe vor dem Sturm, denn plötzlich war die Musik des Spots in den Charts, wildfremde Leute fragten nach den Adressen der Darsteller und plötzlich galten die Jungs von German Answer Production als die „Hoffnungsträger" unter den jungen, deutschen Filmproduktionen. Es folgten Spots für Lufthansa, Nestlé, Ferrero, Langnese, Unilever und Beiersdorf. Daß das „Daydream-Feeling" keine Eintagsfliege war, zeigte sich mit den Spots „Alice in Fashionland" und „Don Quixote", die wiederum unter der Regie von Karo für C&A entstanden. Sie konnten mühelos mit der suggestiven Kraft ihres legendären Vorgängers mithalten. In allen diesen Spots findet keine oberflächige Produktpräsentation stattfindet, sondern subtiles Productplacement. Dies funktioniert nur deshalb, weil die Spots nicht als Werbung auftreten, sondern als eigenständige Kurzfilme. Der Zuschauer hat einen guten Film gesehen und nebenbei noch eine unaufdringliche Werbebotschaft mitvermittelt bekommen. Karos Filme haben auch schon internationale Anerkennung gefunden.

Nachdem er 1991 für „Daydream" seine erste Goldmedaille beim

„DIESE JUNGS HIER DENKEN ÜBER DIE NÄCHSTEN ZEHN JAHRE NACH, NICHT ÜBER 1993"
(IAN MACDONALD)

Werbefilmfestival in New York gewonnen hatte, war er im Januar 1994 mit „Vamp Beer" zum zweiten Mal erfolgreich. Der Film für die Brauerei Gotha erzählt in „Tanz der Vampire"-Manier die Geschichte eines Pärchens, das in einem alten Gemäuer speist. Natürlich erscheint Dracula, doch statt in den Hals der Frau, versenkt er seine Zähne in eine Bierflasche. Der Vampir verwandelt sich in eine besoffene Fledermaus und flattert torkelnd gegen eine geschlossene Fensterscheibe...

Mit Sönke Wortmann („Kleine Haie") und Detlev Buck („Wir können auch anders") hat man zwei der bekanntesten deutschen Nachwuchsregisseure unter Vertrag genommen. Damit folgt man dem angelsächsischen Vorbild, renommierte Spielfilm-Regisseure für Werbespots zu engagieren, denn wer kann schließlich besser Geschichten erzählen? Bucks Spot für Flensburger Pilsener ist ein 45-Sekunden-Spiel-

MDR: „AUTODIEB"
REGIE: HERMANN VASKE

„DAS IST WIE BEI EINER JAM SESSION VON JAZZMUSIKERN. PLÖTZLICH GROOVT ES"
(NIKOLAI KARO)

film: Ein sprachgewandter Yuppie in einem Sportwagen fragt drei Einheimische nach dem Weg zu einem Surfstrand. Die geben jedoch auch dann keine Antwort, als er es mit unterschiedlichen Sprachen und Dialekten versucht. Nachdem der Surfer verärgert abgefahren ist, konstatieren die drei unbeeindruckt sein Sprachtalent, öffnen ihre Bierbuddeln und stellen höhnend fest, daß Fremdsprachen nicht immer etwas nützen.

Doch nicht nur mit deutschen, sondern auch mit ausländischen Regisseuren hat man Vereinbarungen getroffen. Seit Juli 1993 steht der mehrfache Cannes-Preisträger Ian Macdonald exklusiv bei GAP unter Vertrag. Daß der international renommierte Regisseur sich ausgerechnet für die kleine, aber innovative Münchner Filmproduktion entschied, hat gute Gründe: „Diese Jungs hier denken über die nächsten zehn Jahre nach, nicht über 1993. GAP denkt international. In Deutschland verstehen sie vielleicht besser als irgendeine andere Company, Regisseure zu verkaufen". Für Aufsehen sorgte Macdonald vor allem mit dem spektakulären Anti-Aids-Spot „Grim Reaper", den er 1986 im Auftrag der australischen Regierung gedreht hatte. Für die düstere Darstellung der Sensenmänner, die auf fatale Weise beim Bowlingspiel ihre Opfer suchen, gewann Macdonald damals einen Goldenen Löwen in Cannes. Innerhalb von nur drei Jahren hat sich die kleine Münchner Küchenfirma zu einer der wichtigsten deutschen Filmproduktionen entwickelt. GAP besteht jetzt aus zwölf festen und einer Reihe von freien Mitarbeitern. Sie

PRO 7 „HALLOWEEN"
REGIE: ANDREAS SIMON

sind der Beweis, daß Erfolg mit Werbefilmen nicht notwendigerweise eine Frage von millionenschweren Etats ist. Spirit, Risikobereitschaft und Glaubwürdigkeit lassen den Funken aufs Publikum überspringen.

FLENSBURGER PILS: „WESTERHEVER"
REGIE: DETLEV BUCK

DAS BLAUMEISEN SYNDROM

WARUM IST DIE WERBUNG SO EINTÖNIG?

An einem frühen Morgen des Jahres 1921 wurde es zum erstenmal beobachtet, und zwar in Southampton: Die vom Milchmann vor die Haustür gestellten Milchflaschen wurden – noch bevor sie hereingeholt waren – von Blaumeisen geöffnet. Die Vögel hackten mit ihren Schnäbeln in die Stannioldeckel und tranken bis zu fünf Zentimeter Milch weg. Dieses bis dahin unbekannte Verhalten breitete sich im Laufe der nächsten Jahrzehnte über Großbritannien aus; besonders rasch dort, wo es erstmals entdeckt wurde. Später wurde es auch in Schweden, Dänemark und Holland beobachtet, wo der „Milchraub" sogar die milchflaschenlose Kriegs- und Nachkriegszeit überdauerte. In seinem aufsehenerregenden Buch „Das Gedächtnis der

VON DR. KLAUS BRANDMEYER

Natur" hat der englische Molekularbiologe Rupert Sheldrake nicht nur erneut über diesen Fall berichtet, sondern ihm auch eine neuartige Erklärung mitgegeben: Es handele sich dabei nicht um vererbtes Verhalten, also keine Übertragung durch modifizierte Gene, sondern um eine Art Resonanz-Reaktion: „Eine – vielleicht durch Zufall verwirklichte –

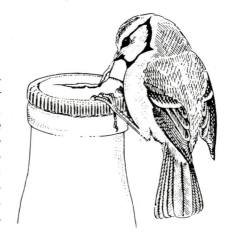

Die Anzeige des Loulou-Parf**ums war eine de**r ersten, **in der das Blau alle** anderen Farben **verdrängte.**

Verhaltensmöglichkeit bildet sich durch morphische Resonanz, durch eine formbildende Schwingungs-übertragung zwischen Angehörigen einer Gattung, zu einem höheren Verhaltensfeld aus; und zwar unabhängig von jeglicher räumlichen Distanz. Dieses Verhaltensfeld gewinnt nun... einen organisierenden Einfluß auf die instinktiven motorischen Muster. Je mehr milchtrinkende Meisen es gibt, desto mehr verstärkt sich das Feld durch die kumulative Wirkung der morphischen Resonanz, und damit verstärkt sich nicht nur die Neigung, die neue Gewohnheit zu imitieren, sondern es wächst auch die Wahrscheinlichkeit ihrer Neuentdeckung an anderen Orten" (Sheldrake Seite 225).

Die Angehörigen einer ganz anderen lebenden Art, nämlich die Art Direktoren der deutschen Werbung, bieten derzeit eine gute Gelegenheit, eine derartige Ausbreitung neuer, nicht vererbter Verhaltensweisen auch in einem anderen Feld zu studieren.
Spätestens seit dem Herbst 1992 läßt sich in den Anzeigen verschiedenster Produktgattungen ein Drang zur Monochromie in Blau ausmachen. Sie kann weder durch eine Veranlagung noch durch die handwerkliche Ausbildung der Grafiker erklärt werden. Früher nur eine Gestaltungsmöglichkeit von vielen – wie etwa in der Anzeige des erfolgreichen Loulou-Parfums – erscheint die Blau-in-Blau-Färbung heute als ein gestalterisches Verhalten, dem sich immer mehr werbende Individuen anschließen.

Blau

Möglicherweise durch das Loulou-Motiv angeregt, verengt sich das Pigmentierungsverhalten von Art Direktoren, die an verschiedensten Orten für verschiedene Produktgruppen tätig sind, auf diese eine Möglichkeit hin. Aus der Fülle der Belege, denen der Leser in deutschen Zeitschriften immer häufiger begegnet, sei hier zunächst das sehr stark reagierende Feld der Automobil-Werbung vorgeführt.

Wenn sich schon die Auto-Werber der kollektiven Einfärbung ihrer Objekte nicht mehr entziehen können, wundert es nicht, daß selbst im konkurrierenden Transportsystem Bundesbahn die Farbe Blau vorherrscht, falls Automobile ins Anzeigenbild geraten.

Daß es sich hier ganz im Sinne Sheldrakes um eine Beeinflussung werbegrafischer Ateliers untereinander handelt und nicht etwa um den externen geschmacklichen Einfluß der kaufenden Kundschaft, ergibt sich aus den Zulassungsstatistiken des Kraftfahrtbundesamtes: die Farbe „Blau" zählt bei keiner Automarke zu den Favoriten. Ebensowenig übrigens wie bei Telefon-Apparaten, die sich ihren Käufern dennoch markenübergreifend Blau-in-Blau präsentieren.

Aus der Kosmetik-Werbung ist die gleiche merkwürdige Einfärbungstendenz zu melden; als wollte sie Sheldrakes These bekräftigen, daß eine kumulierende morphische Resonanz schließlich auch die noch widerstehenden Angehörigen einer Gattung ergreift und sie in gleichartigem Verhalten ihr Heil suchen läßt. Ähnlich wie bei einer Panik, bei Modetrends oder bei einem Börsen-Crash.

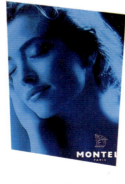

Erst **Autos**, **da**nn Telefone, dann **auch weit entfe**rnte Branchen – **alles wurde gleich.**

Daß Blau als Far**be des Todes gi**lt, macht der Stern-Titel auf **anschauliche Wei**se deutlich und läßt die Bundes**wehr-Anzeige in neuem Licht** erscheinen.

An gesteckt von derart massiven Blau-Einsätzen, zögern auch weiter entfernte Branchen nicht mehr länger, sich zu uniformieren.

Den Regeln einer populären Ästhetik zum Trotz, die wie Goethes Faust das Leben noch immer „am farbigen Abglanz" erkennt und Farbverluste vornehmlich negativ deutet, realisiert der Gestalter durch die manirierte Monochromie eine elitäre Ästhetik, mit deren Hilfe er sich persönlich vom Massengeschmack distanziert und seiner eigenen Fraktion andient. Daß dieses Verhalten in der Werbung nicht nur generell, sondern auch im speziellen semantischen Feld der Kosmetik kontraproduktiv sein kann, bezeugt ein Titelbild des „Stern", welches den alten Gegensatz zwischen blühender und verfallender Schönheit durch die Farbgebung für alle verständlich dramatisiert.

Der Layouter dieser Allegorie kennt sich in der topischen Behandlung des Todesmotivs offensichtlich besser aus als seine werbenden Kollegen. Er weiß, daß die „bleichen Wangen", die aus dem Körper gewichene Farbe, seit Jahrhunderten die bildlichen Darstellungen vom Lebensende begleiten. Die Blässe ist ein so kräftiges Signal, daß es nicht nur in biologischen, sondern auch in kulturellen Zusammenhängen komnmunikativ genutzt wird: Man bezeichne eine Person nur als „farblos", und schon ist sie gesellschaftlich ohne Bedeutung.

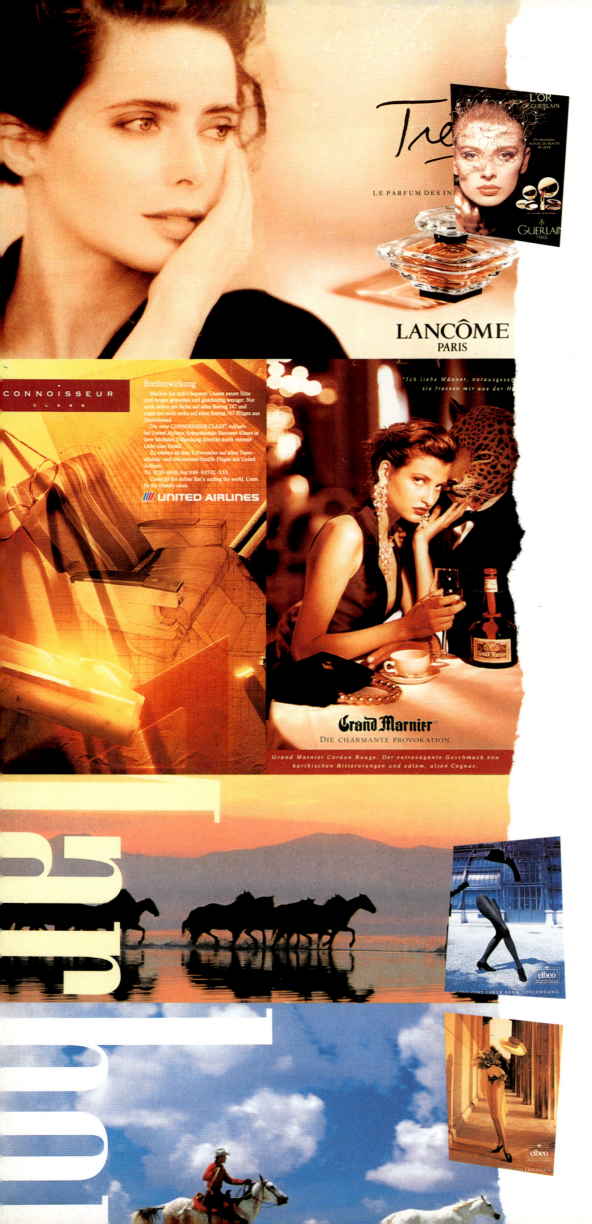

Blue

Neben dem Blau-in-Blau wird in der Kosmetikwerbung gleichzeitig ein monochromes Feld in Braungelb-Orange sichtbar. Zunächst scheint es noch in der gewohnten, technisch wie finanziell möglichen Mehrfarbigkeit zu verharren (Guerlain), dann aber fallen fast alle anderen Pigmente aus, und das Spektrum verengt sich auch hier erkennbar auf ein durchgehendes Ton-in-Ton.

Die chromatische Anpassung so prominenter Marken-Persönlichkeiten wirkt wiederum auf entferntere Produktfelder ein, wie die Beispiele von Christian Dior, Grand Marnier oder United Airlines zeigen. Die dafür verantwortlichen Grafiker dürften sich vor selbstkritischen Überlegungen insofern geschützt fühlen, als in unmittelbarer Nachbarschaft zu ihren Anzeigen auch redaktionelle Beiträge in die Monochromie verfallen und damit der verführerische Anschein eines „Trends" entsteht, dem man sich füglich nicht entziehen darf.

Wie weit morphische Resonanz den individuellen Gestalt-Willen einer Marke überformen kann, läßt sich am besten an jenen Fällen ablesen, wo sich die monochrome Farbgebung gewiß nicht als produkttypisch (wie bei Nivea) und deshalb als unvermeidlich rechtfertigen läßt: Wenn zum Beispiel in einer Marlboro Lights-Anzeige die Pferdeherde einmal durchs Blaue zieht (was ja noch als Farbsignal für eine leichte Cigarette gewertet werden könnte), ein anderes Mal der Ritt aber durchs Braunorange geht, entfällt die Begründung aus der Produkt-Charakteristik.

Die beiden in der Kosmetik besonders gut nachzuweisenden Monochromie-Felder Blau und Braun-Orange scheinen nicht allein diese Zigarettenwerber, sondern auch einige andere soweit versklavt zu haben, daß sie die ihnen anvertrauten Objekte alternierend nur noch in diesen Farbstellungen vorführen.

Ein derartiges Einschwingen in überpersonale Strömungen kann zu einem Verlust an Persönlichkeit führen, wie er sich in den Elbeo-

Die Elbeo-Anzeigen veranschaulichen unbewußt da**s Verschwinden** des persönlichen Sti**ls**.

Reemtsma: verschied**ene Marken,** unt**erschiedlichste** Werber-Handschriften.

Sujets, wiewohl unabsichtlich, zutiefst symbolisch ausdrückt: Die Person hat sich in Nichts aufgelöst.
Vom Markengestalter und Theoretiker Hans Domizlaff ist dazu eine einschlägige Warnung überliefert: „Die betont willige Anpassung ist markentechnisch allgemein kein zuverlässiges Mittel der Vertrauensgewinnung" („Und alles ordnet die Gestalt", Seite 145). Wie sehr gleichwohl jeder Markentechniker diese Neigung auch bei sich selber zu fürchten hat, bezeugt in schöner Offenheit ein Brief des Werbeberaters Max Pauli an Hans Domizlaff: „Meine erste Begegnung mit Ihnen bestand im Nichtbegegnen. Damals hatte ich ein Büro oder einen Schreibtisch im Werk Bahrenfeld, um mich für eine Beratungsaufgabe einzuarbeiten, die mir Philipp Reemtsma anvertraut hatte. Dort wurde ich eines Vormittags gefragt, ob ich mir nicht für einige Stunden außerhalb des Hauses etwas zu schaffen machen könne; Sie seien soeben vorgefahren und es sei nicht erforderlich, daß wir zusammenträfen.
Zu jener Zeit wurde noch sehr streng darauf geachtet, daß die Beeinflusser von Marken, die am Markt konkurrierten, sich nicht gegenseitig beeinflussten. (Sehr vernünftig und klug, sage ich heute, nachdem ich die Stärke Ihres Spannungsfeldes kennengelernt habe.)" („Begegnungen mit Hans Domizlaff", Seite 72).
Für Philipp Reemtsma war es noch selbstverständlich, daß er für seine verschiedenen Marken Gestalter unterschiedlichen Charakters und mit unverwechselbarer Handschrift anwarb – einen Raymond Savignac für Collie, einen Ludwig Hohlwein für Ova, einen Fritz Bühler und Hello Weber für Stuyvesant, einen Herbert Eidenbenz für Ernte 23 – und daß er ihnen jeglichen privaten Umgang untersagte.

Bleu

In einer Zeit wie heute, in der immer mehr Marken mit angeglichenen Produkt-Angeboten darum kämpfen, von der Kundschaft einzeln wahrgenommen zu werden, ist ein unterscheidbarer Stil dringender denn je geboten. „Trennschärfe, Kontur und Sichtbarkeit, wenn eben oft nicht allein aus der originalen Substanz des Produktangebots, dann mit Hilfe unserer Ausdrucksmöglichkeiten", hat Vilim Vasata 1988 in einem Vortrag vor dem Bundesverband Deutscher Marktforscher eingefordert.

Es hat jedoch den Anschein, als handele es sich dabei um eine Pflicht „niederer Ordnung", die zu mißachten die Art Direktoren weniger fürchten als den höher angesiedelten, entdifferenzierenden Zwang zur Einfarbigkeit. Es ist das Sheldrakesche „höhere Verhaltensfeld", das hier unübersehbar einen „organisierenden Einfluß auf die motorischen Muster der Gattung gewinnt". Wie charakterlos und austauschbar sich beispielsweise das Produktdesign der Unterhaltungselektronik gibt, verrät unangenehm deutlich eine Fachmarkt-Anzeige, in der als differenzierendes Moment tatsächlich nur noch die Preisleistung des Händlers übrigbleibt.

Sich einer derartigen, durch die Produkte bedingten Verwechselbarkeit nicht mehr entgegenzustemmen, indem man zumindest in der Werbung eigenständige, unterscheidbare Optiken realisiert, sondern sich stattdessen blauer Gattungsmonotonie hinzugeben, kann nur als Folge eines erschlaffenden Marken-Willens gedeutet werden; was wiederum die Überfremdung durch einen kollektiven Willen außerordentlich begünstigt.

In der MakroMarkt Anzeige ist die Gestaltung zugunsten der Preisleistung aufgegeben worden.

Aus der Erkenntnis, daß die geheimnisumwitterten Beeinflusser des Marktes also prinzipiell ebenso beeinflußbar sind wie die Massen, die sie beeinflussen sollen, resultieren in der heutigen „Gleichzeit" (Vasata) kaum noch präventive Maßnahmen. Vielmehr sind die Beteiligten des Werbe- und Marketinggeschäfts mitsamt ihren Artefakten inzwischen durch ein hochgradig vernetztes System von sogenannten Szenen und Gemeinschaftsveranstaltungen, von Wahl-Clubs und erwählten Medien zu einem einzigen, selbstreflexiven Soziotop verschmolzen, dessen Prozeßgeschwindigkeit kollektive Monotonien unweigerlich und unabhängig vom Einzelwillen fördert, und in welchem abweichendes Verhalten sich selbst schließlich als ungehörig empfindet.

Der vielbeschworene Gruppenzwang der Werbeleute, Individualisten zu sein, erweist sich in diesem sich selbst beobachtenden System als bloße Ideologie, mit der man sich dem seriellen Charakter der beworbenen Massenprodukte zu entziehen versucht. In der Arbeitswirklichkeit ist dieser Individualismus eine bloße Attitüde der werbenden Subjekte, ohne Folgen für ihre Produktion. Und selbst wenn derartige Anpassungsprozesse für die betroffenen Marken statt Selbsterhaltung nachweislich Selbstvernichtung bewirken, wird dies die eigenartige Neigung eines lebenden Systems, Gattungsmuster zu entwickeln und ihnen zu folgen, nicht unbedingt bremsen. Deshalb finden britische Hausfrauen vor ihrer Tür gelegentlich eine Blaumeise kopfüber in der Milchflasche ertrunken.

Quellen:
Klaus Brandmeyer: Das Blaumeisensyndrom. In: w&v 12/1992.
Klaus Brandmeyer und Alexander Deichsel: Die magische Gestalt, die Marke im Zeitalter der Massenware. Marketing Journal Verlag Hamburg, 1991.
Hans Domizlaff: Und alles ordnet die Gestalt, Gedanken und Gleichnisse, hrsg. Alexander Deichsel. Marketing Journal Verlag Hamburg, 1992.
Paul W. Meyer (Hrsg.), Begegnungen mit Hans Domizlaff. Verlag Wirtschaft und Werbung, Essen 1967.
Rupert Sheldrake: Das Gedächtnis der Natur. Scherz Verlag Bern, München, Wien, 1991.
Reemtsma Cigaretten GmbH (Hrsg.): Das neue Tabagobuch. Hamburg 1985.
Vilim Vasata: Gleichzeit, Fragebogen zur Forschung. Team/BBDO Schriftenreihe 4/88.
© Hamburg 1994, Klaus Brandmeyer

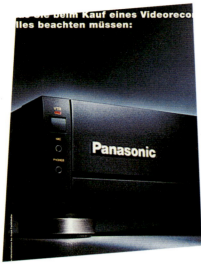

Sind Sie **schonmal in ein Elektro**nikfachgeschäft **gegangen und haben eine**n blauen Plattenspiele**r erworben?**

HIGH TEC
MADE B
GRUNDI

DR. KLAUS BRANDMEYER

Der Markentechniker Dr. Klaus Brandmeyer ist promovierter Sprach- und Literaturwissenschaftler und war zwei Jahrzehnte in Werbeagenturen als Texter und als Managing Director tätig (BBDO und Publicis).
Die „Markentechnik" als sein spezielles Arbeitsgebiet vertrat er bereits Anfang der achtziger Jahre an der Hochschule der Künste in Berlin; zuletzt als Gastprofessor am Institut für Handel, Absatz und Marketing der Universität Innsbruck, sowie in zahlreichen Vorträgen und Auftragsarbeiten.
Sein zusammen mit dem Kultursoziologen Alexander Deichsel geschriebenes Marken-Buch „Die magische Gestalt" erschien 1991 im Marketing Journal Verlag. Beide sind auch als Gesellschafter des 1994 in Berlin gegründeten „Instituts für Markentechnik" tätig.

LET'S ABOUT SEX.
....

Sex sells – Sexualität verkauft: Diese Binsenweisheit wurde allzuoft mißverstanden. Klar, daß ein erigierter Penis früher den Weg ins Bordell wies (vgl. S. 21) und heute zur AIDS-Verhütung gezeigt werden muß. Aber soll man Anzeigen für Intim-Spray oder Tampons wirklich mit Unterleibsfotos garnieren? Oder hat sich der Bad-Vorleger „Kleine Wolke" mit der darauf drapierten Nackten wirklich besser verkauft? Die von John Kubicek ausgewählten erotischen Anzeigen der Nachkriegszeit sind inzwischen Dokumente deutscher Verklemmtheit.

TALK

VISUELLE KOMMENTARE DER WERBUNG ZU EINEM ALTEN THEMA

Frontal, deutlich, direkt: Im Aids-Zeitalter wird kein Umweg mehr über Metaphern und Symbole gemacht, die das Thema eher verschleiern als vor Augen führen würden. Schweigen ist tödlich, auch in der bildlichen Darstellung.

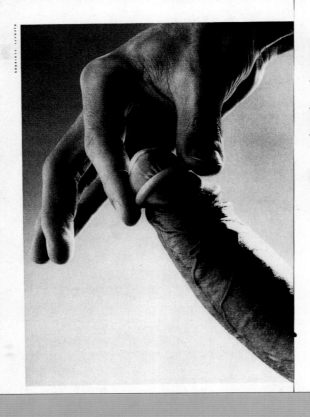

BABY

60's

Es ist vollkommen egal, welche Zeitschrift man heute aufschlägt, beim Blättern wird man auf jeden Fall mit erotischen Bildern und Botschaften überschwemmt werden. Nichts öffnet die Sensorien des Konsumenten mit größerer Leichtigkeit als nackte Haut. Sex geht jeden etwas an, auf eine ungemein existentielle Weise. Das ist heute so, wird immer so sein und auch in den ach so prüden 50ern und 60ern hatten die Leute nur eines im Kopf. Geändert haben sich nur die Konventionen, auf welche Art und Weise das Thema dargestellt werden darf. Vor 30 Jahren waren die Anzeigen nicht nur prüde, sondern die Menschen hatten auch noch ganz andere Wahrnehmungsmuster und gerieten vielleicht schon über einen nackten Ellenbogen in Ekstase. Im Zeitalter von Aids gelten neue Regeln. Offene und direkte Ausdrucksformen sind lebensnotwendig geworden. Doch diese sexuelle Liberalisierung in der Werbung läßt sich in allen Bereichen feststellen.

Sex verkauft sich einfach gut. Werfen wir also einen Blick zurück auf die noch so unschuldigen 60er, tauchen nochmals ein in den wollüstigen Kitsch der 70er und nähern uns dann vorsichtig durch die 80er hindurch dem nackten Schwanz aus Schirners Kampagne gegen Aids. Die erste Werbung, die ich vor 30 Jahren produzierte, zeigte nackte Frauen. Nicht weil es sexy war, sondern weil es zum Produkt paßte – Tampons. In einer Zeit, in der der Bauchnabel als heißester Körperteil galt, war dies schon eine Provokation. Doch es war eine Provokation, die in der Luft lag. Wir Werbeleute reagieren auf die Gewohnheiten der Gesellschaft, versuchen soziale Verhältnisse zu antizipieren und auf sie zu reagieren. Die Gesellschaft der 60er Jahre befand sich im Umbruch, die sexuelle Revolution stand kurz vor ihrem Ausbruch: Die Anti-Baby-Pille wurde eingeführt; Sex-Symbol

Anfang und Mitte der sechziger Jahre herrschte auch in der Werbung noch die repressive Moral der Fünfziger. Das Thema wurde nur zart angedeutet, vom Betrachter wurde noch eine rege Phantasie verlangt.

♥ *Dirndl-Ausschnitt die ganz große Mode* ♥

Dieser Amourette BH paßt fabelhaft zu jedem Dekolleté. Ob Bluse, Pulli oder Kleid – der Dirndl-Ausschnitt wirkt sehr elegant. Und Amourette hat stets die ideale Form, die auch Ihnen schmeicheln wird.

Ein Traum von Wäsche... für den Tag und für die Nacht

Amourette

zum Verlieben chic ♥

Triumph
INTERNATIONAL

Im gleichen Chic gibt's BHs – sogar für die Nacht – Miederhöschen, Slips, Hemdröckchen, Unterkleid, Shorty, Schlafanzug, Nachthemdchen und Negligé... Amourette ist aufeinander abgestimmt in Schnitt, Form und Farbe... bezaubernd schöne Wäsche: Amourette.

BH Amourette DE ..... DM 14,90

Diese BH-Anzeige hat für heutige Betrachter den Charme eines Aufklärungsfilms von Oswald Kolle, für ihre Zeit (Juli 1964) ist sie erstaunlich freizügig.

70's

Marilyn Monroe verschwand aus unserem Leben, aber nicht aus unseren Köpfen; Fellini inszenierte den Film „Das süße Leben", der von den einen als skandalös beschimpft, von den anderen jubelnd als wunderschönes Meisterwerk gefeiert wurde; der Minirock entließ die Beine der Frauen endlich aus ihrer jahrelangen Gefangenschaft; die Stones sangen „I Can't Get No Satisfaction" und und und. Es wurde damals mehr und mehr möglich, offen und unverblümt die Dinge beim Namen zu nennen und sie bildlich direkt darzustellen.

In den Achtzigern scheint mir der Fall etwas anders zu liegen. Bei der Krankheit Aids hat die Werbung die Aufgabe übernommen, ein Bewußtsein zu schaffen, das vorher noch gar nicht bestand. Hier geht es nicht mehr darum, ein Produkt mit sexuellen Motiven zu bewerben, sondern Sex selbst ist das Thema. Die Dringlichkeit des Themas forderte die Schaffung ganz neuer Darstellungsweisen, um die Leute im wahrsten Sinne des Wortes bei den Eiern zu packen. Wenn es der Werbung tatsächlich irgendwann einmal gelungen sein sollte, ins Bewußtsein der Menschen vorzudringen, dann hoffentlich hier. Bei allen Veränderungen lassen sich aber auch konstante Assoziationsmuster über die Jahre hinweg feststellen. Immer wieder beliebt ist das implizite Versprechen, daß der Genuß eines bestimmten Produktes auch zu erotischen Erfolgen führen wird. Die Anzeige für „Isenbeck Pils" aus den 60ern unterscheidet sich nur in geringem Maße von der für „Jägermeister" aus den 70ern und der „Astra Pilsener" Werbung aus den 80er Jahren. „Der Konsum dieser Marke macht erotisch attraktiver", das ist die

In den Siebzigern ist Nacktheit kein Problem mehr. Frauenkörper werden nun unverhüllt dargestellt, jedoch immer im Rahmen einer bestimmten Ästhetik, die heute merkwürdig sexlos anmutet.

Auch der nackte Männerkörper wird jetzt als Werbeträger entdeckt. Man beginnt, eine deutlichere Sprache zu sprechen, „Sex" wird zum expliziten Thema.

Neue Tapeten machen Leute.

An seiner Zärtlichkeit erkennen Sie intim-MOUSON

Die zärtliche Intimpflege:
intim-MOUSON.
Mit zwei speziell für den
Intimbereich der Frau
entwickelten Duftnoten:
tocane, der Duft jungen
Champagners und
erotique, der Duft von
betörender Weiblichkeit.
intim-MOUSON
schenkt Ihnen
seine ganze Zärtlichkeit.
Und gibt Ihnen
Sicherheit und Frische.

intim-MOUSON
erhalten Sie im Fachhandel:
in der Normalpackung zu DM 4,25
und als Minipackung zu DM 1,85.

80's

In den Achtzigern flaute die Sexwelle in der Werbung wieder ein bißchen ab. Wie auf jede Revolution folgte auch auf die sexuelle eine Phase der Reaktion.

allen gemeinsame Botschaft. Was immerhin zu bezweifeln ist, wenn man sich einen mit ungefähr 18 Pils geladenen Mann vorstellt, der sich schwankenden Schrittes einer dunkelhaarigen Schönheit nähert, ein verwegenes Grinsen in der versoffenen Visage. Aber bei aller Fragwürdigkeit der Botschaft, es besteht hier immer noch ein gewisser Zusammenhang zwischen dem Produkt und der Message, denn schließlich trinkt man Alkohol meistens in netter Gesellschaft, auf Parties und in Kneipen, also an Orten, an denen man vielleicht doch den Mann oder die Frau fürs Leben zu treffen hofft. Doch es gibt Anzeigen, in denen sich wirklich kein vernünftiger Zusammenhang mehr feststellen läßt. Wo liegt zum Beispiel die sexuelle Komponente bei einem Waschmittel? Es scheint fast so, daß sexuelle Andeutungen schon deshalb notwendig sind, um konkurrenzfähig zu bleiben. Solche Zusammenhanglosigkeit kann jedoch auch eine gegenteilige Wirkung zur Folge haben, einfach weil die Nacktheit ganz klar als reiner Werbetrick erkannt wird. Zu oft hat man den Eindruck, hier ist den Werbern einfach nichts Originelles mehr eingefallen. Es ist z.B. gar nicht so einfach, etwas so langweiliges wie ein Bügeleisen an den Mann zu bringen. Also überlegt man nicht lange und läßt einfach eine leicht bekleidete Blondine in die Kamera wispern: „Nichts macht so heiß wie Bügeleisen von…". Aber andererseits: eine schöne nackte Frau ist eine schöne nackte Frau, egal ob sie für BHs oder für Schlagbohrer Werbung macht. Das gilt natürlich auch für schöne nackte Männer. Sex ist eben ein Teil unseres Lebens und zwar ein verdammt großartiger. Daran wird sich nie etwas ändern, nur an den Vermittlungsweisen. Vielleicht werden im nächsten Jahrtausend Werbespots für Tischtücher mit ultraharten Pornostreifen unterlegt sein. Vielleicht aber wird auf nackte Haut dereinst die Todesstrafe stehen.

„Let's Talk About Sex, Baby!"

WIE GEFÄLLT IHNEN CARE, MEINE DAMEN?

Endlich sind auch bei den Männern die letzten Hüllen gefallen, ein leichter, fast spielerischer Umgang mit erotischen Motiven läutet sich im Zeitalter der Reizüberflutung ein.

JOHN KUBICEK

Von ihm keine Anzeige zu kennen ist fast nicht möglich. Er hat nicht nur erlebt, wie aus Reklame Werbung und aus Werbung Kunst wurde, sondern hat diese Veränderungen auch mitgestaltet. Viele Spots und Anzeigen des aus New York stammenden Werbeprofis, der Anfang der Sechziger in die Branche einstieg, sind mit Goldmedaillen, Goldenen Löwen und Clio Awards beim ADC, in Cannes und in New York prämiert worden. Seine Kunden waren unter anderem Beck's, Ferrero, Fiat, Ford, Gilette, Gruner & Jahr, InterRent, Jaguar, Jever, Kodak, Lufthansa, o.b.-Tampons und Volkswagen. Zu den Agenturen, mit denen er zusammenarbeitete, gehörten Young & Rubicam, DDB Düsseldorf und GGK Frankfurt.

HIGHWAY?
HIGH-TECH

DIE ZUKUNFT DER WERBUNG

max 212

Virtuelle Realitäten, Morphing, Infomercials und CD-ROM sind nur einige Stichworte eines neuen Zeitalters, an dessen Ende die „Infobahn" steht, die totale interaktive Vernetzung zwischen allen Produkten und Konsumenten. Tomas Lansky wirft einen Blick auf neue Werbetechniken und Zielgruppen.

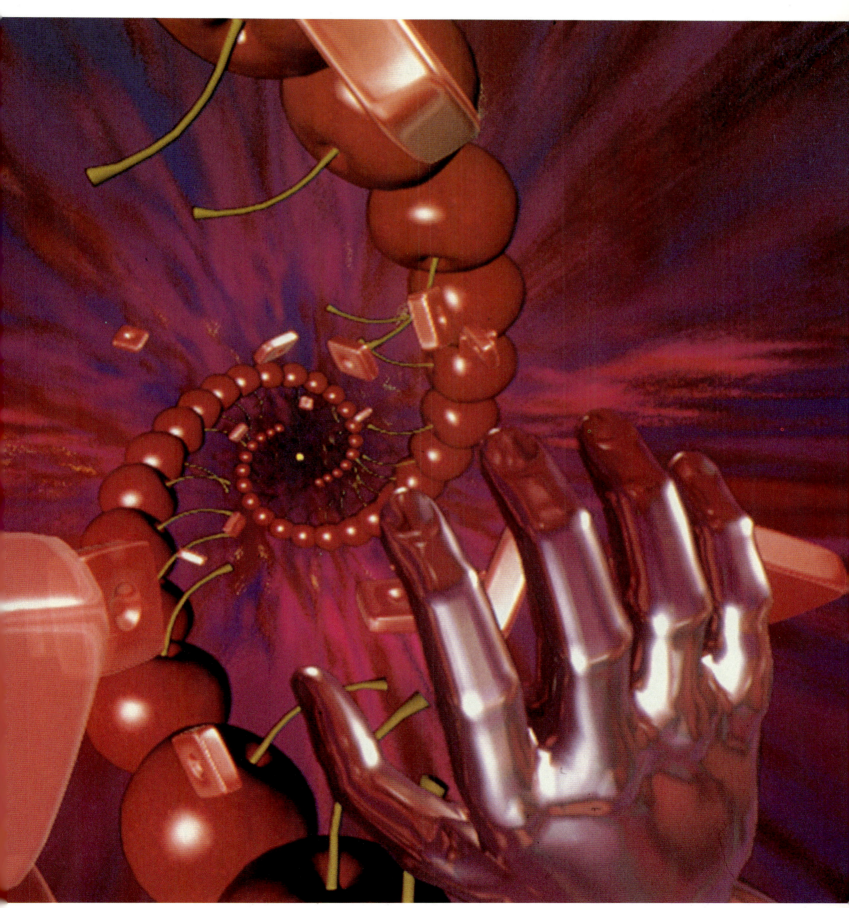

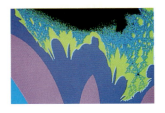

Die Welt ändert sich, wird zunehmend digital. Neue Medien tauchen auf, alte regenerieren sich durch die Techno-Infusion. Zwang genug für die Werbung, sich ebenso radikal mitzuändern. In einer Gesellschaft, in der Kommunikation und Interaktion täglich neu definiert werden (nicht, daß sie durch neue Erklärungen klarer würden, verändert werden sie auf jeden Fall), löst eine neue Werbeform die nächste ab. Vergangenes Jahr war im deutschen Fernsehen Morphing-Time. Trotzdem kennen zukunftsorientierte Werber die bittere Wahrheit: Inhalte, nicht technische Ausführungen machen die Werbung der Zukunft aus. Zum ersten Mal in der Geschichte der Werbung werden Beworbene aktiv mit den Werbenden in einen Dialog treten. Die heutige Fernbedienungs-Zapp-Kultur läßt ahnen, daß der Konsument dem Werber nicht allzu viele freundliche Dinge mitzuteilen hat. Trotzdem: Werbung ist im Grunde nicht die Erfindung einer bösen Agentur und auch nicht der Versuch der Industrie, Menschen zu unterjochen. Das Informationsbedürfnis des Einzelnen war schon immer groß, wenn es darum ging, seine hart verdienten Dukaten in Waren umzutauschen. Endlich kommt dem Otto Normalverbraucher die Bedeutung zu, die ihm gebührt. Die Ungewißheit, wie dieser potentielle Kunde in Zukunft zu behandeln ist, wird Werbemacher zwingen, immer mehr Frösche zu küssen, um die ideale Werbeform-Prinzessin zu finden. Dabei werden sie feststellen, daß es den Zuschauer/Leser/Hörer in Zukunft gar nicht mehr geben wird.

Digitale Medien sind so individuell, wie die Möglichkeiten des Einzelnen, auf der digitalen Info-Autobahn Anhalter zu spielen. Und dabei wird der Konsument in wenigen Jahren nicht einmal selber seinen Daumen in den Wind strecken müssen. Schon bald werden persönliche Agenten digitale Datenräume durchforsten, auf der Suche nach der Information, die der Agenten-Master, also der digitalisierte Individualist, haben möchte. Zu dieser Information wird auch Werbung gehören. Informative Werbung, die man aufruft, wenn der Kauf eines neuen Autos geplant ist. Andere Produkte, von Cola bis zum Waschpulver, werden andere Wege gehen, um ins Bewußtsein des potentiellen Käufers zu gelangen. So könnte Henkel z.B. anbieten, die Säuberung

Fuer Lutschbonbons in die Virtuelle Realitaet – die amerikanische Computerfirma XAOS kreierte die ueberirdischen JOLLY RANCHER-Drops-Spots.

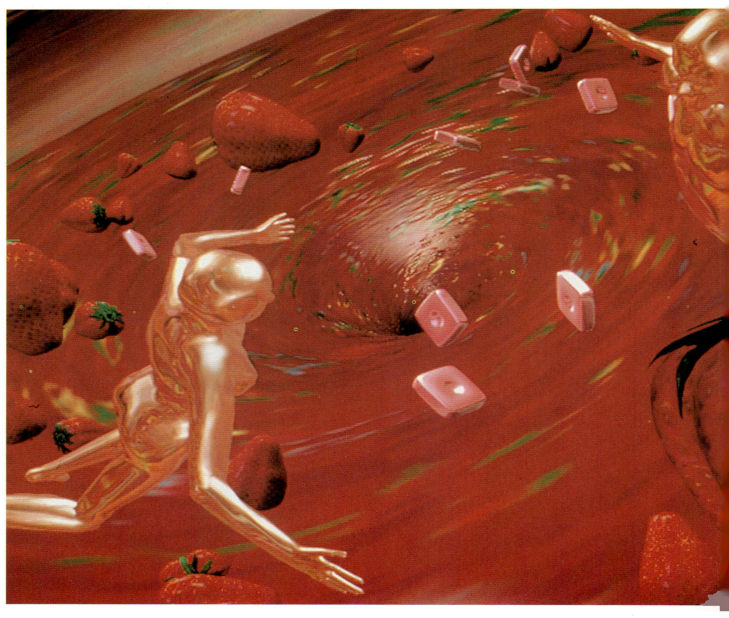

eines Anzuges bei einer assoziierten Reinigung zu bezahlen, wenn der Zuschauer bereit ist, sich eine zweiminütige Persil-Reklame anzusehen. Coca-Cola versucht, neue Kunden auf sich aufmerksam zu machen, indem es ihnen anbietet, die Kosten für die Pay-Per-View-Übertragung eines Tages der (Coke-gesponsorten) Olympischen Spiele 2004 zu übernehmen. Um das zu bekommen, muß der TV-Benutzer fünf Coke-Spots innerhalb der Übertragung standhalten und seine Anwesenheit vor dem Bildschirm durch eine Abstimmung am Ende jedes Spots bestätigen.

Electronic-free dog: Der Picco-Hund mit Halskrause.

Interactive TV wird die nächste große Entertainment-Welle auslösen. Coca-Cola macht sich schon mal kundig, wie der Zuschauer der Zukunft zu fesseln ist. Drei Jahre vor den Olympischen Spielen in der Heimatstadt testete Coke bei einer Live-Konzertübertragung des Montrealer Künstlers Celine Dion die TV-Reaktion seiner kanadischen Landsleute. Während der sechs Werbeunterbrechungen im Konzert konnten die Zuschauer in 150.000 zugeschalteten Haushalten mit ihren Fernbedienungen abstimmen. Zum Beispiel auf die Frage antworten, welches ihr populärstes Coca-Cola-Produkt sei. Wurde Sprite gewählt, perlte Sprite-Reklame über den Schirm, bei Diet Coke erschien der Spot für Cola light. Die spielerische Aktion soll mehr Enthusiasmus ausgelöst haben als das Konzert selbst. Die Zuschauer durften sich z.B. zwischen verschiedensprachigen Coke-Spots entscheiden. In der Fernabstimmung gewann die japanische Version. Die Zufriedenheit ihres Kunden mit dem Ergebnis wollte die Coke-Agentur McCann-Erickson nicht bekanntgeben. Weder wieviele Zuschauer sich am Drücken beteiligt hatten, noch ob man dies firmenintern als Erfolg wertet. Eine wichtige Werbeform der Zukunft wird diese Werbung-auf-Abruf alle Mal sein. Werbetreibende Firmen werden schon froh sein, wenn sie die Möglichkeit erhalten, in einem Menü dem persönlichen Agenten ihre Dienste anbieten zu dürfen. Sie werden dann dem Trägermedium individuell für jeden Menschen bezahlen, der tatsächlich diese Dienstleistung abgerufen hat. Werbung wird zur Dienstleistung und es wird Leute geben, die davon leben, sich Werbung anzutun. Schon heute gibt es in den USA eine Firma, die ihr Geld damit verdient, daß sie Telefonbesitzern (de facto also allen) folgenden Deal anbietet: Jedesmal, wenn man telefonieren möchte und den Hörer abhebt, kommt eine kurze Werbebotschaft zu einem Produkt, das den telefonierwilligen Konsumenten interessiert. Welche Spots erwünscht sind, wird in einem Fragebogen bei der Zuschaltung des menschlichen Reklame-Kaninchens festgestellt. Für jede abgehörte (und nicht unterbrochene) Werbebotschaft bekommt der Teilnehmer 17 Pfennig. Alle Spots geben dem Interessierten außerdem die Möglichkeit, sich durch Druck auf eine Nummerntaste weitere Informationen ins Haus schicken zu lassen. Ein etwas primitives, sicher aber zukunftsweisendes Werbemodell. Auch die Partnerschaft anbietende Anpreisung von Chrysler in einem elektronischen Online-Dienst ist zukunftsweisend. Computer-Nutzer bekommen innerhalb einer Anfrage nach, sagen wir, dem Wetter in Miami am unteren Monitorrand die Chrysler-Reklame eingeblendet. Mit einem Mausklick darf und soll man mehr Infos frei Haus bestellen. Immerhin hatte die Autofirma letztes Jahr auf diesem Weg 60.000 Anfragen von Interessenten, gegenü-

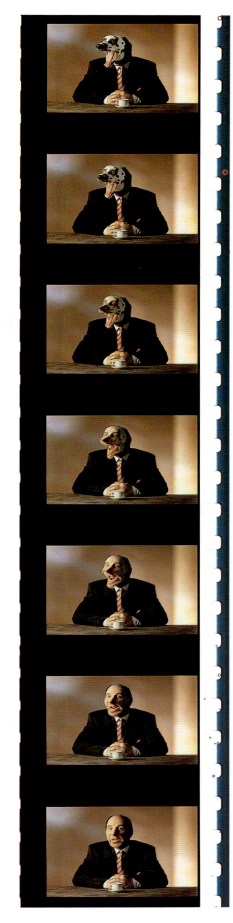

Ein vom Computer eingescanntes Bild in ein anderes zu verwandeln, gehoert mittlerweile zu den leichteren Uebungen. Doch im letzten Jahr wurde viel zu viel gemorpht. Im Bild: Der Klassiker von Springer & Jacoby.

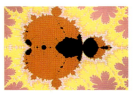

ber 35.000, die sich auf dem „normalen" Weg (über eine kostenlose Info-Telefonnummer) Prospekte nach Hause schicken ließen. Bei Kosten von 27.000$ für die Monatsanzeige in der elektronischen Zeitung errechnete man 5,40$, die Chrysler für eine einzige Anfrage bezahlt. Aber zumindest weiß man bei Chrysler nachher, wofür das Geld ausgegeben wurde: u.a. für die (elektronischen) Adressen potentieller Käufer. Erfolgen mehr Werbe-Transaktionen auf diesem „partnerschaftlichen" Weg, bekommt die Industrie zumindest einen kleinen Vorteil für ihre größeren Bemühungen um den Kunden: seine Daten. Entsprechende Daten-Sammel-Agenturen werden aus den Kundeninteressen der Vergangenheit jederzeit seine Vorlieben rekonstruieren können. Die Industrie wird diese Daten nutzen, um individuelle maßgeschneiderte Produkte anzubieten. Wer einmal seiner Großmutter per Fleurop Blumen schickt, würde erfaßt und als Dauerkunde beworben. Subtil und für beide Seiten vorteilhaft wäre ein Service, der Abonnenten an alle Geburts- und sonstigen Feiertage erinnert, an dem man Blumen brauchen könnte. Zehn, fünf und zwei Tage vorher bekommt der Teilnehmer eine Nachricht in seinen elektronischen Briefkasten, in dem er an die nahenden Ereignisse erinnert wird. Natürlich ist immer ein aktuelles Angebot frischer Bouqets des Anbieters dabei! Der Service ist kostenlos und es gibt ihn schon. In elektronischen Online Computer-Diensten wirbt 800-FLOWERS genau so. Dienst am Kunden, der meint, daß es sich interaktiv besser und sicherer lebt als aktiv.

800-FLOWERS ist einer der Anbieter auf der „en passant"-CD-ROM, die Computerriese Apple seit Anfang 1994 versuchsweise verschenkt. Das ist ein buntes, bildlich ansprechendes, elektronisches Einkaufsparadies, auf dem 21 amerikanische Geschäftsketten ihre Waren per Mausklick anbieten. Der überdimensionale Lifestyle-Katalog hat für jeden etwas und ist wie ein Kaufhaus organisiert. Es gibt die „Fashion Avenue"-, „Kids"-, „Haushalt"-, „Office"-, „Electronics"- und andere Abteilungen. Darin tummeln sich Tiffany, LL Bean, Patagonia und andere den US-Kunden bekannte Firmen. Der Computer merkt sich die Präferenzen der elektronischen Kunden und bietet sie als Standard an: z.B. Schuhe immer in schwarz, gestreifte Hemden, Geschenke unter 30 Dollar. Klickt man also den Schenkdienst an, weil der Geburtstag der Schwiegermutter naht, erscheinen alle Artikel bis 29,99$ aus den

[YOU TOO, U2?]

Die endgültig angebrochene Kommunikationsgesellschaft macht auch vor Rockgruppen nicht halt. U2, in Amerikas Trendzeitschrift Details im Februar 1994 als „biggest band in the world" gehandelt, sind Vorreiter der Technobewegung. Nicht Tekkno, Techno. Den Aufwand, den die Gruppe in ihre Zooropa-Tour steckte, hatte nicht nur musikalischen Hintergrund.
U2 evolutionieren nicht nur Musik, sie revolutionieren deren Präsentation in einem Multimedia-Spektakel. Was das mit Werbung zu tun hat? Bono und Edge, die Masterminds der Band, denken einen — oder gleich mehrere — Schritt(e) weiter. Auf der einen Seite, als predigende engagierte Umweltschützer tingelnd, haben sie nichts gegen schnelles Geld und passen sich so der Umwelt an — der kommerziellen Umwelt. Alles steht zum Verkauf. Sie benutzen ihre weltweite Popularität, um einen interaktiven Kiosk aufzubauen, den sie übers Kabelnetz in Fan-Wohnzimmer bekamen. Da wiederum ist das Wichtigste zu kaufen, was U2-Identität ausmacht. T-Shirts, Käppis und Bono-Sonnebrillen verhökert der Marketing-Arm der Band interaktiv. Über zusätzliche Produkte anderer Firmen für den „interaktiven Kiosk" wird derzeit verhandelt.
Dazu läuft im Frühjahr '94 das U2-TV-Projekt „Triplecast". Drei TV-Kanäle werden gleichzeitig Zoo-TV-Programme ausstrahlen. Jede der Sendungen ist anders und doch hält sie den Zuschauer fest. Der soll höchstens in einen der Parallel-U2-Kanäle umschalten. Die Sendungen gehen ineinander über und entfernen sich wieder voneinander. Es läuft ein aufgezeichnetes U2-Konzert, und Bono nimmt seine charakteristische Sonnenbrille mitten in der Show ab. Das Bild zoomt raus und wir sind mitten in einem großen Studio, in dem an futuristischen Ständen Sonnenbrillen verkauft werden. Die

anzurufende Nummer ist eingeblendet. Auf dem anderen Kanal läuft das Konzert weiter, man muß aber die Fernbedienung klicken, um dorthin zurückzukehren. Die Erwartung: Der neugierige Zuschauer bleibt im U2-Infomercial und kauft Sonnenbrillen. Auf diese Art und Weise will die Band sämtliche Requisiten der Tour loswerden.
Auch das elektronisch gesponserte U2-Cafe öffnet bald seine Pforten. Die Band richtet in Dublin einen Club ein, der per Glasfaser mit einem Club in London verbunden ist. Die Lichtwellen übertragen nicht nur den DJ-Mix dieses Abends live. Auch die Bewegungen der Tänzer aus London landen in Dublin. Pepsi und Coca-Cola stehen bereit, um diesen Club mit U2 zusammen zu betreiben und zu sponsern. Eine intergalaktische Freundschaft bahnt sich an.

Kategorien, die man beim letzten Mal vorausgewählt hat.

Die einfache Silberscheibe CD-ROM ist überhaupt das Medium des Tages. Mit gigantischen Datenmengen gefüllt, führt sie derzeit Unterhaltungs- und Computerindustrie in die Zukunft. Vor vier Jahren sagte Bill Gates, Mr. Microsoft und inzwischen der zweitreichste Amerikaner, eine große Zukunft für etwas voraus, was er damals Multimedia nannte. Diese Zukunft ist heute da, viel größer als es Gates vorhersah, auch in der Werbung. Amerikas „Focus"-Vorbild „Newsweek" vertreibt eine vierteljährlich erscheinende Nachrichten-CD-ROM im Abonnement. Wie in der Zeitschrift gibt es auch hier Werbung. AT&T, Sony, IBM und Ford finden diesen Versuch interaktiver Kommunikation mit ihren Kunden wertvoll genug, um Geld dafür auszugeben. Die Kontrolle allerdings, ob sich jemand die Werbung ansieht, verliert man im interaktiven Medium aus der Hand. Wer wird schon bewußt auf den „Hier läuft die IBM-Werbung"-Knopf klicken? Da hilft nur der allgemeine Glaube an die Notwendigkeit von Werbung. 50% der Werbeausgaben seien rausgeschmissen, sagte vor vielen Jahren (angeblich) Henry Ford. Wenn man nur wüßte, welche Hälfte die überflüssige ist... In den USA gab es Ende 1993 drei Millionen CD-ROM-Laufwerke. Die erwartete Zahl für Ende '94 ist zehn Millionen. Längst ist die Silberscheibe aus dem Busineßbereich in die Haushalte gelangt. In Deutschland ist eine solche Entwicklung im 1-bis-2-Jahresabstand zu den USA zu erwarten. Auf der „en passant" Einkaufs-CD-ROM werden außer Werbung multimedial auch Info-Beiträge und magazinartige Videoclips präsentiert. Das Produkt heißt deshalb „interaktives Magazin" und soll in Zukunft per Abo regelmäßig verschickt (und dann auch bezahlt!) werden. Sicherlich nicht unbeabsichtigt ist der Effekt, daß beim elektronischen „Blättern" durch die Computer-Seiten nicht mehr zwischen Werbung und redaktionellem Inhalt unterschieden werden kann.

Eine solche Entwicklung beschreibt der Kult-Autor der inzwischen kaufkräftigen Cyberpunk-Generation William Gibson. In dem in einer nicht so fernen Zukunft spielenden Roman „Virtuelles Licht" erzählt ein alter Mann einem jungen Mädchen über die Zeit, als Werbung und Inhalt im

Beim interaktiven Fernsehen kommuniziert der Zuschauer mit einem Rechner (o.) oder mit den ungeheuren Datenmengen einer CD-ROM.

Fernsehen noch getrennt waren. Sie scheint es nicht zu verstehen. Er wuchs wohl in unseren Neunziger Jahren auf, in denen die Unterschiede zwischen Werbung und Reality-TV allmählich verschwanden. In eine solche Vermischt-Kategorie fallen Infomercials. Wer fühlt sich nicht erhaben über die Herren, die wie Marktschreier Autopolitur, Gartenschläuche oder Küchenmaschinen auf dem Bildschirm anpreisen? Wer würde nicht bestellen, bei der verlockenden Sicherheit eines 30tägigen Rückgaberechts. Europäer glauben sich immer schlauer und besser vorbereitet als die ungebildeten Amis. Trotzdem ist es wahrscheinlich, daß sie in die gleiche Infomercial-Falle tappen werden wie die transatlantischen Vorreiter. Wenn es einen Beweis brauchte, wurde er auf der Fernsehprogramm-Messe NATPE Anfang 1994 in Miami Beach geliefert. Wo früher Infomercial-Produzenten als peinliche angeheiratete Cousins des „richtigen" Fernsehens draußen bleiben mußten, thronte die Infomercial-Lobby am eigenen Luxusstand. 350 Millionen Dollar setzte diese Branche 1988 um. 900 Millionen Dollar waren es im Jahr 1993! Da horcht auch der seriöseste TV-Station-Manager auf. In Amerika haben bereits 29 Prozent der Konsumenten Produkte gekauft, die im Infomercial angepriesen wurden. Schlimmer für die normale „saubere" Werbebranche: 95 Prozent dieser Käufer würden es wieder tun. Deshalb bauen globale Werbeagenturen wie McCann-Erickson eigene Infomercial-Abteilungen auf, um sich das Know How zu beschaffen, wie man einen 30-Sekunden-Spot in ein 30-Minuten-Dauerverkaufs-Feuerwerk umwandelt. In einer interaktiven Fernsehwelt der baldigen Zukunft dürfte der Klick auf die Bestelltaste der Fernbedienung noch weitaus öfter kommen, als der bisherige Griff zum Telefon. 1994 werden bekannte Markennamen der Infomercial-Branche zusätzlichen Glanz verleihen: Coca-Cola, General Motors, Hyatt Hotels, Visa und McDonalds kann man sicher nicht verdächtigen, Billigramsch unter die Leute bringen zu wollen.

Einen ähnlichen Weg der Warenanpreisung bis in die Geldbeutel der Verbraucher verfolgen die Fernseh-Shopping Channels. Sie haben in Amerika inzwischen eine Macht erreicht, die man ihrer oft billigen Aufmachung nicht zutrauen würde. Ob nun Amerikaner besonders naive Couch Potatoes sind oder doch die Magie von Ex-Fox-Chef Barry Diller wirkt: das Geld steckt in den Shopping Channels, insbesondere Diller's QVC. So viel Geld (und Macht) konnte QVC in den letzten Jahren verdienen, daß das Wettbieten um die Paramount Film- und TV-Studios Anfang Februar '94 bei über zehn Milliarden Dollar Preissumme noch nicht beendet war. Werbung auf diesen Kanälen ist einfach und direkt. Auf dem Bildschirm wechselt eine ununterbrochene Kette von Angeboten (Kleidung, Schmuck, Accessoires, Haushaltsartikel, etc.) einander ab. Der Preis wird von einer verführerischen Stimme ausgerufen und dann gesenkt. Wieder wird die Ware angepriesen. Die Branche setzt im Jahr mehrere Milliarden Dollar um. Ivana Trump (Donalds Ex-Gattin) hat eine eigene Verkaufsshow. Cher, Joanne Rivers und andere Stars, die derzeit den Ruhestand genießen, preisen Waren für gelangweilte Hausfrauen außerhalb der großen Städte an.

Eine kürzlich veröffentlichte Studie der Konsumenten-Erforschungs-Firma Kurt Salmon Associates sagt voraus, daß im Jahr 2010 interaktives Einkaufen am Computer und Fernseher (oder was dann auch immer, als Fernseher angesehen werden wird) auf 55% (von 15% im Jahr 1992) ansteigen wird. Weniger als die Hälfte des Warenumsatzes wird dann in den uns derzeit bekannten realen Geschäften erfolgen! Zumindest der US-Verbraucher – immer probierwillig und von seiner Industrie oft genug als Laborratte für die Welt benutzt, die seine Gewohnheiten anschließend gern (oder ungern, aber doch) fast unverändert übernimmt – hat keine Angst mehr vor solchen Einkaufsformen. „Die Leute sehen das als Herausforderung und Amusement", sagt Watts Wacker, bei den renommierten Yankelovich Partners fürs Erspähen von Zukunftstrends verantwortlich. „Erst kamen die Techno-Freaks, jetzt folgt die Masse". Und die ist immer gern gesehenes Zielgruppenopfer für Werbung. Die großen US-Katalogversender Spiegel und Macy's werden noch dieses Jahr interaktives Shopping anbieten. Im virtuellen Umkleideraum wird der Kunde (bzw. sein holographisches Abbild) Schuhe, Kleidung und anderes ausprobieren. Es wird virtuelle Einkaufstempel und Sportstätten geben, in denen der Kunde für Werbemessages gut faßbar ist. Die überall auf der Welt vermarktete Volksdroge Sport wird auch in der Imagination wirken. Was liegt näher, als auf den Banden virtueller Fußball- oder Eishockeystadien von Sport-Computerprogrammen (bezahlte) Werbung für McDonalds oder Seven-Up zu plazieren. Die meist jugendlichen Spieler werden an Produkte gewöhnt, die sie dann ihr ganzes Leben lang begleiten. Hierzulande schleudern BiFi und Langnese Spielprogramme unter die Kids und solche, die es bleiben wollen. In manchen Computer-Games ersetzt die Werbebotschaft den Spielzweck. Bei Langnese rafft der Spieler „Calippo"-Energie-Eis für den Endkampf gegen den Eisdieb. BiFi macht gleich den Produktionsprozeß seiner „feuchtfilmverpackten BiFi"-Wurst zum Spielinhalt. In den Augen der jungen Kunden wirkt dieses Engagement sympathisch. Die Firma gibt etwas umsonst her (wenn das Spiel als schlecht empfunden wird, kann der Spieler ärgstenfalls die Diskette löschen und wiederverwenden) und verschafft einer simplen Wurst den Ruf als „Vorreiter, der über die Hemmschwelle springt".

Hemmschwellen wird das Fernsehen der Zukunft nur wenige haben. Der Griff in die imaginäre Warenwelt mit Hilfe eines ins Wohnzimmer projizierten Hologramms ist noch Zukunft, aber schon lange keine Science-Fiction mehr. In der visionären Mini-TV-Serie „Wild Palms" läßt Oliver Stone den Hauptdarsteller stolz sagen: „Ich bin ein synthetisches Hologramm und rede zu Euch in Echtzeit live vom Penthouse dieses Hotels. Bald schon wird es bei Euch zuhause so sein. Mitten in Eurem Wohnzimmer. Ihr selbst werdet zu Stars Eurer Lieblings-Sitcoms. Ihr selbst werdet Krieger und kämpft mit den Samurai und Ihr selbst erlebt das Herzklopfen erster Verliebtheit. All das zwischen Werbeeinblendungen." Solche virtuellen Welten glaubhaft herzustellen, wird ein Vermögen kosten. Immer enger wird Product Placement zum direkten Zusammengehen von Konsumgütergiganten und Unterhaltungskonglomeraten führen. „Dieses Erlebnis widmete Ihnen Pepsi" ist in Vergnügungsparks à la Disneyland an der Tagesordnung. Wieviel einfacher wird es sein, die Message in virtueller Realität unterzubringen. Schon die Macher des konventionellen Stallone-Zukunftsfilms „Demolition Man" kannten nur noch ein in dreißig Jahren übergebliebenes Fast-Food-Restaurant: zufälligerweise nicht McDonalds, sondern Taco Bell (die viertgrößte Schnell-Eß-Kette, gehört Pepsi).

Werbung und Virtual Reality sind füreinander geschaffen. XAOS, eine der bestangesehenen Grafikfirmen von San Francisco und Macher der faszinierenden Szenen im Film „Der Rasenmähermann" hatten keine Skrupel, ihre einmaligen Breitwandszenen fürs Pantoffelkino zu pervertieren. Die Images aus der Cyberwelt wurden in andere Farben gehüllt, neue Objekte in die Szenen reingebastelt und als Reklame für Jolly Rancher-Bonbons verkauft. Unter dem Slogan

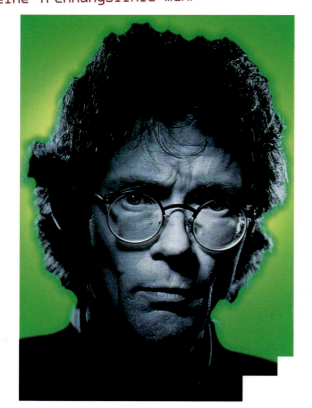

In den Visionen des Cyberpunk-Gurus William Gibson gibt es zwischen Werbung und redaktionellen Inhalten keine Trennungslinie mehr.

Die bahnbrechenden Szenen des Kinofilms ...

...DER RASENMAEHERMANN generierten ein in Werbespots leicht wiederverwendbares Werkzeug, das LIQUID TELEVISION.

„In Reality Jolly Rancher Candy is three quarter inch square. In Virtual Reality its taste is unmeasurable" ging der Verkauf der Lutschmasse um 40% in die reale Höhe. Auf einmal war es hip, VR-Lutschpastillen in den Mund zu nehmen, obwohl deren Geschmacksgehalt natürlich nicht eine Nuance anders war. Die futuristische VR-Verpackung unterstrich das Werbeversprechen, daß das Produkt in eine bessere (buntere, virtuellere) Welt führen wird. Die wilde, saftige Darstellung soll dem wilden, saftigen Geschmack von Jolly Rancher gleichen. Die computergenerierte Werbung wird vom Arbeitswerkzeug zum inhaltgebenden Element. Im Laufe dieses Spots entschieden sich die bisher als Computer-Künstler bekannten XAOSler, voll in die Werbung einzusteigen. Die Kombination funktioniert auch in anderen Bereichen. Aus ihrem Spot fürs (amerikanische) MTV-Fernsehen, der unter dem Motto „Liquid TV" fliessendes TV visualisiert, leiteten die XAOten eine flüssige Umgebung für Efferdent-Tabletten ab, die sich darin auflösen. Die Begeisterung beim Agentur-Auftraggeber Young & Rubicam und dem Reinigungsmittelgiganten Arm & Hammer kannte keine Grenzen. Projektleiter Kim Lowell: „Wir gaben XAOS einen unmöglichen Arbeits- und Zeitplan. Sie wurden nicht nur fertig, sondern schafften es, jeden – Auftraggeber, Kunden und Produktionscrew – happy zu machen". So viel zur Idee, daß Kunst brotlos ist und Künstler in der Werbewelt nicht zu gebrauchen

sind. Virtuelle Realität hat das Zeug, um außer einer Technik auch Inhalte zu vermitteln. Deren Sagenwelt beruht hauptsächlich auf William Gibsons Roman „Neuromancer", in dem er auch den Begriff Cyberpunk erfand.

Ganz ohne philosophischen Überbau steht Morphing als reine Techik da. „Terminator 2" machte es mit erwachsenen Polizisten aus edel aussehendem Metall vor. Michael Jackson ließ für eines seiner Videos Jugendliche aller Länder sich scheinbar übergangslos ineinander verwandeln. Tchibo elektrisierte die Massen mit dem Spot, in dem der Picco-genießende Mensch tierisch gut drauf ist. Für ein paar Studiodollar bekam der Röster Gratiswerbung mit sinnierenden oder einfach nur bewundernden Artikeln in so verschiedenen Blättern wie „Stern", „Bild" und „Tempo". Die Tchibo-Männer waren selbst von der überwältigenden Resonanz überrascht. Der Spot war einmalig zur Einführung der Picco-Produktlinie gedreht und eine Fortsetzung mit Morphing-Technik eigentlich nicht geplant. Jetzt sieht es natürlich anders aus, obwohl Technik auch weiterhin nur dazu verwandt wird, eine gute Idee rüberzubringen. „Morphen nur des Morphen wegen wird es auch in Zukunft nicht geben", sagt Martin Kraus, bei Springer & Jacoby für den Spot verantwortlich.

Provozieren um des Provozieren willens, das aber in jugendfreier Dosierung, war von Anfang an das Konzept von MTV: Musik mutiert in audiovisuelle Formen. Wer kein Video hat, läuft nicht auf MTV, und wer nicht auf MTV singt, ist out. MTV gibt es inzwischen speziell für Asien, Europa, Nord- und Lateinamerika zurechtgeschneidert. Warum wohl? Weil lokale Werbung so wichtig ist. Im globalen Dorf zahlt der lokale Händler gern, um seine örtlichen Zuschauer zu überzeugen. Dabei sehen viele MTV als Home-Shopping-Kanal – allerdings ohne direktes „shopping". Das soll ab sofort anders werden. Als erste globale Attacke auf guten Geschmack und Merchandising-Money erweisen sich die clever propagierten Antihelden Beavis und Butthead. Die meckernden, schlürfenden Kotzbrocken erreichten innerhalb von eineinhalb Jahren den Bekanntheitsgrad von Donald Duck. Denn Beavis und Butthead befinden sich schon im zweiten Stadium direkter Vermarktung. CDs, Bücher und andere Merchandisingware, gaben Mr. Sumner Redstone (Milliardär-Besitzer von Viacom, das wiederum u.a. MTV besitzt) das nötige Kleingeld, um die Paramount Film- und Fernsehstudios zu kaufen. Wo eine (Markt-) Lücke auftaucht, folgen viele Finger, um entstehende Löcher zu stopfen. In diesem Fall sind es Comiczeichnerfinger. Um die Wette werden neue Figuren geschaffen, damit MTV sie vermarkten und anschließend merchandisen kann. Die Grunt Brothers haben Großes vor. Abby Terkuhle, MTV-Produzent von Beavis and Butthead hat das ultimative Argument: „Die Leute konnten nicht glauben, daß es noch dümmere Sprüche und Sendungen geben könnte als bei Beavis. Sie hatten unrecht". „The Head", „Big City" und „Smart Talk with Raisin" sind neue Wegweiser in eine Zukunft, in der die sowieso schon verzeichnete Welt der TV-Werbung noch die entsprechend gezeichneten Werbeträger bekommt. Wie Computer haben Comic-Figuren nie Urlaub, streiken nicht und brauchen keine Mutterschaftsferien. Die idealen Werbefiguren. Ist es Zufall, daß Ted Turner neben CNN gerade jetzt sein Cartoon Network anlaufen läßt? Auf der Suche nach dem interaktiven Wer-

[SOFTWARE ZU VERSCHENKEN]

Es klingt wie ein Märchen aus dem Schlaraffenland. Es ist ein Werbe-Gag, bei dem es nur Winner gibt. Das Problem ist nicht neu. Man will in ein Marktsegment, in dem die Kuchenaufteilung (angeblich) längst vollzogen ist und fragt sich: Wie werde ich ein neues Produkt los, das alle brauchen (können) und keiner kennt?

Man verschenkt es! Die Firma Computer Associates tut dies seit einigen Monaten. Das Angebot gilt für Freunde und solche, die es werden wollen. CA hat inzwischen weit über 1,2 Millionen Freunden — die „Simply Money" Software kostenlos bestellten (Gratis-Telefonnummer) — die Ware umsonst ins Haus geliefert.

Auf die Frage, ob es nicht verrückt sei, 20 bis 100 Millionen Dollar (je nachdem, wie man den Tageswert der Software bewertet) für einen Marketing-Gag hinauszuwerfen, antwortet CA-Manager George Kafkarkou mit breitem Grinsen und der (angeblichen?) Überlegenheit marktstudierter Experten: „Normalerweise traut niemand einem Produkt, das neu und billig ist. Ob wir nun 50- oder 100tausend Software-Pakete mit riesigem Werbeaufwand zum Einführungspreis von 10 Dollar verkaufen oder lieber über eine Million verschenken, ist fast egal. Immerhin zeigen unsere Umfragen und die Auslastung der Hotline, daß 40% der Leute das Programm tatsächlich benutzen!"

Sofort kopierte Computer Associates die Aktion und bot für 9,95$ allen Kunden das Zusatzprogramm Simply Tax, welches aus den Daten von Simply Money die Steuern errechnet und das entsprechende Formular druckt. Angeblich deckt dies nur die Versandkosten. Nächstes Jahr bekommt jeder der Beschenkten ein weiteres Präsent: ein Mailing aus der umfangreichen „Kunden"-Datenbank, in dem eine noch bessere Version von Simply Money angeboten werden wird. Dann aber für hartes Cash! Aber: Würden Sie für etwas bezahlen, was Sie beim letzten Mal umsonst bekommen haben?

bemarkt befindet sich in Deutschland am ehesten RTL. In einer Pilotsendung bei der '93er Funkausstellung konnten Test-Zuschauer der Reisesendung „Ein Tag wie kein anderer" mit Hilfe einer Computer-„Funboard"-Zusatzkarte interaktiv am Geschehen teilhaben. In der Sendung über Mauritius konnte man Daten über die Insel direkt in seinen Computer abrufen und speichern. Natürlich waren auch Hoteldaten und Reisebüro-Angebote darunter. Direkt aus Modesendungen wird man bald das vorgeführte Kleid bestellen können, im Musik-Magazin gibts die neueste Hit-CD. Bis zu 1.400 Parameter ermittelt das Funboard im Gegenzug aus dem Zuschauerverhalten und speichert sie in Datenbanken des Auftraggebers. „Wer nie eine Sportsendung anschaut, wird auch keine Sportangebote bekommen", sagt Udo te Pass, Geschäftsführer der Firma ITV, die das Funboard vertreibt. Und wer in einer schlecht beleumundeten Gegend wohnt, wird wohl auch nicht das Diamantencollier bekommen, so sehr es auch bestellt wird. Geld regiert eben auch in Zukunft die Welt. Sicher bleibt trotz aller Zukunftstechnologien, daß es Werbung in dem uns bekannten altmodischen Medium „Normal-TV" auch weiterhin ge-

[OLD AND WISE]

Welche Verbraucher sorgen in der Zukunft für die sattesten Umsatzsteigerungen? Computerkids? Nein! Single-Haushalte? No Way! Homosexuelle Doppelverdiener? Auch nicht! Die Grauhaarigen, Älteren, über 50jährigen!!
Demografische Trends in aller Welt zeigen diese Gruppe als die potenteste, zumindest im finanziellen Sinne. Genau diese Zielgruppe bekommt in Amerika derzeit neue Programme und Zeitschriften (während in Deutschland Dr. Thoma von RTL Sendungen für Ältere mangels Kaufkraft aus dem Programm nimmt!). Es gibt den Kabelkanal „Golden America Network" und die Werbeagentur „Older & Wiser". Die Anzahl der Infomercials, die die grauen Dukatenesel erreichen will, steigt ebenfalls ständig. Und wenn die „Infobahn" eines Tages fertiggebaut ist, werden all die Jugendlichen von heute älter sein, eine Menge Geld geerbt haben und dieses zum großen Teil über elektronische Bestellungen wieder ausgeben.

ben wird. Sicher ist auch, daß sie bei Großveranstaltungen immer teurer wird. Den Weltrekord hält weiterhin der Superbowl, Amerikas jährliches Football-Ritual. 1990 bezahlte Coca Cola für jede einzelne von 30 Sekunden während der Endspiel-Übertragung 25.000$. Vier Jahre später, als die unglücklichen Buffalo Bills zum vierten Mal in Folge das Finale verloren, kostete die Sekunde schon 30.000$. Das heißt also insgesamt 1,6 Millionen Mark für eine halbe Werbeminute. Ob die Deutschen auch das eines Tages den Amerikanern nachmachen?

Werbeballung ist ein anderes Problem des US-Fernsehens, für das sich in naher Zukunft eine überraschende Lösung absehen läßt: Noch vor zwei Jahren durfte der Zuschauer „nur" zwölf Werbeminuten pro Stunde über sich ergehen lassen. Inzwischen ist der Trend zur Zweitwerbung so ausgeprägt (und der Geldhunger der Produzenten und Sender so groß), daß jetzt der neue Standard bei 14 Minuten Werbung pro Stunde liegt. (Im interaktiven Fernsehen sind eines Tages vielleicht auch dreißig Minuten drin. Die könnte man aber genauso bequem überblättern wie die Anzeigen, die Magazintexte unterteilen). Die Anzahl der Commercials macht es Zuschauern nicht-etablierter Programme schwer, sich an neue Werbeminute-Träger zu gewöhnen. Für gewöhnlich zappt auch der trägste Amerikaner in einen der anderen 99 Kabelkanäle, wenn Werbung läuft. Dagegen wehren sich wiederum die Auftraggeber der Spots. Es soll ab und an ein aufnahmefähiger Zuschauer für die teure Werbung erwischt werden. Deshalb sind Preiserhöhungen im Gespräch. Unter einer Bedingung: Findet sich der Sender bereit, weniger Werbung in die Shows zu streuen, sind einige Werbekunden willig, für den „Ausfall" zu zahlen. Eine interessante Entwicklung. „Qualität" statt Quantität?

Mit lokaler Werbung macht MTV viel Geld, fuer die Popularitaet sorgen die Spots und Schwachsinn wie BEAVIS UND BUTTHEAD

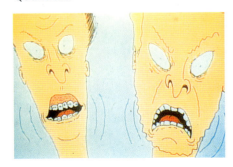

[KONSUMT

EIN KOMMENTAR

ZUM MYTHOS

WERBUNG

VON AKIF PIRINÇCI

Es bringt einen in Verlegenheit, wenn man eine Sache verteidigen soll, an die man in Wirklichkeit gar nicht glaubt. Dennoch muß ich es tun, mit Nachdruck sogar. Gerade in Zeiten, in denen unser westlich-liberales Lebensgefühl, die uns ans Herz gewachsenen Nebenschauplätze unserer Kultur, schlicht und einfach die Dinge, mit denen wir aufgewachsen sind, von einer Welle der Häßlichkeit und Primitivität überrollt zu werden drohen, ist ein Plädoyer für die Werbung mehr als angebracht. Es ist paradox: Ich glaube nicht an die Wirkung von Werbung – und doch halte ich sie für notwendiger denn je.
Um die Richtigkeit der ersten Hälfte meiner Behauptung zu untermauern, möchte ich einen konkreten Fall aus der Alchemie der Werbung – zu einer richtigen Wissenschaft hat sie es ja leider nie gebracht – aufgreifen. Nicht irgendeinen Fall. Es geht um die gigantischste Werbekampagne, die in der Weltgeschichte je durchgeführt worden ist. Sie dauerte ein knappes Jahrhundert, kostete mit Sicherheit Trillio-

ERROR?!]

nen und Abertrillionen (Sie können sich die Währung aussuchen) und gab Millionen von Menschen Arbeit und Brot. Aber damit nicht genug. Bei der Kampagne, von der ich rede, wurden erstmalig die wirklich allerhärtesten Methoden angewandt, die Werbefachleute je ersonnen haben. Die Konsumenten wurden aufgefordert, sich in ihrer Freizeit an bestimmten Orten zu versammeln, um stundenlang, manchmal sogar monatelang die frohe Botschaft zu vernehmen. Im Falle einer Verweigerung hatten sie mit drastischen Unannehmlichkeiten zu rechnen – oder sogar mit dem Tod. Doch selbst in ihren eigenen vier Wänden konnten sie sich dem Werbeterror kaum entziehen. Im Fernsehen war dafür die gesamte Sendezeit reserviert, bei Radio und Druckerzeugnissen sah es nicht anders aus. Nun könnte man meinen, daß den armen Leutchen wenigstens bei der Arbeit ein bißchen Ruhe vergönnt gewesen wäre. Von wegen! Auch dort mußten sie sich von Werbespots beschallen lassen, und in den Pausen ging es erst richtig los. Ob in Kindergärten, Schulen, Altersheimen oder in den Ferien, überall wurden ganze Völker mit den PR-Kanonaden für dieses eine Produkt konfrontiert. Es gab einfach kein Entkommen.

Um es kurz zu machen: Das ganze war ein Flop. Die angepeilten Konsumenten wollten und wollten das Produkt einfach nicht kaufen, und vor ein paar Jahren wurde es schließlich vom Markt genommen. Nur in zwei oder drei Ländern wird es noch angeboten, doch eher halbherzig, in der traurigen Gewißheit, daß man die Produktion in absehbarer Zeit auslaufen lassen wird.

Um welches Produkt es sich handelte? Tja, schwierig darauf eine Antwort zu geben. Irgendwie war es eine Art Allheilmittel. Die Werber beteuerten, daß es die Lebenserwartung verlängere, sämtliche seelischen Probleme in Luft auflöse, das Duschen erquicklicher mache, die Frauen schöner, die Männer stärker, daß es aber auf jeden Fall den eigenen Wohlstand vermehre und überhaupt die Lösung für alle Probleme des Universums sei. Der Grund für das Desaster lag, wie nicht anders zu erwarten, in dem hirnrissigen Glauben, man könne mit der richtigen Werbestrategie jedes noch so miserable Produkt verkaufen. Ich gebe zu, daß man den Werbern die Selbsttäuschung leicht machte, da sich sogar in Ländern, wo das Produkt nicht erhältlich war, unzählige Fürsprecher fanden. Doch man hatte einfach nicht mit dem Endverbraucher, sprich dem sogenannten kleinen Mann auf der Straße gerechnet, der es ums Verrecken nicht haben wollte.

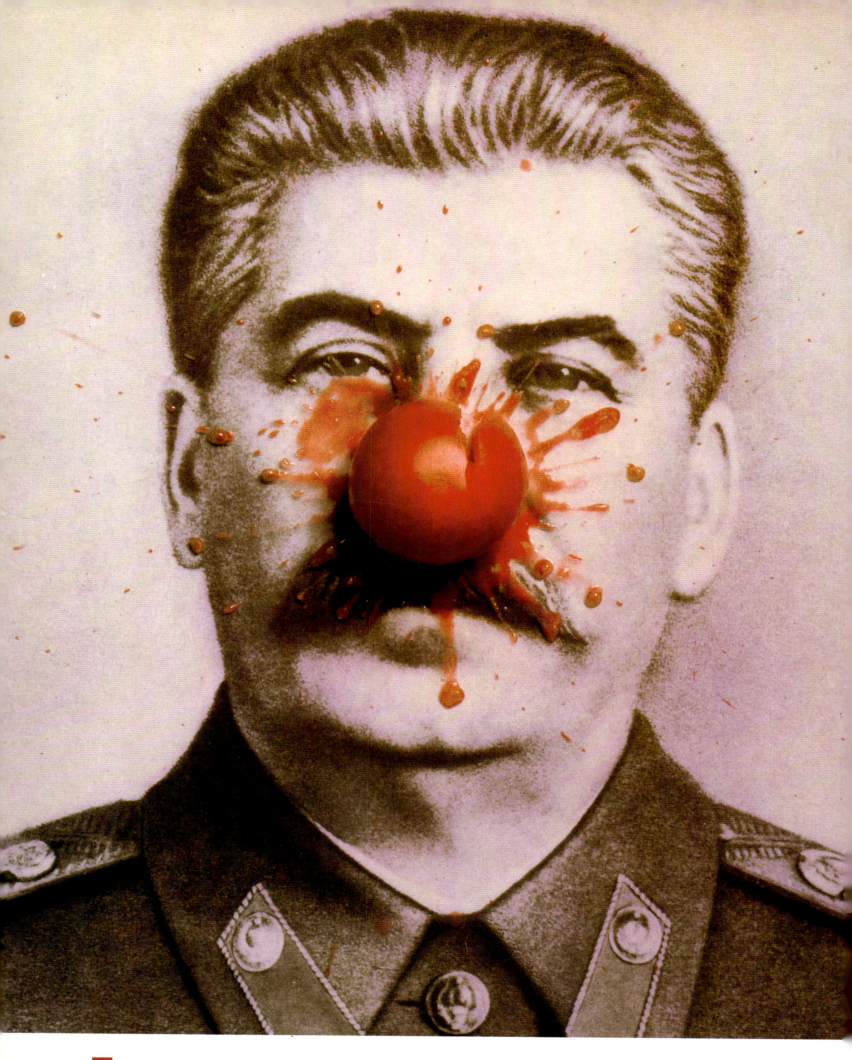

[KOMMUNISMUS]

Das Produkt hieß „Der Kommunismus", und das ausgesuchte Beispiel ist keineswegs der clevere Versuch eines Schriftstellers, mittels solcher Spitzfindigkeiten eine vermeintliche Allgemeinweisheit, nämlich die beliebige Manipulierbarkeit des Menschen durch raffinierte Marketingmethoden, zu demontieren. Wissen Sie, einen Anzug von Armani kann sogar meine Oma verkaufen, aber verkaufen Sie erst einmal den Kommunismus. Viele werden nun abgeklärt lächeln und sagen, daß ich die uralte, auch unter den Werbefachleuten unbestrittene Weisheit vertrete: Scheiße kann man halt nicht verkaufen. Jaja, aber für was sollte Werbung dann sonst gut sein? Ich wette um mein gesamtes Vermögen, daß sich an der Jahresbilanz von Sony keine einzige Ziffer ändern würde, wenn Sony auf jegliche Werbung verzichtete. Werbung ist nämlich in Wahrheit eine Erfindung von Werbefachleuten. Der Kommunismus eignet sich auch deshalb als Paradebeispiel für die Wirkungslosigkeit jeglicher Propaganda, weil, wie oben schon erwähnt, viele Westler mit dieser Ideologie sympathisiert haben. Aus der Sicht der PR-Koryphäen war also genügend Bedürfnisstauung vorhanden, die man durch geschickte Lenkung nur noch zum Ausbruch zu bringen brauchte. Daß die Geschichte trotzdem in dem größten Fehlschlag der Indoktrinationsindustrie endete, lag an der schlichten Tatsache, daß in Wirklichkeit nicht einmal die Sympathisanten an den Quatsch geglaubt haben, geschweige denn diejenigen, die das Produkt unter Androhung von Gewalt tagtäglich konsumieren mußten.

Ist es nicht sehr verdächtig, daß die pfiffigen Werber sich immer dann gegenseitig auf die Schulter klopfen, wenn sie den Erfolg einer von ihnen angezettelten Kampagne für eine eh hochattraktive Ware feiern? Parfüms und Wagen mit einem Dreizack-Stern zu verkaufen, ist ein Kinderspiel, meine Damen und Herren Marktbeeinflusser. Aber kriegen Sie auch „die Steuererhöhung" an den Mann? Warum eigentlich nicht? Denn nach der Werbelogik wäre das Klügste, was die Regierung in der gegenwärtigen Finanzmisere anstellen könnte, etwa 300 Millionen Mark in eine Kampagne für eine saftige Steuererhöhung zu stecken. Man weiß ja, wie flott die Bevölkerung durch mediale Einhämmerung zurechtzubiegen ist. Ein paar technisch brilliant aufgemachte, mitleiderregende Spots von Arbeits- und Obdachlosen in sarajevolike ausstaffierten Sets werden die Leute schon davon überzeugen, daß sie in diesem Jahr auf ihren Zweiturlaub verzichten müssen. Im Hintergrund klagt vielleicht noch Herbert Grönemeyer irgendwas von Umverteilung, bis schließlich das Insert eingeblendet wird: „Damit wir so etwas nie mehr sehen müssen: 20% Steuererhöhung!" Na, glauben Sie, diese Kampagne wäre vom Erfolg gekrönt?

Es gibt gewisse Dinge, an die man einfach nicht glauben mag, da die Arbeitsweise unseres Gehirns zum verzwickten Denken nur bedingt tauglich ist. Dazu gehört unter anderem, daß die Erde eine Kugel sein soll, obgleich jeder, der Augen zum Sehen hat, sich von ihrer Ebenmäßigkeit selbst überzeugen kann. Dazu gehört aber auch die sonderbare Ansicht, daß Medien keine Wirkung auf Menschen ausüben sollen, dabei ist es doch eine Binsenwahrheit, daß von der Wiege bis zur Bahre ständig manipuliert wird. Mit Menschen meint man aber in der Regel stets die ande-

KINO!

ren, denn man selbst ist ja gefeit gegen derartige Machenschaften. Es sind Kinder, die durch Gewalt im Fernsehen gewalttätig werden. Es sind dumme Leute, die sich die Soap-operas massenweise reinziehen. Und es sind trendsüchtige Hohlköpfe, die alles kaufen, was ihnen die Werbung präsentiert. Die Werbefachleute befinden sich in einem Dilemma, wenn sie gefragt werden, ob ihre millionenschweren Kampagnen einen Einfluß auf das Kaufverhalten des Konsumenten haben. Sagen sie ja, so geben sie zu, was die Linken ihnen jahrzehntelang vorgeworfen haben, nämlich daß sie im Menschen falsche Bedürfnisse wecken und ihn robotergleich zum Erwerb ihres Plunders anregen. Sagen sie nein, so bezweifeln sie ihre eigene Existenzberechtigung. Gewöhnlich lavieren sie sich in der Öffentlichkeit immer so durch, sagen mal ja, mal vielleicht, mal „bei uns hat's letztens geklappt", jedenfalls niemals das, was sie hinter verschlossenen Türen ihren Auftraggebern erzählen. Die bekommen etwas ganz anderes zu hören. Etwa vom fünfzigprozentigen Umsatzplus bei der Markenjeans, das erst nach dem allseits gelobten Werbefeldzug erzielt wurde. Daß es sich dabei zufällig um die qualitativ beste Jeans gehandelt hat, wird einfach übergangen. Oder der Topverkauf eines bestimmten Computertyps, nachdem man so erfolgreich geworben hat. Daß es dabei um einen preisgünstigen und guten Computer ging, wird ebenfalls verschwiegen.

Meiner Meinung nach kann Werbung eine Ware nur vorstellen – mehr nicht. Weshalb man für solch eine anspruchslose Aktion teure Werbeagenturen und teure „Fachleute" braucht, bleibt ein Rätsel. Wahrscheinlich sind die Fabrikanten zu blöd oder zu faul, um in der Zeitung ein Foto von ihrem Produkt nebst Daten und Preis selber veröffentlichen zu lassen. Das würde vollkommen reichen. Alles andere ist Werbefritzen-Geschwätz.

Zum Verkaufen von Waren brauchen wir die Werbung nicht. Das stimmt. Sie initiiert auch keine neuen Trends, wie immer dummdreist behauptet wird. Diese Aufgabe hat seit eh und je der Kinofilm. Alle, aber auch wirklich alle spektakulären, sogenannten künstlerischen Werbespots sind grandiose Abkupfereien von Kinofilmen oder Kinofilmstilen. Auch das stimmt. Nein, wir brauchen die Werbung für eine weit wichtigere Sache. In einer Zeit, da aggressive Popanze immer reger den Zuspruch von Verblödeten und Zukurzgekommenen finden (es scheinen sehr viele zu sein), in der kleine, dreckige Kriege den Charme von Abenteuerurlauben ausstrahlen und für einige deshalb immer verführerischer werden, in einer Zeit, da die blutige Konfrontation zu einer Art Katharsis für den Normalsterblichen mit seinen uninteressanten, nichtsdestotrotz gefährlichen Neurosen mutiert, zeigt die Werbung standhaft das, was wir am Leben so lieben: die Schönheit. Ein Sturzregen von ästhetischen Bildern, ästhetischen Lebensidealen und ästhetischen Kunstwelten geht auf uns herab, sobald wir die Zeitung aufschlagen oder die Kiste einschalten. Selbstverständlich sind es falsche Bilder, Bilder, die um der Schönheit willen inszeniert worden sind. Aber die Sehnsüchte, die darin angesprochen werden, die sind echt. Wir brauchen die cognacschwenkenden Gentlemen vor schottischen Burgkulissen, die klassisch angezogenen Ladies, die Rolls-Royce-Türen aufhalten. So sollten Männer wirklich sein. Wir brauchen die Coca-Cola-Teens, die mit allerlei

KULT?

Späßchen unbeschwert ihre Jugend genießen. So sollten Jugendliche wirklich sein. Und wir brauchen die außerirdisch schönen Evas, die mit stilvollen Koffern in stilvollen Hotels absteigen, um sich auf Himmelbetten ganz der Liebe hinzugeben. So sollten Frauen auch sein. O Gott, wie trübsinnig und farblos wäre unsere Welt ohne die Werbung! Wir müßten uns dann unsere Sehnsüchte gegenseitig erzählen oder auf die Gnade eines Kitschgenies hoffen, das unsere lächerlichen Glücksträume künstlerisch verarbeitete. Wir würden keine guten Menschen sehen, die ihre Katzen und Hunde in sonnendurchfluteten Räumen mit edlem Futter verwöhnen, keine knackigen Mädchen, die an ihren langen Beinen fummeln, weil der Nylonstrumpf sich so wohlig anschmiegt, und keine glücklichen Familien, in denen es keine Streitereien und Schläge gibt, weil sich alles um diese eine Suppe dreht. Der Mensch hat eben nicht nur hehre Ziele im Leben, er freut sich auch, wenn ihm die Haftplicht die kaputte Vase bezahlt. All das, die heimlichen kleinen Wunschvorstellungen und die Outings von beschämendsten Begierden, gäbe es nicht mehr, wenn es die Werbung nicht gäbe.

Wie jeder weiß, besteht die Kultur nicht nur aus Goethes Gesamtwerk und Thomas Manns Tagebüchern, sondern zum überwiegenden Teil aus geistigen Vergrößerungsgläsern, die unsere – meist unausgelebten – Emotionen zeigen, seien sie auch noch so popelig und schäbig. Natürlich ist Donald Duck in Wahrheit eine simple Kindergeschichte und keineswegs ein hochphilosophischer Kult. Aber mein Mitleid für Kinder und noch mehr für Erwachsene, die Donald nicht kennen, ist unsäglich. Natürlich ist ein alter Chevrolet ein benzinfressendes und die Umwelt verpestendes Ungetüm. Aber kann es ein Amerika in unseren Köpfen geben ohne dieses Auto? Und natürlich ist die Werbewelt die verlogenste und irrealste aller erdenklichen Welten. Doch wirklich arm zu nennen sind wir, wenn wir durch diese glitzernde Parallelwelt nicht mehr genervt werden.

Oft falle ich vor dem Fernseher in einen Dämmerschlaf, und wenn ich zwischendurch die Augen öffne, sehe ich schemenhaft all die vertrauten Geister, welche zugegeben die etwas lästige Gewohnheit besitzen, sich gerade dann einzublenden, wenn der Horrorfilm seinem Höhepunkt zusteuert. Ich sehe den jungen Mann, der in Jeans in einen Swimmingpool springt, den Handwerker, der der Hausfrau vorwirft, der Geschirrspüler sei wegen des falschen Spülmittels zu Schaden gekommen, und die Schönen, die durch das nächtliche Rom ihrem sagenhaften Parfüm hinterherjagen. Beruhigt schließe ich danach meine Augen, vergebe ihnen ihre vielen Sünden und ihre fortlaufenden Anbiederungsversuche und denke: Gott sei Dank, ich lebe in einem zivilisierten westlichen Land!

> **AKIF PIRINÇCI**
>
> Innerhalb von nur fünf Jahren wurde aus dem kinobegeisterten Schriftsteller Akif der Bestsellerautor Pirinçci. Wer seinen mit 18 Jahren geschriebenen Debut-Roman „Und Tränen sind immer das Ende" gelesen hatte, wußte, daß Wille und Durchsetzungsvermögen hier zum Erfolg führen würden. Seine Katzendetektivstory „Felidae" ist ein spitzfindiges Spitzenwerk Neuer Deutscher Literatur, verkaufte sich weit über 1 Million mal, wird mit Millionenaufwand verfilmt und bald in den USA in Großauflage auf den Markt gebracht. Dann „Der Rumpf" und „Francis-Felidae II": Ebenfalls Top-Hits!

HOT JOB GUIDE

WERBEPROFIS ERLÄUTERN IHRE BERUFE UND GEBEN TIPS FÜR DEN EINSTIEG

Die typische Werbeagentur gibt es nicht – genausowenig den typischen Werber! Größe, Struktur und Philosophie bestimmen das Erscheinungsbild und die Zielsetzung der einzelnen Werbeagentur. So gibt es sogenannte „Berateragenturen", die den Schwerpunkt auf die Vermarktung eines Kundenproduktes legen (Kreativ ist, was verkauft), und es gibt „Kreativagenturen", die frech und unbelastet an einer Präsentation arbeiten und so überraschende, ästhetisch wertvolle (wenn die Agentur gut ist) Kampagnen entwickeln (Werbung ist Kunst). Zwischen diesen beiden Polen gibt es diverse Mischformen.

Bevor man sich für den Einstieg in die Werbung entscheidet, bedarf es einiger kritischer Auseinandersetzungen mit der Alltagswelt eines „Werbers". Man sollte sich die Agentur, in der man arbeiten will, ganz genau aussuchen, möglichst viele Informationen darüber sammeln, z.B. durch Imagebroschüren, ADC-Annuals etc. und sich erst dann bewerben. Diese „erste" Agentur ist die wichtigste im Werbeleben eines Berufenen. Mittelmäßige Agenturen erziehen zu Mittelmaß, von den schlechten ganz abgesehen. Apropos „schlecht": Wer in einer Agentur diese coolen, lässigen, braungebrannten, ausgeflippten Typen trifft, sollte vorsichtig sein – ein guter Werber zeichnet sich durch zielgerichtete, disziplinierte Arbeit aus und nicht durch sein „kreatives" Hemd. Der Dienstleistungsbetrieb „Werbeagentur" bietet eine riesige Palette an Betätigungsfeldern, die sich berühren und überschneiden. Teamfähigkeit und nichthierarchisches Denken sind damit die wichtigsten charakterlichen Grundvoraussetzungen, um in einer Agentur zu bestehen. Und so facettenreich die Berufe, so vielfältig sind auch die Berufsbezeichnungen der Werber.

KONTAKTER/IN (KUNDENBERATER/IN)

Bei ihm laufen alle Fäden zusammen; er ist die Schnittstelle zwischen Agentur und Kunde. In der Agentur vertritt er die Wünsche des Kunden, organisiert dessen Werbeetat, beim Werbekunden präsentiert er die Ideen der Kreativen. Einfühlungsvermögen und Diplomatie sind gefragt: Der Kunde soll viel Geld für die Kampagne zahlen und will wissen, warum die Kuh nun ausgerechnet lila sein soll. Die Aufgaben eines Kontakters hängen auch von der Branchenangehörigkeit des Kunden ab. Geht es um Mode und Design, ist das ästhetische Verständnis gefragt, bei Industriethemen sind technische Vorkenntnisse selbstverständlich. Ein streßiger Job? – Auf jeden Fall ein vielseitiger.

BARBARA SCHIESS
38. Beraterin bei Büro X
Matura gemacht. Nachgedacht. Ich wollte Werbung machen. In Wien an der Angewandten studieren. Vater sagte: brotlose Kunst und er muß es wissen. Ich studierte Betriebswirt-

schaft in St. Gallen. Gute Ausgangsposition. Danach: Im Zug von St. Gallen nach Zürich gesessen, vis à vis ein Kommilitone: Was machst Du jetzt? fragte er. Ich weiß noch nicht so recht, und Du? CI-Beratung, Zintzmeyer & Lux, Selbstbild-Fremdbild, ganzheitliche Konzepte, Visionen, Zukunft, BMW, Gatoil, Lufthansa, ContiGummi. Das will ich auch! Hab' ich dann auch gemacht. Vier Jahre gelernt. Dann selbständig. Alles ausprobiert. Geld verdient. Nach einem Design-Partner gesucht. 1989 Breier, Tietgens kennengelernt. Mit denen wollt' ich arbeiten. Aber sie brauchten keinen Berater. Also erstmal mit einem Auftrag gekommen. Jetzt fest mit dabei. Als Beraterin, Schwerpunkt Corporate Design.

ANDREWS PRASSER
29. Kundenberater bei Springer & Jacoby

Wie werde ich Berater in einer Werbeagentur? – „Kommt drauf an." Am Anfang steht nämlich die Entscheidung über den Ausbildungsweg, und die ist sehr individuell.
Die Grundentscheidung „Studium oder Lehre" ist abhängig von der Entscheidung über das angestrebte Arbeitsfeld (Industrie oder Agentur). Von der Entscheidung über den gewünschten Agenturtyp (Hierarchie-Koloss oder Turbo-Mannschaft), von der eigenen Persönlichkeit und der Lebensplanung (Vorspiel bis 30 oder fliegender Start).
Studium: Die meisten studieren BWL, was sicher eine solide Basis ist. Weil das aber viele machen, sollte man sich am besten spezialisieren und von der Masse absetzen. Gerne gesehen werden auch European Business School oder andere Studiengänge mit ausländischer Praxis. Vorteil: sounds good, Beziehungen.
Lehre: Oft unterschätzt, da Auszubildende von manchen Firmen nur als Wasserträger benutzt werden. Die Ausbildungsagentur sollte nicht zu klein sein (keine interessanten Kunden, keine Full-Service-Betreuung). Wichtig, um die Lehre optimal zu nutzen: Hilf dir selbst, sonst hilft dir keiner. Vorteil: Erfahrungsvorsprung, Just-Do-it-Training.

RALPH KAPPES
35. Etat-Director bei Springer & Jacoby

1. Jeder muß sich überlegen, warum er eigentlich in die Werbung will. Zufällig oder weil's chic ist, ist nix. Dann lieber Stylist, Bäcker, Klempner oder so werden.
2. Jede Agentur ist anders. Um sich einen Überblick zu verschaffen, welche „Werbung" einem persönlich am besten gefällt: Anzeigen lesen. Und schauen, welche Anzeige von welcher Agentur gemacht wurde.
3. Die wichtigsten Eigenschaften für die Beratung sind: Freude am Menschen, Kampfgeist und Begeisterung.
4. Die Wege in die Werbung sind mannigfaltig. Die Grundregel, um einzusteigen, ist in jedem Fall der direkte Kontakt.
5. Nach dem Schreiben am Ball bleiben. Immer wieder anrufen und versuchen, einen Termin hinzukriegen. Das persönliche Gespräch bringt schnell Klarheit, wie der Laden und damit auch die Leute dort in Wirklichkeit sind.
6. In die Agentur hineinschnuppern. Also Praktikum und das je länger, desto besser. Oder im Falle einer konkreten Jobbewerbung sicher sein, daß man auch wirklich in diese Agentur will.
7. Geduld üben, denn die „Werber" sind immer etwas gestreßt. Das gehört übrigens zum Berufsbild der Werbung dazu.

WERBETEXTER/IN

„Lucky Strike. Sonst nichts." Klingt einfach, aber es muß einem trotzdem erstmal einfallen. Bis es dazu kommt, muß der Texter vielen Beschäftigungen nachgehen – nur nicht Texten. Die wichtigste ist Zuhören: dem Kunden, dem Kontakter, dem Marktforscher. Sie erzählen einem etwas über Zielgruppe, Produkteigenschaften, Marktdaten usw. Aus dem Wust von Informationen wird die sogenannte Copy-Strategie entwickelt, die das Werbeversprechen umreißt und von Texter und Art Director als Team kreativ umgesetzt wird. Da der Texter natürlich noch andere Kunden betreut und alles ganz schnell gehen muß, gerät er spätestens jetzt unter Zeitdruck. Denn es warten diverse ungeschriebene Schlagzeilen (Headlines), Fließtexte (Body Copies), Funk- und Fernsehspots darauf, unters Volk gebracht zu werden. Sonst nichts.

RALF A. DICK
35. Texter bei Büro X

F.: „Herr Dick, wie wurden Sie eigentlich Texter bei Büro X?"
A.: „Nun ja, ich habe im Leben immer den direkten Weg bevorzugt. Also: nach der Realschule erst einmal tüchtig reisen. Nord- und Südeuropa, alles per Anhalter – für den engen Kontakt zu den Menschen... na, Sie wissen schon."
F.: „Und dann die ersten Texte..."
A.: „Nein, nein! Erstmal zehn Jahre Musik. Jazz. Gitarre, verstehen Sie? Für das Fingerspitzengefühl und die leisen Zwischentöne. Entscheidende Phase, ganz entscheidend..."
F.: „Für die Texte...?"
A.: „Für die zwei Jahre konsequenter Feldforschung an der Fachoberschule für Gestaltung. Junge Zielgruppe, sehr jung – daher auch Bart und lange Haare. Mimikri, nicht wahr?"
F.: „Ah, ja."
A.: „Schließlich noch elf Semester Grafik-Design an der Fachhoch..."
F.: „Grafik-Design, als Texter!?"
A.: „Aber natürlich! Aktschreiberei und Body Copy, dann Blind- und Taubtexten, Video mit Untertiteln,

Schönfärberei, Anagramm, Panagramm und Portementeau, einfache und doppelte Negation – tja, und nach dem Diplom dann sofort zu Büro X. Als Texter. Also direkter ging's wirklich nicht."

F.: „Äh, wir danken Ihnen für dieses Gespräch."

ART DIRECTOR

Einer der Künstler in der Agentur. Er muß Bilder und Ideen finden, die dem Betrachter im Kopf bleiben und mit dem umworbenen Produkt in Verbindung gebracht werden – die Visualisierung der Werbebotschaft. Ein guter Art Director weiß im Schlaf, wie man eine Marke von der Konkurrenz optisch abgrenzt und positioniert, welcher Satz und welche Grafik einschlägt. Ob eine Idee relevant, neu und einprägsam ist oder mit abschätziger Handbewegung verworfen wird, liegt in seinem Ermessen. Doch nicht nur die optische Gestaltung einer Werbebotschaft ist Inhalt seiner schlaflosen Nächte: Shootings mit Fotografen und die Motivierung der Mitarbeiter fallen auch in seinen Aufgabenbereich. Ihre hohen Ansprüche und eine notorische Unzufriedenheit gegenüber Scribbles und Konzepten charakterisieren viele Art Directors.

ANETTE SCHUBERT
29. Art Director bei FCB Hamburg
Mit fünf lobten mich alle, wie schön ich doch male. Mit 13 träumte ich davon, Künstlerin zu werden mit geflochtenen Zöpfen und langen Schlabberkleidern. Mit 18 rieten mir viele, doch irgendwas mit Computern oder Naturwissenschaften anzufangen. Mit 20 hatte ich viel Spaß während meiner Grafikausbildung am Lette-Verein, Berlin. Mit 23 setzte ich den ersten Fuß in eine richtige Werbeagentur und merkte ganz schnell, wie wenig das mit meinem Studium zu tun hatte. Mit 27 schaffte ich es endlich, meiner geliebten Heimatstadt den Rücken zu kehren, um im ewig verregneten Hamburg nun doch noch die große weite Werbewelt kennenzulernen. Mit 29 denke ich manchmal, daß das mein Traumjob ist, manchmal möchte ich aber auch lieber Walforscherin auf einem Eispacker sein. Was werde ich wohl mit 53 machen?

KIRSTEN DONAT
34. Art Director bei Büro X
„Warum soll eine Joghurt-Packung nicht schwarz sein?" Die Frage meines damaligen Professors Rehder stachelte mich jedenfalls an, nach ungewöhnlichen, andersartigen Problemlösungen zu suchen.
„...wäscht weißer, weißer geht's nicht...", da mußte es doch Überraschenderes, Neueres geben, das mich als Verbraucher nicht langweilt. Das war in Aachen – einer kleinen, verschlafenen Unistadt – nicht gerade die Hochburg der deutschen Werbung. Die kleine Wererevolution startete '86 hoch im Norden. Wer von uns Studenten kannte nicht den „Petra"-Spot mit dem pfeifenden Schwein. Ein Brüller: neu, anders; das Thema humorvoll auf den Punkt gebracht. Also, nichts wie hin. Die Diplomarbeit untern Arm und auf nach Hamburg.

CREATIVE DIRECTOR

Ihm unterstehen mehrere Art Directors, Texter und Layouter. Die Kampagnen entwickelt er nicht selbst, er gibt nur Anregungen und kritisiert Details.
Als letzte Kontrollinstanz vor der Präsentation einer Kampagne benötigt man auf diesem Posten viel Überblick und Weitsicht. Tendenzen in Kultur und Gesellschaft, Trends auf dem Foto- und Zeitschriftenmarkt dürfen nicht übersehen werden, ebenfalls sollten einige Bände des scharfen deutschen Werbe- und Urheberrechtes auf seinem Schreibtisch stehen. Und last but not least: Was machen die Konkurrenzagenturen? Der Creative Director muß im übrigen Print- und Elektronik-Kampagnen gleichermaßen konzipieren und Regisseuren Briefings erteilen. Ein Top-Creative Director ist oder war in den meisten Fällen vorher Cheftexter, Art Director oder Regisseur. In einer Umfrage nach der wichtigsten Voraussetzung für ihren Job gefragt, stellen viele Creative Directors folgende Eigenschaft an die erste Position: ENERGY – also die kreative Energie, die nötig ist, eine hochkomplexe Werbekampagne durchzuziehen.

HARTWIG KEUNTJE
33. CD-Text bei Jung von Matt
Wie wird man Creative Director? Erstmal gar nicht. CD werden dauert seine Zeit. Bei mir war es so: Ich habe als Texter angefangen, erstmal gelernt, und dann größere Kampagnen gemacht. Nach knapp vier Jahren im Job bekam ich Lust auf mehr, und kurze Zeit später auch die Chance: Ich wurde CD.
Seitdem habe ich von allem etwas mehr: Mehr Geld, mehr Streß, mehr Verantwortung, mehr Kampagnen, mehr Gesabbel, mehr Feinde, mehr Ehre. Ob man das positiv und/oder negativ sieht, ist Geschmackssache. Ich jedenfalls stehe lieber auf der Brücke als im Maschinenraum.
Wer wissen will, ob er das Zeug zum CD hat, soll sich fragen: Kann ich konzeptionell denken? Sehe ich Lösungen, wo andere nur Probleme sehen? Kann ich gut mit Menschen? Entscheide ich gern? Kann ich andere begeistern? Wer alle Fragen mit Ja beantworten kann, wird ein guter CD. Vorausgesetzt, er hat ehrlich geantwortet.

SERVICE
['SƏːVIS]

HANNO TIETGENS
34. Creative Director bei Büro X

Meine erste Bewerbung als Texter wog ungefähr fünf Kilo, es können auch acht gewesen sein: zwei fette Jahrgänge der Stadtzeitung „Auftritt" und eine dicke Rolle mit Plakaten. Wir paßten kaum in den High-Tech-Fahrstuhl von J.W. Thompson, aber in jedem 100-Seiten-Heft steckte ein passabler Text, also schwitzten wir tapfer, ich und meine Arbeiten, es war Juli. Als wir, der Juli wurde immer heißer, zu Wolfgang Schönholz (damals Ogilvy & Mather) gingen, blieb ein Jahrgang zuhause, Rolf Homann (damals FCB) kriegte keine Plakate mehr zu sehen, und als uns (mittlerweile war August) Konrad Wenzel zum Gespräch bei TBWA einlud, waren nur meine besten drei Hefte und ein Büchlein mit den besten zehn Arbeiten dabei, also noch höchstens 1.300 Gramm. Ich schwitzte trotzdem, aber mehr, weil ich so aufgeregt war – TBWA machte tolle Sachen für Samsonite und Saab und Henkell Trocken, da wollte ich gern hin. Dann sagte JWT ab, dann FCB, dann O&M. Und dann rief Konrad Wenzel an, und im November stand meine erste schlanke Streifenanzeige im „Spiegel", die habe ich gleich ausgeschnitten und in meine schlanke neue Mappe gelegt, die Jean-Rémy von Matt später mal recht dünn finden würde, aber das ist eine andere Geschichte.

Wenn es nach Springer & Jacoby gegangen wäre, hätte ich jetzt sicher ein schönes Büro mit Blick auf den Rhein. Oder den Main. Man sagte mir nämlich bei der ersten Bewerbung: „Mensch Junge, es gibt so viele schöne Agenturen – versuch's doch mal bei denen." Nun, genau das habe ich aber nicht getan. Ich habe mich einfach nochmal beworben. Und nocheinmal. Mit dem Resultat: Springer & Jacoby stellte mich beim vierten Anlauf ein. Und was will uns diese kleine Geschichte sagen? Bleibe dran! Denn dranbleiben lohnt sich: Nach vier Jahren machte mich Konstantin zum CD. Und so gucke ich heute nicht auf den Rhein, sondern auf einen der gepflegtesten Hinterhöfe Norddeutschlands. Nicht die allerbeste Lage. Aber ich bleibe dran.

MEDIA-EXPERTE/ MEDIA-EXPERTIN

Die Arbeit des Mediaexperten konzentriert sich auf einen Faktor: die Zielgruppe. Sie muß messerscharf umrissen sein, damit der Mediaplaner in Kenntnis aller Medienmöglichkeiten, wie TV, Rundfunk, Kino, Zeitschriften und deren Spezifikationen, den ihm vom Kunden übertragenen Werbeetat optimal einsetzen kann. Das heißt, er bestimmt, welche Kampagne zu welchem Zeitpunkt in welchem Medium erscheint. Ständig muß er informiert darüber sein, was sich auf dem Werbemarkt tut und welche Strategien die Konkurrenz anwendet. Unabdingbar für diesen Job sind EDV-Kenntnisse, zielgerichtetes Denken und scharfer analytischer Verstand.

JAN GRELL
50. Media-Experte und Geschäftsführer bei Springer & Jacoby

Der Supermarkt der Medien bietet super Jobs in der Agentur. Warum? Da braucht man nur daran zu denken, was sich jetzt und in der Zukunft beim TV tun wird.
Was macht ein Media-Experte? Die Basis der Arbeit legt der Forscher (Research hört sich besser an). Der Media-Planer bringt gemeinsam mit dem Media-Einkäufer die Kampagnen des Kunden auf den richtigen Weg. Dafür stimmen sie sich ständig mit Kunden und Kreativen ab. Entgegen allgemeiner Ansicht besteht die Media-Arbeit nicht nur, sondern auch aus Zahlen.
Wichtige Voraussetzungen: gute Allgemeinbildung (z.B. Abi), Verständnis und Interesse für Werbung, Medien und Wirtschaft. In bestimmten Fachbereichen (z.B. Forschung) sind BWL, VWL, Informatik Voraussetzung.
Einsteigen: Abitur plus Media-Ausbildung als Azubi, Trainee oder Praktikant. Während der Schulzeit bereits Praktika machen, um herauszufinden, ob Media Klasse ist. Oder: Abitur plus Studium und dann Berater oder Planer werden. Ich selbst war drei Jahre Azubi in einer klitzekleinen Werbeagentur in Hamburg (sehr vielseitig) und habe parallel eine Werbefachschule (sehr lustig) besucht. Von Media-Einkauf, Media-Planung und Media-Direktor führte der Weg zum Senior Vice President-Posten. Danach war ich fünf Jahre selbstständig – im Bereich Medien-Beratung.
Jetzt verwalte ich mit 24 Leuten 35 Etats mit 200 Mio. DM Volumen.
Sie möchten Mitarbeiter werden?: Jan Grell, Telefon 040 / 35603317, Fax 040 / 35603112.

ART BUYER

Welcher Fotograf ist für die Kampagne am besten geeignet? Welcher Illustrator setzt um, was die Texter produziert haben? Solche Fragen stellt sich der Art Buyer Tag für Tag. Ein gutes Auge für Filme, Illustrationen, Stilrichtungen, Farben und Fotos ist Voraussetzung für diesen Job. Die rund 85 Art Buyer in Deutschland arbeiten in ihren Agenturen kampagnenunabhängig. Sie sind für alle Etats zuständig. Sie unterstützen die Kreativen mit Tips und betreuen die von ihnen selbst vermittelten Kontakte. Manchmal bedarf es

ANDRÉ KEMPER
30. Creative Director bei S & J

schon einer Menge Geduld, um einen sensiblen Art Director mit einem überdrehten Fotografen zusammenzubringen. Kostenpläne erstellen, Kalkulationen überschlagen, über Honorare und Copyrights verhandeln, gute Branchenkontakte aufbauen – diese Dinge bestimmen den Alltag der „Kunstkäufer".

ANNA CASPERSEN
30. Art Buyer bei Springer & Jacoby
Nach dem Abitur wollte ich gerne Kontakter werden. So bewarb ich mich bei diversen Agenturen um eine Lehrstelle als Werbekauffrau. Da ich kein Glück hatte, beschloß ich, über andere Wege an mein Ziel zu gelangen.
Ich besuchte erst die WAH (Wirtschaftsakademie Hamburg) und danach die KAH (Kommunikationsakademie Hamburg). Parallel dazu arbeitete ich im Fotostudio Ivo von Renner und war dort für die Studio-Organisation zuständig. Es folgte der Wechsel zu Baader, Lang, Behnken, wo man mich als Innenkontakterin nahm. Es blieb bei einem Jahr und im September 1988 sattelte ich ins Art Buying bei Springer & Jacoby um. Die ersten drei Jahre war ich hier die Assistentin von Elisabeth Wigthon. Nun bin ich Art Buyer.
Viele meiner Kolleginnen sind über Umwege Art Buyer geworden, oftmals haben sie ganz andere Berufe ausgeübt und sind dann so reingerutscht.
Tips: a) Durch eine Lehrstelle zur/m Werbekauffrau/mann kann man Art Buying als eine Station der Ausbildung kennenlernen. b) Ein mindestens dreimonatiges Praktikum absolvieren. c) Die Organisation im Fotostudio hat mir sehr geholfen, Kostenvoranschläge und Arbeitsweise der Fotografen richtig einzuschätzen. Was man mitbringen sollte: Kenntnisse über Fotografie und Kunst; Sprachen; Durchsetzungsvermögen; Menschenkenntnis (welcher Art Director paßt mit welchem Fotografen zusammen?). Man sollte sich im Klaren sein, daß man als Art Buyer neben der beratenden auch eine ausführende Funktion hat: Man erfüllt die Wünsche und Bestellungen der Kollegen.

DIREKT-MARKETING EXPERTE/DIREKT-MARKETING EXPERTIN

DR. OLIVER HERMES
34. Direkt-Marketing bei Baader, Lang, Behnken
Angefangen hat alles mit einem ordentlichen BWL-Studium, Schwerpunkt Marketing. Im Hinblick auf einen späteren Job in der Werbung habe ich den Studiengang nicht gewählt, im nachhinein war er dafür allerdings hilfreich. Meine Promotion hatte Markt und Wettbewerb in der Ernährungsbranche zum Thema. Werbung wurde es erst dann, als ich zum Otto-Versand kam und für fünf Jahre die Verantwortung für die Kampagne „Otto...find' ich gut" übernahm. Dazu gehörten die klassische Werbung und sämtliche Direktmarketingmaßnahmen zur Neukundenakquisition und Kundenaktivierung. Also „Above the line" und „Below the line" oder anders: „Broad-Casting" plus „Narrow-Casting", wobei letzteres das Hauptaufgabengebiet war – typisch für ein klassisches Direktmarketing-Unternehmen. Die Zeiten des Hardselling und der One-Shot-Aktionen sind vorbei: Heute geht es um integrative Kundengewinnungs- und Kundenbindungskonzepte, die das Ziel haben, eine auf Dauer vertrauensvolle Beziehung mit jedem einzelnen Kunden aufzubauen. Klassische Werbung und Direktkommunikation ergänzen sich verstärkt zu einer Multimedia-Strategie, die den Kunden in der Nachkaufphase befragt und mit kaufbestätigenden Infos versorgt. Aus „Above the line" und „Below the line" wird sozusagen „On the line".
Kenntnisse von Marketing und Psychologie, gesunder Menschenverstand und eine gute Beobachtungsgabe sind wichtig für den (Direkt-)Werbejob. Lernen kann man das Instrumentarium am besten in einem klassischen Direktmarketing-Unternehmen (Versandhandel, Kreditkartengesellschaften, usw.).

FFF-EXPERTE/FFF-EXPERTIN

Der Aufgabenbereich des Film-, Funk- und Fernsehexperten ist derart vielfältig, daß sich in großen Agenturen eine Handvoll Leute dem Bereich widmet. Alle medienspezifischen Probleme werden hier gelöst. Wie dreht man einen Spot in vier verschiedenen Sprachen gleichzeitig? Wo wird ein Spot eingesetzt? Lohnt der Einsatz von Spezialeffekten? Nachdem der Kunde mit dem Konzept einer Kampagne einverstanden ist, muß der FFF-Experte mit seinem Team diese Fragen beantworten. In ihm sollten sich organisatorische und administrative Talente ergänzen. Der Broadcast Production Manager in einer FFF-Abteilung setzt vom Schreibtisch aus Termine, kontrolliert Kosten und verteilt Aufgaben für die Producer. Der Leiter der FFF-Abteilung sucht zusammen mit den Kreativen die Produktionsfirma aus und erarbeitet die Produktionsbedingungen für den Spot. Absprachen mit denen, die für das Geld zuständig sind (kann auch der Kunde sein), dem Filmteam und der Filmproduktionsfirma erfordern multisensorische Fähigkeiten.

CHARLES V. BENDER
26. Head of Television, FCB Hamburg
1989 machte ich am Evergreen State

SERVICE
[ˈsɜːvɪs]

College in Olympia, Washington den „Bachelor of Arts"-Abschluß und hielt diverse Filme und Videos aus vier Jahren Arbeit in der Hand. Hiermit deckte ich die Bereiche Regie, Schnitt, Kamera und Producing ab. Mit diesen Filmen und meiner Vorbildung wurde ich am American Film Institute in Los Angeles angenommen, um Producer zu werden. Als ich '91 meinen Abschluß machte, hatte ich bereits an einigen Werbefilmen gearbeitet, zwei davon für Deutschland. Durch diese Kontakte bot man mir die Position als TV-Producer bei Lowe & Partners in Frankfurt an. Da mich zu dieser Zeit in L.A. mit seinen vier Jahreszeiten Sommer, Aufstände, Feuer, Erdbeben nichts hielt, machte ich mich auf den Weg. Zweieinhalb Jahre und 25 Opel-Spots später wechselte ich zu FCB. Noch ein wichtiger Tip für Einsteiger: Um jeden Preis eigene Projekte wie Musikvideos, Kurzfilme, Dokumentationen usw. realisieren und an Projekten anderer mitarbeiten. So lassen sich Kontakte knüpfen, die in der Zukunft sehr wertvoll sein können.

PRODUKTIONER/IN

Der Produktioner hat seinen Namen nicht verdient; er produziert nämlich nichts, er läßt produzieren – und zwar Druckvorlagen. Dazu muß er natürlich detaillierte Fachkenntnisse über alle Verfahren der Druckvorlagenherstellung haben. Er arbeitet eng mit Lithographieanstalten und Druckereien zusammen, plant, überwacht und kontrolliert Termine, Kosten und Qualitätsstandards. Gleichzeitig berät er seine Agentur, aber auch den Kunden in Fachfragen – er muß nach allen Seiten offen sein.

HEINZ JUNGE
33. Produktioner bei
Baader, Lang, Behnken

Nachdem ich den Beruf des Buchdruckers gelernt hatte und die Qualifikation als Industriemeister Offset erreicht hatte, trieb es mich zum Otto-Versand, wo ich vier Jahre als Hersteller die Drucker und Lieferanten auf Trab hielt. Dann wechselte ich in die Produktion Direkt-Marketing und nach zwei Jahren konnte ich endlich meinen Traumberuf als Produktioner in einer klassischen Werbeagentur verwirklichen.
Zu meinen dortigen Arbeiten zählen die Fachberatung für Kreative und Kunden, Angebote einholen, Vorlagenbeschaffung, Lithoeinkauf, Druckabnahme und Weiterverarbeitung. Für diesen Beruf sollte man eine hohe fachliche Qualifikation aus dem graphischen Gewerbe haben, hohes Durchsetzungsvermögen wird jeden Tag gebraucht. Fähige Drucker, Setzer oder Lithographen hätten bei uns als Produktionsassistent oder Junior Produktioner eine gute Chance, eingestellt zu werden. Durch meine Tätigkeit im Otto-Versand lernte ich Herrn Behnken kennen und bin heute noch froh, daß er mir den Anreiz gab, bei ihm in der Agentur tätig zu werden. …find' ich gut!

MARKETING-EXPERTE/ MARKETING-EXPERTIN

JEAN-BAPTISTE FELTEN
35. Marketing-Experte bei Büro X

Als Marketingmensch setzt man in der Regel klare Ziele für die Arbeit der Kreativen. Da sollte man besser auch Ziele für die eigene Laufbahn definieren. Sonst leidet die Glaubwürdigkeit. Nun, ich habe mir schon während des Studiums in St. Gallen vorgenommen, später einmal in einer Agentur zu arbeiten. Und dies möglichst als Partner. Im November '93 war es soweit: Ich wurde Partner bei Büro X und sorge hier dafür, daß die Anstrengungen, die unsere Kreativteams im Namen der Kunden unternehmen, auch dort etwas bewirken, wo es darauf ankommt: im Markt. In der Arbeitsvorbereitung – der Recherche, der Analyse und Interpretation von Marktforschungsdaten, bei der Definition der Marketingstrategie und im Prozeß der Durchführung. Immer im Dialog mit dem Kunden. Nun kann man fragen, warum ich lieber in der Agentur als in der Industrie arbeite. Vielleicht weil die Welt der Agenturen einem individuellen Arbeitsstil bessere Entfaltungsmöglichkeiten bietet. Vielleicht auch, weil doch der Weg – bis zu einem gewissen Grad – das Ziel ist.

GRAFIKDESIGNER/IN

CARL VAN OMMEN
27. Designer bei Büro X

Was macht ein pickliger, unsportlicher, kleiner Junge mit Brille? Er wird Physiker, Mathematiker oder Verhaltensforscher? Zu anstrengend. Er zeichnet lieber Comic-Figuren auf die Schulbank, heimst erst die Bewunderung der kleinen Mädchen ein und schiebt dann die Schuld auf seinen Banknachbarn. Und weil Grafiker von heute nicht mehr zeichnen können, schafft er damit sogar den Sprung auf die Hochschule. Während die straighten Kommilitonen eifrig Praktika machen und in Agenturen jobben, malt unser mittlerweile noch kurzsichtigere, nicht mehr ganz so frische Junge tapfer weiter Männchen.
Doch auch der Anspruchsloseste hat das karge Studentenleben einmal satt. Also: ein Job muß her. Noch hallen ihm die „Aus dir wird nie was"-Rufe in den Ohren, da hat es auch schon geklappt. „Ätsch", sagt da der nicht mehr ganz so picklige, große Junge. „Wer Männchen malt, hat eben mehr vom Leben." Sprach's, setzte sich an einen Computer und malte fürderhin keine Männchen mehr, sondern – machte Design.

AGENTUR-CONTROLLER

Der Controller sollte über ein ausgeprägtes Talent im Umgang mit Zahlen verfügen. Er ist der Geldverwalter der Agentur und achtet auf die Ausgewogenheit von Preis und Leistung. Zu teure Reinlayouts oder Stundenlöhne, unvollständige Kostenvoranschläge und zu großzügig veranschlagte Filmproduktionen fallen seinem Rotstift zum Opfer. Die Geschäftsführung verläßt sich auf seine erstellten Finanzpläne, indirekt hat er damit auch auf die Agenturstrategie Einfluß. Man überläßt ihm die Analyse und Interpretation von Daten der Unternehmenssteuerung. Das erfordert ein fundiertes Fachwissen, aber auch eine Portion Unbeirrbarkeit und Einfühlungsvermögen. Das EDV-System der Agentur und mehrere Programmiersprachen sollte er blind beherrschen.

SOPHIE GENON
30. Finanzdirektor und Personalchef bei FCB Hamburg
Ausbildung: Europäisches BWL-Studium, Arbeit bei einer amerikanischen Wirtschaftsprüfungsgesellschaft, 1990 deutsche Steuerberaterprüfung, danach zu FCB.
Fachliche Kompetenz ist Selbstverständlichkeit (Finanzen, Buchhaltung, Steuern, Arbeitsrecht). Aber auch die Fähigkeit, Abstand von der Materie zu nehmen, ist sehr wichtig, um Problemauffassung, -analyse und -lösung besser zu bewältigen.
Tip für die Bewerbung: Praktische Erfahrung ist oft wichtiger als Theorie und Ausbildung. Gerade in der Werbung macht dies den Unterschied zwischen dem beamtlichen Finanzdirektor und dem Finanzdirektor, der immer wieder nach Verbesserungen sucht.

MARKTFORSCHER/IN

Ein Unternehmen macht Werbung, um bei einem bestimmten Produkt, Objekt usw. das Image zu ändern, den Bekanntheitsgrad zu erhöhen und/oder den Verkauf zu steigern. Dafür braucht man Daten über die Verbraucher. Der Marktforscher startet also einen „Lauschangriff", ermittelt durch diverse Recherchen, auch mit Hilfe von Marktforschungsinstituten und Pre-Tests, die Wünsche und den Willen des Verbrauchers. Kampagnenbegleitend sammelt er Daten, wie und ob die Werbung bei der Zielgruppe ankommt, um eventuell Änderungen bzw. Verbesserungen zu bewirken. Abschließend erforscht er das hoffentlich positiv veränderte Konsumentenverhalten.

PETER JOHN MAHRENHOLZ
29. Effizienzer bei Jung von Matt
Eigentlich wollte ich nie in die Werbung. Nach kaufmännischer Lehre, ein bißchen Wirtschaftsstudium und dem ersten juristischen Staatsexamen, hatte ich mit der Arbeit in einer großen Anwaltssozietät begonnen. Im Gespräch mit einem Freund – Texter bei Jung von Matt – erwachte dann die Lust, sich neuen Herausforderungen zu stellen.
Jetzt bin ich bei JvM damit beschäftigt, die Effizienz unserer Kampagnen zu beobachten. Verschiedene Informationen von Kunden – aus Marktforschung oder eigener Recherche – werden zu einem Werbemosaik zusammengesetzt. Eine reizvolle, aber oft auch schwierige Aufgabe. Jeder Etat hat eben seine Besonderheiten, ein Schema hilft nie.
Bei meinem Einstieg war viel Glück und Zufall im Spiel. Neben allen Qualifikationen spielt im Vorstellungsgespräch natürlich die Chemie eine große Rolle; Agenturen sind einfach auf reibungsloses Teamwork angewiesen. Will man unbedingt in einen bestimmten Job, sollte man sich notfalls auch mit schlechteren Konditionen abfinden. Einmal dabei, fallen gute Leute immer auf – und können dann ihre Haut teurer verkaufen.

STRATEGISCHE/R PLANER/IN

Der Strategische Planer in der Forschungsabteilung verknüpft die Werbewelt mit der Welt der Verbraucher. Er ist oft Psychologe oder Soziologe. Sein Metier sind Daten, Fakten, Trends und Konsumentenwünsche.

DR. KLAUS STREECK
32. Director Strategic Planning bei FCB Hamburg
Stategischer Planer: Feldherr zwischen den Stühlen.
Strategische Planung ist eine relativ junge Agenturdisziplin, entstanden aus der Unzufriedenheit mit datenreicher, aber visionsloser Marktforschung einerseits und mangelnder Vernetzung von Kreation, Beratung und Media im Prozeß der Kampagnenentwicklung andererseits. Daraus ergibt sich die doppelte Anforderung an einen Strategen: Er soll alles vom Verbraucher wissen, davon aber nicht behindert, sondern beschwingt werden. Und er soll diese Schwingungen in die Agentur tragen, dabei aber den Blick fürs Ganze behalten, ohne die Kreativen beim Kreativsein und die Berater beim Beraten zu stören. Nützlichste Eigenschaften eines Strategen sind Neugierde, Konzilianz und Durchsetzungskraft. Jede Form von Eitelkeit fällt dagegen unangenehm auf: Ein guter Strategischer Planer weiß alles, aber nicht alles besser. Er produziert weder Filme noch Kundenkontakte, sondern Wissen und Inspiration. Eine wissenschaftliche Ausbildung ist notwendig, ein Sieg des Kopfes über den Bauch dagegen fatal. Natürlich tut ein Stratege alles, damit hervorra-

gende Werbung entsteht. Strategisch hervorragende Werbung ist Werbung, die der Verbraucher versteht und die ihn deshalb fasziniert. Und je mehr man von dieser Aufgabe begeistert ist, desto wahrscheinlicher wird man vom Klaus zum Clausewitz.

VERKAUFSFÖRDERER/ VERKAUFSFÖRDERIN

WERNER SCHWARZ
57. Geschäftsführender Gesellschafter bei FCB Hamburg

Verkaufsförderung ist die Kunst, zwei Herren zu dienen: dem Verbraucher und dem, der in den letzten Jahren die wichtigste Rolle im Markengeschehen spielte, dem Handel. Für diese Kunst gibt es keine Schule, keine Universität, hierfür gibt es nur Nase und Bauch. Wie kommt man dahin? Indem man Verbraucher liebt, den Handel kennt und verkaufen kann.

Immer mehr Konsumenten treffen ihre Kaufentscheidung dort, wo das Produkt steht, im Handel. Wie kann man also den Weg vom abendlich gesehenen Fernsehspot hin zum Produkt verkürzen? So, daß der Fernsehspot am Produktregal auch seine Wirkung tut. Die Entfernung vom Fernsehschirm zum Regal ist das Problem der Werbung. Die Nähe zum Kunden ist der Vorteil der Verkaufsförderung. Das bedeutet, daß die Verkaufsförderung die Kunst ist, Verbraucherwünsche so zu antizipieren, daß Aktivitäten dort eingesetzt werden, wo sich möglicherweise der Verbraucher von einem Produkt abwendet. Das größere Problem: Von 1.500 neuen Produkten pro Jahr überleben im Lebensmittelhandel noch nicht einmal 100. Und von 20.000 möglichen Produkten sieht man im Supermarkt nur 6.000. Wo bleibt unser Produkt? Der Handel ist das Nadelöhr des Marketing. Und die Macht des Handels, in dem fünf Unternehmen 60 - 70 % des Umsatzes auf sich vereinigen, wird immer größer. Wie überzeugt man einen Einkäufer davon, eine Absatz-Chance-Aktion zu fahren? Verkaufsförderung. Wie motiviert man Mitarbeiter des Handels, damit die Ware optimal, das heißt sichtbar und greifbar, placiert wird? Verkaufsförderung.

Verkaufsförderung ist ein weites Feld, schwer eingrenzbar. Verkaufsförderung ist immer die Lust am Neuen, immer der Versuch, dem Verbraucher oder dem Handel Aug' in Aug' gegenüberzustehen, um ihn zu überzeugen. Die beste Werbung nützt nichts, wenn nicht daraus ein Kauf resultiert. Deshalb hat Verkaufsförderung heute bei Markenartiklern einen 50-prozentigen Anteil am Gesamtbudget.

Wie kommt man dahin? Im klassischen Sinne lernt man's eigentlich nirgends. Es ist noch ein Bereich, wo diejenigen eine Chance haben, die neugierig sind, lernfähig sind, sich für die Menschen interessieren, mit offenen Augen durch die Welt gehen. Zu wenig? Auf in den Kampf!

Eine generelle Empfehlung: Zuerst sollte man sich im Handel Basiswissen aneignen, dann dort, wo Marken gemacht werden, darauf aufbauen und erst zuletzt dort arbeiten, wo man so richtig kreativ sein darf – in der Agentur.

INNENKONTAKTER/IN

KRISTINA DUTTMAN
25. Innenkontakterin bei Baader, Lang, Behnken

Ich absolvierte nach dem Abi eine Ausbildung zur Fremdsprachenkorrespondentin und nutzte danach die Wartezeit auf meinen Auslands-BWL-Studienplatz mit dem Job in einer klassischen Werbeagentur. Der Bereich „Beratung" faszinierte mich. Es folgte eine zweijährige Ausbildung an der Kommunikationsakademie Hamburg. Nach dem Berufseinstieg in das Investitionsgütermarketing wechselte ich zum Konsumgüterbereich, mit dem ich mich besser identifizieren kann.

Als Innenkontakterin und damit Schaltstelle zwischen Kunden, Kollegen und Lieferanten verbringe ich viel Zeit am Telefon. Termindruck bestimmt den Arbeitstag, Kontakte zu Verlagen und Sendeanstalten herstellen, Lieferantenangebote einholen sind regelmäßige Angelegenheiten. Jeden Tag gibt es mindestens einen „Schnellschuß" mit dem Terminwunsch: am besten vorgestern. Organisationsgeschick ist dabei gefragt, außerdem eine freundliche und ruhige Art.

Dieser Job fordert Enthusiasmus, denn ein Zwölfstunden-Arbeitstag und Wochenendarbeit sind keine Seltenheit. Man ist auf Overnightkuriere, Telebanking und Pizzaservice angewiesen; auch privat wird es manchmal eng. Aber: ein ausbaufähiger Job, der wahnsinnig viel Spaß macht.

> „SAG MEINER MUTTER NICHT, DASS ICH IN DER WERBUNG ARBEITE, SIE GLAUBT, ICH BIN PIANIST IN EINEM BORDELL."
>
> **JACQUES SEGUELA**
> Gründer der französischen Agentur RSCG, persönlicher Freund und Image-Berater von Staatspräsident Francois Mitterand

FREEDOM OF CHOICE

100 MÖGLICHKEITEN, WERBEPROFI ZU WERDEN

Wenn man sich nun entschieden hat, in die Werbung zu gehen – und man sollte sich vorher verdammt gut informieren, was auf einen zukommt – dann stellt sich als nächstes die Frage „Wie steige ich ein?". Daß es für dieses Problem kein Patentrezept gibt, ist einleuchtend. Im Grunde gilt: Alles ist möglich, nur gut muß es sein! Und so reicht die Palette der Bewerbungsmöglichkeiten von Telefonarien nach dem Gießkannenprinzip, bei denen der „Werber in spe" jede seiner Lieblingsagenturen fernmündlich abklappert, bis hin zu gewaltigen Präsentationsorgien, bei denen der Kandidat durch spektakuläre Eigenwerbung auf sich aufmerksam macht. Von der ersten hier beschriebenen Methode wird übrigens in den Broschüren der deutschen Werbeverbände abgeraten („Bewerbungen nach dem Gießkannenprinzip wirken nach dem Gießkannenprinzip: Sie verlaufen im Sande", ADC Nachwuchsbroschüre). Jedoch gibt es immer wieder Leute, die so verfahren und genau das bekommen, was sie wollen. Es können eben keine Regeln aufgestellt werden und gut gemachte Verrücktheiten setzen sich auch durch.

VIER WEGE IN DIE WERBUNG

Bevor man nun an die Türen seiner Wunschagentur klopft, sollte man eine Basisausbildung nachweisen können, die den Eintritt in das Reich der schillernden Unwirklichkeiten erleichtert und rechtfertigt.
Das einzig anerkannte Berufsbild im Gesamtbereich der Werbung ist übrigens das des Werbekaufmannes/-frau.

I. WERBEKAUFMANN/-FRAU

Der/die Werbekaufmann/-frau wird in der Werbeagentur bzw. Werbeabteilung eines Unternehmens einerseits und in der Berufsschule andererseits in planenden, durchführenden, koordinierenden und kontrollierenden Aufgaben unterwiesen. Duale Methode nennt man das. Diese Methode soll einen guten Ausbildungsmix – Grundlagentheorie in der Schule und praxisbezogene Arbeit am Arbeitsplatz – gewährleisten. Gewöhnlich dauert diese Ausbildung drei Jahre, und endet mit der Abschlußprüfung vor der Industrie- und Handelskammer (IHK). Während dieser drei Jahre soll der Azubi alle Abteilungen (Divisions) der Agentur durchlaufen, um einen Gesamteindruck der verschiedenen Arbeitsbereiche zu erhalten, seine Talente und Vorlieben zu entdecken und daraufhin seine Entscheidung über die spätere Berufsorientierung leichter treffen zu können.
Nach den Ausbildungsrichtlinien für GWA-Agenturen (Gesamtverband Werbeagenturen) dauert die Gesamtausbildung drei Jahre:

- Media-Abteilung: sechs Monate
- Produktion/Art-Buying/FFF: sechs Monate
- Kreation: zwei Monate
- Beratung/Marketing: neun Monate
- Finanz- und Rechnungswesen: sieben Monate
- Verwaltung: sechs Monate.

Neben den fachlichen Kenntnissen soll sich der/die angehende Werbekaufmann/-frau durch „kommunikatives Verhalten, Teamgeist, Einsatzbereitschaft, Begeisterungsfähigkeit, robuste Nerven und eine positive Gesamteinstellung zum Leben" (Esther Mikus in „Berufe in Werbeagenturen"; Econ Verlag, 1989) auszeichnen – durch intellektuelle, mentale und charakterliche Eigenschaften also.
Wie schon erwähnt, sollte man die Ausbildung zum Werbekaufmann/-frau nur als Grundstein für die Werbekarriere sehen und sich nicht darauf ausruhen. Der Schrei der Agenturen nach Hochschulabsolventen ist zwar etwas leiser geworden, aber noch lange nicht verhallt.

SERVICE ['sɜːvɪs]

II. WERBEFACHSCHULEN UND FACHAKADEMIEN

Eine mögliche zweite Stufe der Karriereleiter ist eine drei- bis sechssemestrige Ausbildung an Werbefachschulen und Fachakademien. Das sind vorwiegend private Institutionen, die ihre Bildungsangebote an Berufstätige richten, die meist die Form der Abendschule wählen. Hier werden nicht nur kaufmännisch orientiertes Wissen, sondern auch – je nach Akademieangebot – kreative Fertigkeiten im textlichen oder grafischen Bereich vermittelt. Die Fachschulen und Fachakademien stehen vor allem Menschen offen, die bereits berufliche Erfahrungen in der Werbebranche vorweisen können, einen gehobenen Schulabschluß in der Tasche haben und über 20 Jahre alt sind.

Da eine akademische Ausbildung nach wie vor von vielen Agenturen und Unternehmen als Einstellungsvoraussetzung angesehen wird, ist diese Art von Weiterbildung ein unabdingbarer Faktor, um durch die höhere Qualifikation seine Aufstiegschancen deutlich zu verbessern.

III. FACHHOCHSCHULEN UND UNIVERSITÄTEN

Ohne wissenschaftliche Grundkenntnisse in den Bereichen Kommunikation, Medien, Betriebswirtschaft, Pädagogik und/oder Soziologie wird es schwierig, in die höheren Führungspositionen eines werbewirtschaftlichen Unternehmens aufzusteigen. Da man davon ausgeht, daß der Werbekunde einer Agentur ebenfalls Akademiker als Gesprächspartner anbietet, muß die Werbeagentur mit Repräsentanten aufwarten, „die die gleiche Sprache sprechen". An rund 90 deutschen Hochschulen und Universitäten kann man diesen wissenschaftlichen Einblick in das Tätigkeitsfeld Werbung bekommen und durch ein Studium die „unverzichtbare Mitgift für eine Karriere" (Studium Werbung, edition ZAW, 1993) erhalten – oft als Spezialisierungsfach des Hauptstudienganges Betriebswirtschaftslehre.

Circa 60 Fach- und Kunsthochschulen decken den kreativen Part der Werbung in seinen verschiedenen Ausprägungen und Anwendungen in Form des Design- oder Kommunikationsstudiums ab. Die Studiendauer aller Fachrichtungen liegt zwischen drei und fünf Jahren.

IV. DER QUEREINSTIEG

Die etwas unkonventionelle Art, in der Werbung zu landen, ist die nicht geplante. Zielgerichtete Ausbildung ist zwar gut, aber es kommt vor, daß Leute aus ganz anderen Berufen den Sprung in die Branche wagen. Um plötzliche Offenbarungen und Berufungen desjenigen handelt es sich natürlich nicht; es sind Leute, die das Bedürfnis haben, sich zu verändern, ein zufälliges Angebot erhalten und sich vor allem schon immer für diese Art der Kommunikation interessierten. Die Werbeszene steht dem sehr offen gegenüber, weil sie engagierte, neugierige Menschen mit Erfahrungen aus branchenfremden Bereichen sucht, die neue Impulse setzen können und nicht mit der Betriebsblindheit eines Insiders geschlagen sind. So kann ein Ingenieur, der z.B. in einer Werbeabteilung gearbeitet hat, Kundenberater (Kontakter) für technische Unternehmen werden und so die fachliche Brücke zwischen der Kreation und dem Kunden schlagen. Dasselbe gilt für Mediziner, Juristen, etc.. Nach wie vor hat die Arbeit in einer Werbeagentur etwas mit Neigung und Talent zu tun, und so wird es immer zu Entdeckungen von Talenten im Kreativbereich kommen, die keinen akademischen Abschluß vorweisen können.

AKADEMIEN, FACHHOCHSCHULEN UND UNIVERSITÄTEN

Die entscheidenden Fragen bei der Ausbildungsplatzsuche sind: „Auf welchen Teilbereich der Werbung will ich mich spezialisieren?" und „Wo erhalte ich das beste Fundament für meine Karriere?"

WERBEFACHLICHE SCHULEN UND INSTITUTE

BERLIN
IMK Privates Institut für Marketing und Kommunikation GmbH
Am Treptower Park 28-30, 12435 Berlin,
Telefon (030) 684 53 30,
Telefax (030) 883 55 57
Studiengänge:
A. Vollzeitstudium Marketing-Werbewirt/in, drei Semester
B. Abendstudium Werbelehre und Text, drei Semester, einmal wöchentlich
C. Umschulung Werbekaufmann/frau, IHK

BREMEN
Akademie für Werbung Bremen e.V.
c/o Peter Kray,
Otto-Gildemeister-Str. 17, 28209 Bremen
Telefon/Telefax (0421) 337 95 95
Studiengang: Abendstudium "Kommunikationswirt/in", vier Semester

DORTMUND
Werbefachliches Lehrinstitut Marquardt (WLM)
Bornstraße 241-243, 44145 Dortmund
Telefon (0231) 83 75 56
Vollzeitstudium Allround-Webeassistent/in (WLM), sechs Semester

DÜSSELDORF
Düsseldorfer Akademie für Marketing-Kommunikation e.V.
Werbefachschule Düsseldorf
Graf-Adolf-Str. 61, 40210 Düsseldorf
Telefon (0211) 37 39 00
Studiengang: Abendstudium Marketing-Kommunikationswirt/in, fünf Semester

FRANKFURT/MAIN
Akademie für Marketing-Kommunikation e.V.
Elbinger Str. 1, 60487 Frankfurt
Telefon (069) 70 40 95 / 70 60 24
Telefax (069) 707 51 67
Studengänge:
A. Abendstudium Staatlich geprüfte(r) Kommunkationsfachmann/frau, vier Semester
B. Abendstudium Geprüfte(r) Mediaberater/in (AfMK), drei Trimester

Hessische Berufsakademie Frankfurt
Sophienstr. 44, 60487 Frankfurt
Telefon (069) 24 70 22 10
Studiengang: Betriebswirt/in (BA) Schwerpunkt Marketing und Kommunikation, sechs Semester

HAMBURG
Kommunikations-Akademie Hamburg KAH
Langfelder Straße 93, 22769 Hamburg
Telefon (040) 85 80 32,
Telefax (040) 85 73 62
Studiengänge:
A. Abendstudium Kommunikationswirt/in KAH, vier Semester
B. Grundausbidung zum/r Texter/in KAH, Abendstudium, 250 Unterrichtsstunden
C. Lehrgang Grundkurs Marketing-Kommunikation, Abendstudium, 200 Unterrichtsstunden
D. Vollstudium Kommunikations-Grafik-Designer/in KAH/DAA", 18 Monate
E. Abendstudium Produktioner/in KAH, sechs Monate

Hanseatische Akademie für Marketing + Kommunikationsmedien e.V.
Norderreihe 61, 22767 Hamburg
Telefon (040) 430 46 45,
Telefax (040) 430 47 32
Studiengang: Abendstudium Kommunikationswirt/in H.A.M.K., vier Semester

HANNOVER
Werbefachschule Niedersachsen - staatlich anerkannt -
Lange Laube 2, 30159 Hannover
Telefon (0511) 1 72 11
Studiengänge:
A. Abendstudium Kommunikationswirt/in, vier Semester
B. Abendstudium Fachkaufmann/frau für Marketing, vier Semester

KASSEL
Akademie für Kommunikation Kassel e.V. (AKK)
Leuschner Straße 81, 34134 Kassel
Telefon (0561) 40 37 22 / 58 16 62,
Telefax (0561) 40 57 29
Studiengänge:
A. Wochenend-Grundstudium Staatlich geprüfte(r) Kommunikationsfachmann/frau, vier Semester
B. Wochenend-Aufbaustudium Leiter/in Marketing-Kommunikation, ein Semester

KÖLN
Westdeutsche Akademie für Kommunikation e.V.
Glockengasse 4711, 50667 Köln
Telefon (0221) 258 01 75
Studiengänge:
A. Abendstudium Kommunikationswirt/in WAK, vier Semester
B. Abendstudium Werbeassistent/in WAK, zwei Semester

MAGDEBURG
ewm - Werbefachschule Sachsen-Anhalt
Liebknechtstr. 14, 39108 Magdeburg
Telefon (0391) 3 21 67 / 3 02 15
Studiengang:
Vollzeitstudium Werbekaufmann/frau IHK, vier Semester

WERBETREFFS
DER FREIHAFEN
HARTUNGSTRAßE 9-11, 20146 HAMBURG
Kreativchefs wie Holger Jung, Konstantin Jacoby und Hanno Tietgens lassen sich von den beiden Ex-Canard Köchen Sigi und Michael verköstigen.

MÜNCHEN
Bayerische Akademie der Werbung e.V. (BAW)
Orleansstraße 34, 81667 München
Telefon (089) 48 09 09 10
Studienberatung und Informationsmaterial, Telefon (089) 48 90 09 20
Studiengänge:
A. Basisstudium Kommunikationswirt/in BAW im Abendstudium zwei Jahre, im Tagesstudium ein Jahr
B. Fachstudium Direktmarketing-Fachwirt/in BAW, 20 Wochenenden in acht Monaten
C. Fachstudium Medienmarketing Fachwirt/in BAW, 34 Wochenenden in zwölf Monaten

NÜRNBERG
Bayerische Akademie der Werbung e.V. (BAW), Institut Nürnberg
Beuthener Straße 45, 90471 Nürnberg
Telefon (0911) 40 21 71,
Telefax (0911) 40 48 23
Studiengänge (jeweils im Abend- oder Wochenendstudium):
A. Studium Werbefachwirt/in BA", ein Jahr
B. Studium zum Kommunikationswirt/in BAW, zwei Jahre

STUTTGART
Akademie für Kommunikation Baden-Württemberg e.V.
Geschäftsstelle: Eberhardstr. 23,
70736 Fellbach, Telefon (0711) 57 47 88
Studiengang:
A. Vollstudium Werbefachwirt/in, vier Semester

Werbefachliche Akademie Baden-Württemberg
Königstraße 1 B, 70173 Stuttgart
Telefon (0711) 29 17 14,
Telefax (0711) 226 24 24
Studiengänge: A. Tagesstudium Geprüfter Marketing- und Kommunikationswirt/in (WFA), vier Semester
B. Abendstudium Werbemittelgestaltung und Text, zwei Semester

UNIVERSITÄTEN UND FACHHOCHSCHULEN

An vielen Unis wird „Marketing" als Neben- oder Schwerpunktfach von wirtschaftswissenschaftlichen Studiengängen angeboten:

Weitere Studiengänge:

BERLIN
Hochschule der Künste Berlin (HdK) Künstlerische und wissenschaftliche Hochschule
Postfach 12 67 21, 10595 Berlin
Telefon (030) 31 85 - 21 42
Studiengang: Gesellschafts- und Wirtschaftskommunikation

OESTRICH-WINKEL
European Business School – Private wissenschaftliche Hochschule
Schloß Reichartshausen,
65375 Oestrich-Winkel
Telefon (06723) 6 90
Studiengang:
Diplom-Betriebswirt/in/Diplom-Kaufmann/frau

SIEGEN
Universität-Gesamthochschule Siegen - Fachbereich 3
Diplomstudiengang Medienplanung, -entwicklung und -beratung
Hölderlinstraße 3 - AVZ, 57076 Siegen
Telefon (0271) 740 - 23 19
Studiengang: Diplom-Medienwirt/in, neun Semester

STUTTGART
Fachhochschule für Druck Stuttgart - Fachbereich 2 Wirtschaftsingenieurwesen-Diplom-Studiengang Werbetechnik und Werbewirtschaft, Universitätsgelände Vaihingen
Nobelstraße 10, 70569 Stuttgart
Telefon (0711) 685 - 28 07
Studiengang: Diplom-Wirtschaftsingenieur/in (FH), Fachrichtung Werbung, sechs Studiensemester und zwei Praxissemester

DESIGN

In Deutschland werden circa 60 Studiengänge mit dem Schwerpukt „Design" angeboten. Hier eine Auswahl der wichtigsten Schulen:

BERLIN
Hochschule der Künste, Berlin (HdK)
Ernst-Reuter-Platz 10, 10587 Berlin
Telefon (030) 31 85-0
Fachbereich: Visuelle Kommunikation
Studiendauer: acht Semester zuzüglich zehn Monate für die Diplomarbeit
Abschluß: Diplom-Designer/in, Meisterschüler/in

DARMSTADT
Fachhochschule Darmstadt, Fachbereich Gestaltung
Olbrichweg 10, 64287 Darmstadt
Telefon (06151) 16 83 31
Fachbereich: Kommunikationsdesign (Schwerpunkte Grafik-Design oder Foto-Design)
Studiendauer: neun Semester (incl. zwei Praxissemester)
Abschluß: Diplom-Designer/in (FH)

DORTMUND
Fachhochschule Dortmund, Fachbereich Design
Rheinlanddamm 203, 44139 Dortmund
Telefon (0231) 139 12 26
Fachbereiche: Grafik-Design, Foto-/Film-Design, Objekt-Design, Kamera
Studiendauer: acht Semester
Abschluß: Diplom-Designer/in, Diplom-Kameramann/frau

WERBETREFFS
CONFETTI'S
DÜSSELDORFER STRAßE 2
40625 DÜSSELDORF
Italienisch: Hier verkehren Fotomodels, Designer, Werber und Geschäftsleute.

DÜSSELDORF
Fachhochschule Düsseldorf, Fachbereich Design
Georg-Glock-Straße 15, 40474 Düsseldorf
Telefon (0211) 43 51-0
Fachbereich: Visuelle Kommunikation, Schwerpunkt Grafik-Design
Studiendauer: acht Semester
Abschluß: Diplom-Designer/in

ESSEN
Universität Essen - GHS -, Fachbereich 4 Gestaltung - Kunsterziehung
Universitätsstraße 12, 45141 Essen
Telefon (0201) 183-33 55 / -33 56 / -33 46
Fachbereich: Integrierter Studiengang Kommunikationsdesign
Studiendauer: neun Semester
Abschluß: Diplom-Designer/in

HAMBURG
Hochschule für bildende Kunst
Lerchenfeld 2, 22081 Hamburg
Telefon (040) 29 84 - 32 00

Fachbereich: Visuelle Kommunikation/Gebrauchsgrafik, Verlagsmedien
Studiendauer: zehn Semester
Abschluß: Diplom für visuelle Kommunikation

**Fachhochschule Hamburg,
Fachbereich Gestaltung
Armgartstraße 24, 22087 Hamburg
Telefon (040) 29 18 81 - 38 24**
Fachbereiche: Illustration, Kommunikationsdesign
Studiendauer: acht Semester
Abschluß: Diplom-Designer/in

**Hamburger Akademie für
Kommunikationsdesign und Art Direction
Spaldingstraße 218, 20097 Hamburg
Telefon (040) 23 23 88**
Fachbereich: Kommunikationsdesign
Studiendauer: acht Semester
Abschluß: Kommunikationsdesigner/in

HANNOVER
**Fachhochschule Hannover,
Fachbereich Kunst und Design
Herrenhäuser Straße 8, 30419 Hannover
Telefon (0511) 27 98 20**
Fachbereiche: Grafik-Design, Grafik-Design-Informatik, Design mit elektronischen Medien
Studiendauer: acht bis neun Semester

HILDESHEIM
**Fachhochschule Hildesheim-Holzminden,
Fachbereich Kommunikationsgestaltung
Kaiserstraße 43-45, 31134 Hildesheim
Telefon (05121) 88 13 01**
Fachbereich: Grafik-Design für Werbung, Kultur und Administration
Studiendauer: acht Fachsemester und ein Praxissemester
Abschluß: Diplom-Designer/in

KASSEL
**Gesamthochschule Kassel,
Fachbereich 24 Produkt-Design
Menzelstraße 15, 34121 Kassel
Telefon (0561) 804 53 39**
Fachbereich: Produkt-Design
Studiendauer: acht Semester und ein Prüfungssemester
Abschluß: Diplom-Designer/in

**Gesamthochschule Kassel,
Fachbereich 23 Visuelle Kommunikation
Menzelstraße 13, 34121 Kassel
Telefon (0561) 804 53 31**
Fachbereich: Visuelle Kommunikation
Studiendauer: acht Semester und zwei Prüfungssemester
Abschluß: Kunsthochschulabschluß

KIEL
**Fachhochschule Kiel,
Fachbereich Gestaltung
Lorentzendamm 6, 24103 Kiel
Telefon (0431) 5 14 17**
Fachbereich: Kommunikationsdesign, Schwerpunkte Grafik-Design 3-D und Foto-Design
Studiendauer: acht Semester
Abschluß: Diplom-Designer/in

KÖLN
**Fachhochschule Köln,
Fachbereich Design
Ubierring 40, 50678 Köln
Telefon (0221) 8 27 51**
Fachbereich: Visuelle Kommunikation, Schwerpunkt Grafik-Design
Studiendauer: acht Semester
Abschluß: Diplom-Designer/in

KONSTANZ
**Institut für Kommunikationsdesign
an der FH Konstanz
Seestraße 33, „Villa Prym",
78464 Konstanz
Telefon (07531) 5 01 03**
Fachbereich: Kommunikationsdesign
Studiendauer: acht Semester inkl. zwei Praxissemester
Abschluß: Diplom-Kommunikationsdesigner/in

MAINZ
**Fachhochschule Rheinland-Pfalz
Abteilung Mainz I
Holzstraße 36, 55116 Mainz
Telefon (06131) 2 85 90
Telefax 06131) 285 91 50**
Fachbereich: Kommunikationsdesign, Schwerpunkte Buchgestaltung und Telekommunikation
Studiendauer: acht Semester und ein Prüfungssemester
Abschluß: Diplom-Designer/in (FH)

MÜNCHEN
**Fachhochschule München,
Fachbereich Gestaltung
Lothstraße 34, 80335 München
Telefon (089) 12 00 71**
Fachbereich: Kommunikationsdesign
Studiendauer: acht Semester
Abschluß: Diplom-Designer/in (FH)

**Berufsfachschule für Grafik und Werbung
Pranckstraße 2, 80335 München
Telefon (089) 55 57 61**
Fachbereich: Grafik-Design
Studiendauer: sechs Semester
Abschluß: Grafik-Designer/in

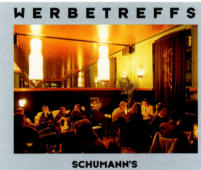

WERBETREFFS
SCHUMANN'S
MAXIMILIANSTRAßE 36
80539 MÜNCHEN
Obwohl man das Türsteherprinzip hier ablehnt, finden sich die „Richtigen" ein.

MÜNSTER
**Fachhochschule Münster,
Fachbereich Design
Sentmaringer Weg 53, 48151 Münster
Telefon (0251) 83 56 96/97**
Fachbereiche: Produktdesign, Studienrichtung Objektdesign; Visuelle Kommunikation, Studienrichtung Grafikdesign
Studiendauer: acht Semester
Abschluß: Diplom-Designer/in

POTSDAM
**Fachhochschule Potsdam
Friedrich-Ebert-Straße 4, 14467 Potsdam
Telefon (0331) 329 -252/-253**
Fachbereiche: Kommunikationsdesign; Werbe-Design
Studiendauer: acht Semester
Abschluß: Diplom-Designer/in

TRIER
**Fachhochschule Rheinland-Pfalz
Schneidershof, 54293 Trier
Telefon (0651) 8 10 31**
Fachbereich: Kommunikationsdesign
Studiendauer: acht Semester und ein Prüfungssemester
Abschluß: Diplom-Designer/in (FH)

WIESBADEN
**Fachhochschule Wiesbaden,
Fachbereich Gestaltung
Kurt-Schumacher-Ring 18, 65195 Wiesbaden
Telefon (0611) 49 4 - 140,
Telefax (0611) 4 88 62**
Fachbereich: Kommunikationsdesign
Studiendauer: sechs Semester
Abschluß: Diplom-Designer/in

WÜRZBURG
**Fachhochschule Würzburg/Schweinfurt,
Fachbereich Gestaltung
Hans-Löffler-Straße 49, 97074 Würzburg
Telefon (0931) 7 33 10**
Fachbereich: Kommunikationsdesign
Studiendauer: acht Semester
Abschluß: Diplom-Designer/in (FH)

Weitere Informationen zu Werbeberufen im allgemeinen und Studienangeboten im besonderen kann man über folgende Quellen beziehen:

Konferenz der Akademien für Kommunikation, Marketing und Medien, c/o Bayerische Akademie der Werbung e.V. (BAW)
Orleansstraße 34, 81667 München
Telefon (089) 48 09 09 10

ADM Arbeitskreis Deutscher Marktforschungs-Institute e.V.
Marktplatz 9, 63065 Offenbach
Telefon (04542) 8 01-0

Art Directors Club für Deutschland e.V. (ADC)
Melemstraße 22, 60322 Frankfurt/Main

Bund Deutscher Grafik-Designer e.V. (BDG)
Altestadt 8, 40213 Düsseldorf
Telefon (0211) 8 04 48

Bund Freischaffender Foto-Designer e.V. (BFF)
Postfach 75 03 47, 70603 Stuttgart
Telefon (0711) 47 34 22

Deutscher Kommunikationsverband BDW e.V.
Königswinterer Straße 552, 53227 Bonn
Telefon (0228) 44 45 60/61

Deutscher Werbefachverband e.V. (DWF)
c/o Werbefachverband Wirtschaftsraum Bremen e.V.
Schwachhauser Ring 40, 28209 Bremen
Telefon (0421) 347 90 44

Gesamtverband Werbeagenturen GWA e.V.
Friedensstraße 11, 60311 Frankfurt/Main
Telefon (069) 256 00 80

Zentralverband der deutschen Werbewirtschaft (ZAW)
Postfach 20 14 14, 53144 Bonn
Telefon (0228) 820 92-0

HOCHSCHULE DER KÜNSTE

HdK BERLIN

KADERSCHMIEDE DER WERBESTARS

Unter den 60 Universitäten, an denen angehende Kreative in Richtung Werbung starten können, zeigt die Berliner HdK Hauptstadtallüren. Sie zählt zu einer der angesehensten Talentschmieden Deutschlands.

Bis 1989 stand die Hochschule der Künste ein bißchen im Schatten des eisernen Vorhanges, der sich um Berlin zog. Das brachte zwei Vorteile: sie blieb lange eine Art Geheimtip und der Berliner Senat zeigte sich finanziell großzügig; schließlich hatte die Kulturschule für die gesamte Stadt eine repräsentaive Wirkung. Nun verlängern sich die Schlangen vor dem Immatrikulationsamt, die Geldmittel fließen aber plötzlich bedrohlich knapp.

Um so erstaunlicher ist es, was für Projekte hier auf die Beine gestellt werden. So hat eine Gruppe von Studenten letztes Jahr mit der Agentur Lintas ein neuartiges Jugendmonitoring-System entwickelt. Erstmalig waren es nicht etablierte Marktforscher, die Denken, Fühlen und Handeln der heutigen Jugend untersucht haben, bei diesem Projekt waren es ihre Altersgenossen. „YoYo" steht für Youth Observes Youth´s Obsessions. 6000 Jugendliche wurden unter die Lupe genommen. Ergebnis: Was in der Gesellschaft noch als Trend gilt, ist bei der Jugend bereits Wirklichkeit: Individualisierung.

Für den Werbeinteressierten kommen vor allen Dingen zwei Studiengänge in Frage. Im graphischen Bereich ist es der Studiengang „Visuelle Kommunikation", Textertalente bemühen sich um eine Zulassung zum Studium der „Gesellschafts- und Wirtschaftskommunikation".

Studiengang Gesellschafts- und Wirtschaftskommunikation

Um in den Genuß dieser Ausbildung zu kommen, muß man zunächst die Hürde des hausinternen NC überwinden, denn nur circa 80 von 800 Bewerbern werden pro Semester immatrikuliert. Wer nach viereinhalb Jahren seine Diplomprüfung abgelegt hat und sich „Diplom-Kommunikationswirt" nennen darf, kann mit sehr guten Angeboten aus der Werbewirtschaft rechnen. Die Headhunter der Agenturen locken den Professoren die Hochschulabsolventen förmlich aus den Hörsälen. Denn das Studium der Gesellschafts- und Wirtschaftskommunikation gilt als einer der begehrtesten Einstiege in die Kommunikationsbranche. Die Studenten lernen bereits vor ihrem Eintritt ins Berufsleben alle Bereiche der Kommunikationsarbeit kennen. Einen Schwerpunkt bilden die praktischen

SERVICE
[ˈsɜːvɪs]

Arbeiten: vom Radiofeature bis zum 16 mm-Film, von der Anzeigenseite bis zum Fernsehspot.

Das Lehrangebot besteht aus Veranstaltungen zu folgenden Themen:
- Allgemeine Kommunikationswissenschaften
- Kommunikationsplanung
- Verbale Kommunikation
- Audiovisuelle Kommunikation

Ergänzend kann man Wirtschaftswissenschaften, Politologie und Soziologie und Kunst- und Kulturwissenschaften studieren.

Fiktive und in Auftrag gegebene Werbekampagnen werden ebenso durchgeführt wie Seminare, in denen durch dadaähnliche Wortakrobatik auch Produktnamen gefunden werden. Nicht zufällig findet man unter den Dozenten und Gastdozenten Namen aus der Werbebranche wie Wolfgang Schönholz (Geschäftsführer Kreation und Gesellschafter von Scholz & Friends) und Hermann Vaske. Durch die Projektarbeit mit Agenturen stehen die Studenten mit einem Bein in der Praxis. Nur einige Beispiele: Werbekonzepte für GUHL MAN, das DDR-Erfolgsblatt „Wochenpost" und MP-Travel Line (ging nicht deswegen pleite) entstanden.

In dem Seminar „Eurospots, Konzepte und Theorien" von Frau Prof. Dr. Rucktäschel entstanden professionelle Analysen der Renault Twingo-Kampagne, des Di Saronno-Amaretto TV-Spots und des C&A Don Quixote-Filmes.

Nach neun Semestern und einem Pflichtpraktikum folgt die Abschlußprüfung als „Diplom-Kommunikationswirt/in". Die Absolventen können sich dann auf ihren baldigen Umzug nach Düsseldorf, Hamburg oder Frankfurt vorbereiten. In den dortigen Agenturen sitzen nämlich schon einige Ex-Studenten dieser einzigen, wenn auch inoffiziellen Texterschule Deutschlands (Konstantin Jacoby war auch da) und warten auf unverbrauchte Junior-Texter.

Studiengang Visuelle Kommunikation

In den Seminaren dieser Studienrichtung finden sich die Creative Directors in spe ein. Hier zaubern Dozenten wie Professor Uwe Vock viele gute Werbekampagnen. Doch wie an vielen Universitäten fehlen auch hier Mittel. Von einer guten elektronischen Ausstattung wie z.B. in den Hochschulen Schwäbisch-Gmünd oder Saarbrücken ist man hier weit entfernt. Trotzdem braucht die Qualität der Studentenarbeiten keinen Vergleich mit Agenturkampagnen zu scheuen.

Die HdK leuchtet durch ihre innovative Struktur und Lerninhalte. Vock selbst hat bei der legendären GGK/Düsseldorf sein Handwerk gelernt, wo er die Devise „weniger ist mehr – mit Reduktion kann man auch verkaufen" eingebläut bekam. Später gelang ihm der Sprung zum Creative Director bei der Düsseldorfer Agentur McCann-Erickson, wo er einige Jahre blieb. Dort hat er mit seinem Team unter anderem die Camel-Kampagne kreiert, die in Cannes den goldenen Löwen erhielt. Seit zwei Jahren arbeitet er als Professor an der HdK. Solche Werbeprofis können ihren Schützlingen den Agenturalltag sehr anschaulich machen.

Studienfächer der HdK sind:
- Grafik-Design
- Ausstellungs-Design
- Foto, Film und Video
- Experimentelle Filmgestaltung

Der Studiengang zielt nicht alleine auf den Werbebereich ab und doch landen 70 % der Absolventen als Grafiker bzw. Art Directors in Agenturen. Zulassungsvoraussetzungen sind die allgemeine Hochschulreife und vor allen Dingen künstlerische Begabung, die durch die erwähnte Prüfung festgestellt wird. Wer diese Hürde genommen hat, für den ist das Schwerste geschafft.

KAMPAGNEN VOM CAMPUS

Die Studenten des Fachbereichs „Visuelle Kommunikation" haben oft Gelegenheit, ihre Kreativität in projektbezogenen Arbeiten auszudrücken. Mittlerweile hat sich ein beachtliches Archiv der Klasse „Vock" angesammelt, dessen Inhalt von beeindruckender Professionalität zeugt. Die hier abgebildeten Kampagnenausschnitte kommentiert Prof. Uwe Vock.

EXTRA
Studentinnen: Anke Brinkmann, Caterina Schiffers, Kathren Schnatmann.
Die EXTRA war eine Veranstaltung der gesamten HdK, bei der sich sämtliche Fachbereiche über eine Woche in der Öffentlichkeit präsentiert haben. (Man beachte den Titel: EXhibition und ART). Es gab zum ersten Mal an der HdK ein durchgängiges Motto und einen durchgängigen Auftritt in dieser Form, der sich über jede Menge Plakate, Anzeigen, Broschüren, Eintrittskarten, Ausstellungssysteme, Leitsysteme etc. ausgedrückt hat. Das Motto sollte eigentlich über Jahre immer gleich bleiben, damit es zur Marke für die Ausstellungen und Aktionen der HdK wird, aber leider ist man/denkt man in Berlin noch nicht so weit.

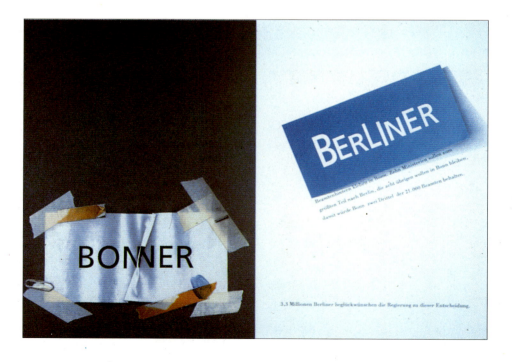

BERLIN KAMPAGNE 1
Studentinnen: Kerstin Berger, Anke Brinkmann, Caterina Schiffers (inzwischen Art Director bei UVA), Kathren Schnatmann, Claudia Weidenbach.
Bei dieser Kampagne – insgesamt zwölf Motive und jede Menge weiteres Kommunikationsmaterial – ging es darum, Berlin als die andere, nicht vergleichbare Stadt zu positionieren.

SERVICE ['SƷːVIS]

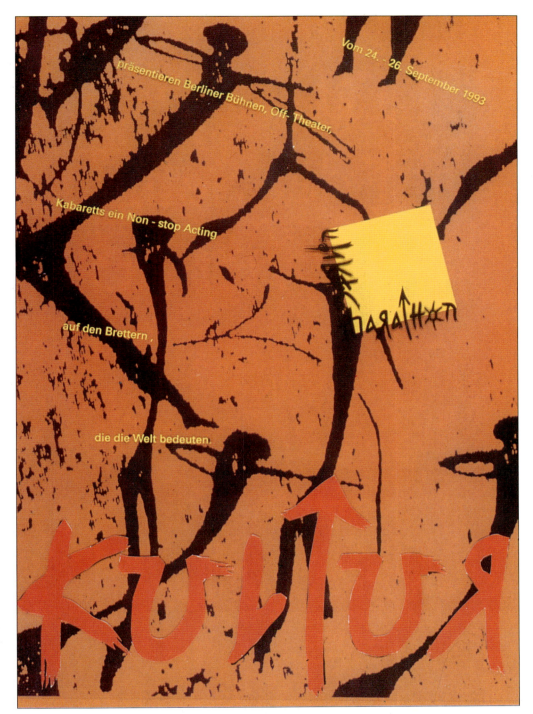

BERLIN-MARATHON

Student/innen: Kathren Schnatmann, Anke Wagner (machen beide gerade Diplom mit einem Projekt über Hüte, das zu einem neuen Standardwerk für Hutmacher werden wird), Matthias Beyrow, Benjamin Erben (s.o.), Myriam Nowara (jobbt gelegentlich bei Springer & Jacoby).

Auch hier wurde ein komplexes Kommunikationskonzept entwickelt, das von der Idee „Berlin ist Marathon" ausgehend, einen „Multikulti"-Auftritt in allen Bereichen bis hin zu „special events" durchgängig auf Basis einer eigenständigen Typographie umsetzt. Einige der Mittel und Maßnahmen wurden bereits um- bzw. eingesetzt.

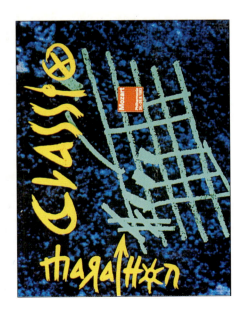
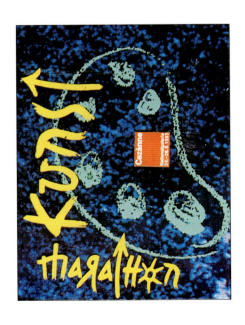

EIGENWERBUNG VON ROLAND SCHWARZ

Student: Roland Schwarz.
Eine Diplomarbeit, die den Zweck hat, Herrn Schwarz in einer Agentur unterzubringen. Vom (hier leider nicht abgebildeten Mailing) bis zu Anzeigen und Film trat Roland Schwarz mit einer sehr witzigen Kampagne an, um sich selbst zu verkaufen.

BERLIN KAMPAGNE 2

Student/innen: Benjamin Erben (macht gerade sein Diplom mit einer Arbeit über eine völlig neue Generation von Rollstühlen), Kathrin Haller (macht auch gerade Diplom mit einem Projekt über die Ähnlichkeit von Berliner Hundehaltern und ihren Lieblingen), Jens Orillo (ist gerade in Los Angeles und macht ein von mir vermitteltes Praktikum in einer Werbefilmproduktion, weil er mich permanent mit seinen Filmideen genervt hat), Britta Pasche (hat gerade Diplom gemacht, arbeitet jetzt in einer kleinen Berliner Agentur), Britta Smyrak (hat auch gerade erst Diplom gemacht mit der kompletten Ausstattung für einen Rap Label).
Der Claim der Kampagne (ca. 20 Motive) ist gleichzeitig Programm: Drei Kreuze. Sie sind ein Berliner.

SERVICE ['sɜːvɪs]

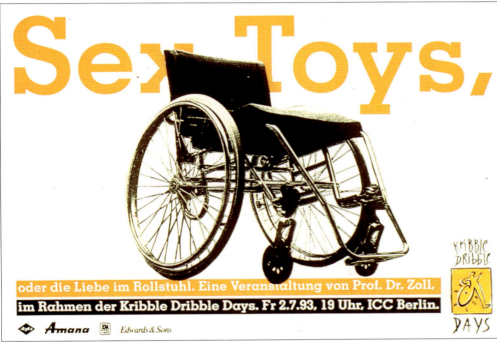

KRIBBLE DRIBBLE DAYS
Student/innen: Christiane Freilinger (hat mit ihrem Bruder eine kleine Agentur in Hamburg), Jens Orillo (s.o.), Rada Milovanovic, Birge Frommann, Wolodja Salzmann, Claudia Oelert, Vivien Heinz, Joachim Buroh.

Das Briefing, das wir von den Organisatoren der Rollstuhl Basketball EM 93 erhielten, war: „Entwickelt ein Konzept, das die EM zu der Veranstaltung macht, um die keiner mehr herumkommt und gleichzeitig auf die spezifischen Belange behinderter Menschen aufmerksam macht." Vom Sponsoringkonzept und der entsprechenden Ansprache bis zur Kommunikation der einzelnen von uns konzipierten Events entwickelten wir ein umfassendes Konzept, das einen selbstbewußten Auftritt des Behindertensports garantierte. Teilweise wurden die Mittel und Maßnahmen auch realisiert. Durch das Kompetenzgerangel verschiedener Berliner Institutionen wurde eine große Chance aber nicht richtig genutzt. Schade eigentlich. Nicht nur deswegen, sondern vor allem für die vielen Behinderten, mit denen wir eng zusammengearbeitet haben und die das Konzept und die Umsetzung sehr befürworteten. Positiv war allerdings, daß durch die Arbeit und durch verschiedene Ausstellungen neue Projekte für meine Klasse generiert werden konnten.

SELBSTDARSTELLUNG
Student: Magnus Hengge.
Hier geht es um die Selbstdarstellung eines fiktiven Glaswarengeschäftes im Rahmen einer Projektarbeit, bei der Magnus von der Visitenkarte bis zu einer Anzeigenserie alles konzipiert und umgesetzt hat.

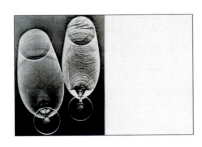

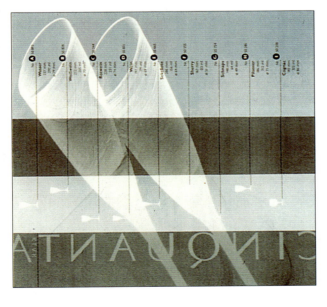

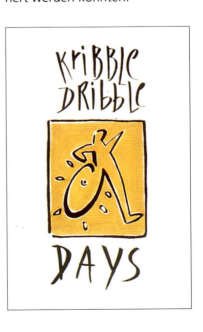

DIE 150 UMSATZSTÄRKSTEN

Rang	Agentur	Billings 1993 (in Mio. DM)	Mitarbeiter
1	BBDO-Gruppe, Düsseldorf	1.013	783
2	Publicis-FCB-Gruppe	931	636
–	Publicis MCD, München	339	226
–	Baums, Mang und Zimmermann, Düsseldorf	246	176
–	Publicis Werbeagentur, Frankfurt	205	130
–	FCB, Hamburg (ehem. MWI, Hamburg)	141	104
3	Lintas: Deutschland-Gruppe	830	584
–	Baader, Lang, Behnken, Hamburg	88	62
4	Grey-Gruppe Deutschland, Düsseldorf	804	644
5	McCann-Erickson-Gruppe, Frankfurt	648	462
6	Young & Rubicam, Frankfurt	620	431
7	Ogilvy & Mather, Frankfurt	601	409
8	BSB-Gruppe	539	376
–	Scholz & Friends, Hamburg	388	280
–	BSB, Frankfurt	151	96
9	J. Walter Thompson, Frankfurt	493	350
10	Euro RSCG, Düsseldorf	478	387
11	DMB&B-Gruppe Hamburg	477	355
–	Frese & Wolff, Oldenburg	91	75
12	Springer & Jacoby, Hamburg	467	328
13	Wensauer-DDB Needham, Düsseldorf	463	353
–	Fritsch, Heine, Rapp + Collins, Hamburg	57	44
14	Michael Conrad & Leo Burnett, Frankfurt,	412	398
15	Saatchi & Saatchi Advertising Group, Frankfurt	337	225
16	TBWA, Frankfurt	318	213
17	Lowe & Partners, Frankfurt	271	157
18	Heye & Partner, München	217	164
19	Serviceplan, München	216	140
20	Spiess Ermisch & Andere, Düsseldorf	211	124
21	Wilkens Ayer, Hamburg	210	183
22	B/W Werbeagentur, Düsseldorf	175	105
23	Hildmann, Simon, Rempen & Schmitz/SMS, D'dorf	166	118
24	Borsch, Stengel & Partner, Frankfurt	163	112
25	Economia, Hamburg	160	113
26	von Mannstein, Solingen	160	102
27	Thouet, Aachen	140	102
28	GPP, Leonberg (ehem. Wündrich-Meissen)	121	75
29	M-S-B+K, Hamburg	114	84
30	Karius & Partner, Leonberg	111	48
72	GKM, Berlin	57	39
73	Gramm, Düsseldorf	56	41
74	Werbeagentur Schaffhausen, Hamburg	55	38
75	Die Crew, Stuttgart	55	38
76	KDM&P, Köln	54	36
77	c.t.b., Berlin	54	20
78	Contur, Friedrichsdorf	52	45
79	Jung v. Matt, Hamburg	51	45
80	Equipe, Köln	50	33
81	Tostmann & Domann, Frankfurt	49	37
82	Lippert Wilkens Partner, Düsseldorf	49	44
83	RG Wiesmeier, München	48	41
84	Georg Dynewski, Bonn	48	58
85	Point, Minden	48	40
86	Consell, Frankfurt	48	36
87	Gruppe Marketing & Werbung, Frankfurt	47	35
88	Conrad Gley Thieme, Hamburg	47	26
89	Enders, Krakow, Radzyminski, Frankfurt	47	28
90	Schwenkert, Kastenhuber & Partner, Unterföhring	46	38
91	G.V.K., Lüneburg	46	24
92	BSS, Sachse und Partner, Bietigheim	45	30
93	Seib & Partner, Mannheim	45	21
94	Dr. Seibold, Wachenheim	45	32
95	JK Werbeagentur, Bad Oeynhausen	45	44
96	MAC, Pforzheim	44	32
97	Stawicki, München	43	36
98	G&H Alliance, Frankfurt (ehem. Gültig + Hoffmeister)	41	25
–	M&F Partner, Würzburg	41	34
100	Bläse, Schott & Partner, Stuttgart	40	37
101	Wächter & Popp, München	40	20
102	Advecon, Oberursel	39	27
103	Company, Stuttgart	39	17
–	Intevi, Köln	39	32
105	FAI Beisel, Monheim	39	34
106	Schmittgall, Stuttgart	39	28
107	Schindler & Parent, Meersburg	39	40
108	Peters, Bielefeld	38	29
109	ATS, Bielefeld	38	37
110	Von Holzschuher & Gann, München	38	26

AGENTUREN IN DEUTSCHLAND
STAND 1.1.1994

#	Agentur		
31	Abresch: Werbeagentur, Montabaur.	105	97
32	Bühler, Flettner & Partner, Frankfurt	105	51
33	FCAI, Düsseldorf	105	80
34	Heine, Reitzel und Partner, Ettlingen	101	23
35	Die Gilde, Hamburg	99	92
36	H. F. & P., Düsseldorf	98	85
37	Knopf, Nägeli, Schnakenberg, Hamburg	93	56
	Trust-Gruppe, Frankfurt	93	63
39	Heller & Partner, München	89	51
40	Robert Pütz, Köln	89	42
41	H&P Herrwerth & Partner, München	85	55
42	DFS&R Roth und Langhans, München	83	49
43	WAS, Köln	82	23
44	NYC/GGK, Frankfurt (ehem. GGK Deutschland)	80	48
45	L&P Lemke & Partner, Düsseldorf	79	27
46	Agenta, Münster	79	69
47	K&S, Dr. Klautzsch & Schüngel, Köln	75	40
48	Glanzer & Partner, Stuttgart	74	53
49	Ernst & Partner, Düsseldorf	74	53
50	Eiler & Riemel, München	73	44
51	Schuster & Partner, Neuss	72	50
52	Westag, Köln	72	72
53	Holtkamp, Müller, Kentenich & May, Düsseldorf	72	46
54	Wüschner & Rohwer, München	71	44
55	RTS RiegerTeam, Leinfelden-Echterdingen	68	52
56	GWP Klaus Hülsebusch, Hamburg	68	50
57	Damm, Koblenz	67	60
58	Die Werbe, EURO-ADVERTISING, Düsseldorf	65	54
59	WOB, Viernheim	64	47
60	ML&S, Düsseldorf	64	35
61	Rahmel & Partner, Köln	63	38
62	Pertzborn, Düsseldorf	63	58
63	Flaskamp, Berlin	62	52
64	ICW Copartner, Hamburg	62	45
65	Sportive Werbeagentur, Martinsried/München	61	49
66	Bozell, Frankfurt	61	38
67	Wächter, Bremen	60	39
68	WGS und Partner, Stuttgart	60	48
69	KM Wolff & Partner, Hamburg	59	44
70	B&B v. Blücher & Böttcher, Hannover	59	42
71	T/V/Plus/Partner, Koblenz	58	42
111	Partnerpool, München	37	38
112	Carl Gabler Werbegesellschaft, München	36	41
113	WWW Woerlen, Au bei Freiburg	36	34
114	Menzendorf + Partner, Düsseldorf	36	20
115	Graffiti, München	35	25
116	Fanghänel & Lohmann, Frankfurt	35	15
	MCCS, Hamburg	35	21
	RAC, Stuttgart	35	30
119	Stöhr Scheer, Düsseldorf	35	24
120	GFH, Waiblingen	35	9
121	Huth + Wenzel, Frankfurt	35	25
122	Michael Schirner, Düsseldorf	35	20
123	Menzel Nolte, Hamburg	34	22
124	Ruhl Agentur GmbH, Köln	34	18
125	Struwe & Partner, Düsseldorf	34	32
126	Birkholz + Jedlicki, Frankfurt	33	23
127	WFP Felske + Partner, Mönchengladbach	32	24
128	Pauli-Bach & Partner, Köln	32	34
129	I/W/U, Hamburg	31	18
130	Bockelmann & Partner, Hamburg	31	13
131	cre art, Fulda	30	33
132	Heinson & Krenz, Frankfurt	30	19
133	Schlimmack & Partner, Bielefeld	29	26
134	Frahm & Wandelt, Hamburg	29	24
135	VWI Werbung, Herrsching	28	25
136	CDC, Frankfurt	28	26
137	Hass & Partner, Köln	28	20
138	Maßmann, Neuser GmbH, München	28	14
139	Linnig und Partner, Koblenz	27	23
140	WRW Rades & Wankum, Köln	26	22
141	Barten & Barten, Köln	26	29
142	R/T/G/M, Berlin	26	13
143	Krabiell & Liedtke, Hamburg	26	12
144	Beithan, Heßler, Frankfurt	26	14
145	Perfact, Düsseldorf	26	8
146	Werbeagentur Prüfer, Baden-Baden	26	16
147	Mandel und Wermter, Düsseldorf	25	15
148	Witt, Kainz & Partner, Lindau	25	34
149	LD, Stuttgart	24	21
150	Rosenbauer Solbach, Hamburg	24	20

Quelle: Horizont

COMPETITIONS

Neben dem täglichen Kampf um Kunden und deren Etats stellen sich Werbeagenturen mit ihren Kampagnen in Wettbewerben vor, um ihre Kreativität gegenüber der Konkurrenz auszuloten. Die wichtigsten internationalen Wettbewerbe:

DEUTSCHER PLAKAT GRAND PRIX
Fachverband Außenwerbung
Ginnheimer Landstraße 11
60487 Frankfurt
Telefon 069 / 70 90 59
Die Teinahme ist kostenlos.

INTERNATIONALER GRAND PRIX
Europäische Förderation für Außenwerbung
FEPE
Kontakt über den FAW
Telefon 069 / 70 90 59
Die Teilnahme ist kostenlos.

COMPRIX - PREIS FÜR INNOVATIVE PHARMA-COMMUNICATION
Deutscher Kommunikationsverband BDW
Königswinterer Straße 552
53227 Bonn
Telefon 0228 / 44 45 60
Gebühr: 200-500 DM (+15% Mwst.).

CLIO
Clio Worldwide Ltd.
400 Madison Ave, Suite 1208
New York
N.Y. 10017
Telefax 001 / 212-754-0581
Gebühren: Einzelsujets ca. 100$, Kampagnen ca. 200$.

NEW YORK FESTIVAL PRINT- & RADIOWERBUNG
Antje Strahlendorf
Horstlooge 37
22359 Hamburg
Telefon 040 / 603 00 66
Gebühren: 80-150$ für Einzelsujets, 120-180$ für Kampagnen.

PREIS DER DEUTSCHEN FACHPRESSE
Deutsche Fachpresse Walter Welker
Großer Hirschgraben 17-21
60311 Frankfurt
Telefon 069 / 13 06-397
Gebühren: 300 DM (inkl. 15% Mwst.).

CREATIVE RADIOWERBUNG
ARD-Werbung Media Marketing
Falkensteiner Straße 75-77
60322 Frankfurt
Telefon 069 / 154 24-100
Gebühren: Einzelspot 300 DM, Serie mit bis zu drei Spots 450 DM, jeder weitere Spot einer Serie 150 DM.

CANNES
International Advertising Festival
Woolverstone House
61/62 Berners Street
London W1P 3AE
Telefon 00 44 71 / 636 61 22
Gebühren: £315 für den Film-Wettbewerb, £165 für Beiträge im Press- und Poster-Wettbewerb.

GEWINNENDE WERBUNG
Akademie für Marketing/Kommunikation
Elbinger Straße 1
60487 Frankfurt
Telefon 069 / 70 40 95
Gebühren: 125 DM pro Arbeit und Kategorie.

CRESTA AWARD
Nancy Ross
432 Park Avenue South, Suite 602
New York
N.Y. 10016
Telefon 001 / 212-696-1323
Gebühren: 130$ für Einzelmotive, 85$ für Beiträge, die Teil einer Kampagne sind.

EFFIE
Gesamtverband Werbeagenturen GWA
Friedensstraße 11
60311 Frankfurt
Telefon 069 / 256 00 80
Gebühren: 300 DM pro Teilnehmer, 600 DM für Endrundenteilnehmer.

BERLINER TYPE
Deutscher Kommunikationsverband BDW
Königswinterer Straße 552
53227 Bonn
Telefon 0228 / 44 45 60
Gebühren: 250 DM für den ersten Beitrag, 200 DM für jeden weiteren.

ECHO-AWARD
Direct Marketing Association
6 East H3 Street
New York
N.Y. 100-10017
Telefon 001 / 212-768-7277
Gebühren: 75$ in der ersten Runde, 150$ in der zweiten Runde.

BERLINER KLAPPE
Deutscher Kommunikationsverband BDW
Königswinterer Straße 552
53227 Bonn
Telefon 0228 / 44 45 60
Gebühren: 500 DM für den ersten Beitrag, 300 DM für alle weiteren. Zehn Prozent Rabatt für Verbandsmitglieder und Mitglieder des Filmproduzentenverbandes.

DEUTSCHER DIRECTMARKETING PREIS
Deutscher Directmarketing-Verband
Hasengartenstraße 14
65189 Wiesbaden
Telefon 0611 / 72 33 74
Gebühren: Circa 350 DM für die erste Arbeit, rund 260 DM für die zwei folgenden Einsendungen.

EPICA
Europe´s Premier Creative Awards
65, Rue J.J. Rousseau
92150 Suresnes
Telefon 003 31/ 42 04 04 32
Gebühren 1000 FF pro Unternehmen, 900 FF pro Anzeige, Plakat oder Film.

NEW YORK FESTIVAL NON BROADCAST
Antje Strahlendorf
Horstlooge 37
22359 Hamburg
Telefon 040 / 603 00 66
Gebühren: 100-250.

BEST OF EUROPE
European Direct Marketing
Association EDMA
36, Rue du Gouvernement Provisoire
B-1000 Brüssel
Telefon 003 22 / 217 63 09
Gebühren: 7000 belgische Francs für Mitglieder, 8500 belgische Francs für Nichtmitglieder.

EUROBEST
International Advertising Festival
Woolverstone House
61/62 Berners Street
London W1P 3AE
Telefon 00 44 71 / 636 61 22
Gebühren: £ 117,50 pro Arbeit.

NEW YORK FESTIVAL TV- & KINOWERBUNG
Antje Strahlendorf
Horstlooge 37
22359 Hamburg
Telefon 040 / 603 00 66
Gebühren: 100-200.

ÖKOLOGIE UND KOMMUNIKATION
Kommunikationsverband Bayern BWF
Orleansstraße 34
81667 München
Telefon 089 / 448 81 91
Gebühren: Einzelsujets 100 DM, Kampagnen mit bis zu drei Motiven 250 DM, Kampagnen mit bis zu sechs Motiven 400 DM, jeweils exkl. Mwst..

ADC
Art Directors Club für Deutschland
Melemstraße 22
60322 Frankfurt
Telefon 069 / 596 40 09
Gebühren: 180 DM-500 DM.

ADVERTISING SLANG

DAS KLEINE MAX-LEXIKON FÜR WERBE-ENGLISCH

Wer in die Werbung will, sollte Fremdsprachen beherrschen – doch selbst wer gut Englisch spricht, für den klingen manche Werbefachausdrücke wie Chinesisch. Wer sich beim Vorstellungsgespräch nicht blamieren will, kann schon mal Werbeslang büffeln. Vorsicht ist dennoch geboten, man kann's nämlich leicht übertreiben.

A.A.A.A.A.: Association of American Advertising Agencies – Vereinigung amerikanischer Werbeagenturen

A to S Ratio: Advertising-Sales-Ratio – Benennt das Verhältnis von Werbeaufwand zum Umsatz

Above the Line: Werbung in streufähigen Werbemitteln, im Gegensatz zu >Below the Line

Account Executive: Der beste Kopfrechner der Werbeagentur. Betreut und berät Agenturkunden in strategischen und kaufmännischen Fragen

Ad: Abkürzung für Advertising, Anzeige

Advertising: Englischer Begriff für Werbung

Advertising Age: US-amerikanisches Werbefachblatt

After Image: Der nachbleibende Eindruck einer Werbebotschaft auf den Empfänger

After Sales Marketing: Das Bemühen um den Kunden nach dem Kauf soll ihn zum Wiederholungstäter machen

AI: Artificial Intelligence – Künstliche Intelligenz

AIDA: Werbeerfolgsformel: (1) Attention – Die Aufmerksamkeit des Kunden erlangen. (2) Interest – Sein Interesse wecken. (3) Desire – Interesse in einen Wunsch umwandeln. (4) Action – Den Kunden zum Kauf bewegen

Air Brush: Spritztechnik für Illustrationen, bei der die Farbe mit hohem Druck durch eine Düse auf das Arbeitsmaterial gepreßt wird, heute wird das auch mit dem Computer bewerkstelligt

Akquisition: Anwerben von Kunden durch Aussendungen, Anrufe, Veranstaltungen, etc.

Animation Designer: Zuständig für computergestützte Animation (Zusammenstellung von einzelnen Bildern zu Bewegungsabläufen und Trickfilmen)

Appetizing Appeal: Appetitanregende Ausstrahlung einer Anzeige, vorwiegend im Nahrungsmittelbereich

Art Buying: Abteilung einer Werbeagentur, die externe Mitarbeiter wie Fotografen und Illustratoren für bestimmte Aufgaben empfiehlt oder aussucht und z.T. mit der Beschaffung von Requisiten etc. betraut ist

Art Director: Er ist der verantwortliche Grafiker für die visuelle Gestaltung einer Werbebotschaft

Art Directors Annual: Jahrbuch des Art Directors Club. Hier werden jährlich die prämierten Arbeiten (Anzeigen, Plakate, TV-Spots, Fotos etc.) in einem Buch und einer Videocassette zusammengefaßt

ADC: Art Directors Club – Verband der kreativen Berufe der Werbung

Attention Value: Aufmerksamkeitswert eines Werbemittels

Attitude: Im Test erfaßte Einstellung eines Probanden

Audit Store: Testgeschäft

Aufhänger: Hier ist die Werbebotschaft am wirkungsvollsten, z.B. ein witziger Einstieg in den Text

Austastlücke: Das Fernsehbild wird durch einen Elektronenstrahl erzeugt, der das Bild in gerade und ungerade Zeilen zerlegt. Diese liegen relativ weit auseinander, zwischen den Zeilen befindet sich die informationslose Austastlücke. Sie kann zur Übertragung anderer Informationen genutzt werden, z.B. Videotext

Autotrace: Das selbstständige Nachzeichnen einer Bildvorlage durch ein Computerprogramm

Backdrop: Gestalteter Hintergrund für Film- und Fotoaufnahmen

Ballyhoo: Effekthaschende Werbung in Wochenmarkt-Manier

Band Wagon Effect: Der Herdentiereffekt. Der Absatz eines Produktes steigt, weil viele Nachahmer es konsumieren

Barter: Gegengeschäft. Wird oft im Filmrechtehandel praktiziert, z.B. indem das Recht zur Ausstrahlung eines Filmes gegen eine dem Wert entsprechende Werbezeit getauscht wird

Below the Line: Alle nicht-klassischen Maßnahmen für den Absatz eines Produktes, z.B. Broschüren, Rabattaktionen

Billboard: Plakatwand

Billing Insert: Beigelegtes Werbemittel, z.B. der mit einer Rechnung versandte Prospekt

Bionik: Zurück zur Natur. Übertragung von Problemlösungsstrategien der Natur auf ein Produkt

Blind Product Test: Coke oder Pepsi? Test von neutral verpackten Produkten durch Probanden, Schmecken ohne Sehen

Blow-Up: Vergrößern des Formats von Fotos oder Filmen (z.B. von 16 mm auf 35 mm)

Blue Box: Spezielle Tricktechnik, um verschiedene Bilder oder Filmszenen übereinander zu kopieren. Alle in einer bestimmten Farbe eingefärbten Objekte können nachträglich ausgeblendet oder mit einem anderen Hintergrund versehen werden (meistens wird ein bestimmtes Blau benutzt). So lernte Supermann fliegen

Bottom Line: (1) Die letzte Zeile einer Aussage (2) Die Grundaussage eines Spots

Brainstorming: Ideenfindung, bei der jeder Teilnehmer spontan seine Einfälle zur Sprache bringt. Die einzelnen Beiträge werden gemeinsam weiterentwickelt und erst am Ende bewertet. Die Ideenmaschine in Werbeagenturen

Branding: Im Fahrwasser einer vorhandenen Marke fahren; z.B. arbeiten Franchise-Unternehmer zwar selbstständig, aber nach den Vorgaben einer bekannten Marke (z.B. McDonalds)

Brand Loyalty: Die Markentreue des Konsumenten

Brand Parity: Markengleichheit. Eine wachsende Anzahl von Produkten und Dienstleistungen gleichen sich oder sind austauschbar geworden, der Verbraucher muß häufiger vergleichen und informiert werden

ADVERTISING SLANG

Briefing: Mit dem B. erhält die Agentur vom Auftraggeber alle nötigen Angaben zum Produkt – Zielgruppe, Budget, Ziele. Je nach Aufgabe wird zwischen Packungs- und Marktforschungsbriefing unterschieden

Bulk Mailing: Massendrucksache

C: Clear, Concise, Conversational, Convincing – Klar formuliert, bündig, verständlich, überzeugend. Das Vitamin C für Webetexte

Canceln: Rückgängig machen

CAS: Computer Aided Selling – Verkaufen mit Computerhilfe. Computergespeicherte Kundendaten unterstützen das Verkaufen

Casting: Auswahl von Darstellern für Film-, Foto- oder Synchronisationsaufnahmen

Ceiling Effect: Schwindender Umsatzzuwachs eines Produktes bei steigender Bekanntheit

Center Spread: Anzeige auf der mittleren Doppelseite einer Zeitschrift

City Light Poster: Plakat in einer beleuchteten Vitrine

Claim: Werbeslogan zu einem Produkt bzw. einer Dienstleistung mit hohem Wiedererkennungswert für das Produkt (Wer wird denn gleich in die Luft gehen?)

Clip Art: Abbildungen oder Illustrationen. Werden in C.A. Bibliotheken auf Diskette, CD oder in Loseblattwerken aufbewahrt

Cocooning: Sich in die eigenen vier Wände zurückziehen und von der Außenwelt isolieren. Dieser Trend freut die Hersteller von Sega, Nintendo und Co.

COIK: Clear Only If Known – Nur verständlich, wenn bekannt. Diese Werbebotschaft versteht nur eine eingeweihte Zielgruppe

Coined Word: Phantasiebegriff, z.B. „schweppen"

Computer Aided Design: Dieses Computerprogramm erlaubt es, Konstruktionszeichnungen dreidimensional darzustellen. Objekte können aus verschiedenen Perspektiven betrachtet werden, auf dem Bildschirm gezeichnete Räume und Objekte sind für den Designer „begehbar"

Computer Animation: (1) Mit Computerhilfe konstruierte dreidimensionale, bewegliche Bilder. (2) Das Miteinander oder Verschmelzen von realen und vom Computer erzeugten Bildern in einem Film

Consumer Research: Verbraucherforschung

Convenience Goods: (1) Allgemeine Gebrauchsgüter. (2) Produkte, deren Vorteile im einfachen Gebrauch und einer Zeitersparnis liegen (z.B. Mikrowellengerichte)

Copy: Werbetext

Copy-Preis: Preis pro Exemplar einer Veröffentlichung, z.B. Zeitschrift, Prospekt, Taschenbuch

Corporate Design: Visuelle Darstellung eines Unternehmens und seiner Produkte. Das Firmenlogo, Verpackungen und Design werden nach einheitlicher Richtlinie gestaltet

Corporate Identity: Das gesamte Erscheinungsbild eines Unternehmens. Sowohl intern, als auch in der Öffentlichkeit – Wertvorstellungen, Maßstäbe, Ziele

Coupon: Mit einer Anzeige verbundene Antwortkarte

Cowcatcher: Vorspann eines Werbefilmes

Cradle-to-Grave Responsibility: Von der Wiege bis ins Grab. Ökologische Verantwortung des Produktherstellers von der Entwicklung bis zur Entsorgung, bzw. Rückführung

Cream: Die Sahne abschöpfen. Eine Adressliste gewinnbringend umsetzen

Creative: Umfaßt alle Mitarbeiter, die im gestalterischen Bereich tätig sind. Geleitet wird die Creative Abteilung vom Creative Director, mit von der Partie sind die Art Directors und Texter

Creative Consultant: Der Berater für textliche oder gestalterische Fragen

Creative Director: Chef der kreativen Abteilung. Er bestimmt die kreative Linie, übernimmt Managementaufgaben dieses Bereichs und ist auch Ansprechpartner für den Kunden

Cross Selling: Nutzung bestehender Kundenkontakte für andere Aufträge

Database Marketing: Diese Marketing-Maßnahmen werden mit Hilfe einer Datenbank gesteuert, die Angebote auf einem Prospekt werden nach getestetem Kaufverhalten zusammengestellt

Design Development Test: Test zur Entwicklung eines Designs anhand von Gruppendiskussionen mit Gestaltern und Verbrauchern

Desktop Publishing: Visuelles Gestalten mit dem PC. Sonst getrennte Arbeitsschritte wie Illustration, Typographie, Lithographie etc. werden zusammengefaßt – das endgültige Layout der Seite erscheint auf dem Bildschirm. Die gebräuchlichsten Programme sind QuarkXPress, PageMaker und FreeHand

Deutscher Werberat: Für Selbstkontrolle verantwortliche Institution im Zentralausschuß der deutschen Werbewirtschaft hier werden Rügen für Kampagnen gegeben, die über die Strenge schlagen

Dialog Marketing: Die Marketingstrategen setzen bei dieser Form auf einen Dialog mit dem Konsumenten >Direct Marketing, >Direct Mail, >Direct Response

Dinks: „Double Income, No Kids" – Verheiratete, kinderlose Doppelverdiener. Diese Ehepaare stellen eine goldene Zielgruppe dar, sie verfügen über ein hohes, frei verfügbares Einkommen

Direct Imaging: Bei diesem Verfahren wird die am PC gestaltete Seite digital in eine Mehrfarben-Offset-Druckmaschine übertragen. Es entfällt der herkömmliche Weg über Druckfilme und daraus angefertigte Druckplatten

Direct Mail: Direktwerbung. Mit Hilfe einer Adressliste werden Postsendungen direkt verschickt und sollen möglichst zu Reaktionen wie Antwort oder Bestellung führen

Direct Marketing: Werbeaktivität, die den Verbraucher individuell anspricht und möglichst eine Reaktion hervorrufen soll

Direct Response: Jede Direktwerbemaßnahme, die eine Reaktion des Angesprochenen zum Ziel hat

Display: Werbemittel am Ort des Verkaufs. Unterschieden wird zwischen VerkaufsD., SchaufensterD., ThekenD.

Dissolve: Überblendungstechnik im Film. Ein Bild verblaßt, während ein anderes erscheint

Distribution: (1) Die Warenverteilung an den Konsumenten. (2) Anteil der Geschäfte, die eine bestimmte Marke verkaufen, an der Gesamtheit der Geschäfte. Die D. gibt Auskunft über die Verfügbarkeit des Produktes

Dobys: „Daddy Older, Baby Younger" – Männer, die jenseits der Vierzig noch oder noch einmal Väter werden

Door Opener: Gimmick, kleines Geschenk. Dieser Werbeartikel stellt bei einem Außendienstbesuch den ersten Kontakt her

Dummy: Blindmuster, leere Packung. Wird für die Anfertigung von Werbefotos oder als Schaufensterauslagen benutzt, z.B. Plastikeiswürfel

Dye Transfer: Aufsichtsvorlage, die aus verschiedenen Farbauszügen einer Vorlage (z.B. Foto) oder mit mehreren Vorlagen durch Matrizen gedruckt wird. Die Qualität der Vorlage macht genaue Korrekturen und weitere Abzüge möglich

Early Bird: Schneller Besteller eines Produktes oder einer Dienstleistung. Mit besonderen Prämien versucht man, die Reaktionszeit auf Werbeaktionen zu verkürzen

Effie: Jährliche Auszeichnung für herausragende, bzw. sehr effiziente Werbekampagnen; wird vom Gesamtverband der Werbeagenturen (GWA) verliehen

Eidophor: Großbildprojektionen von elektronischen Signalen (Video- oder PC-Bilder)

Electronic Editing: Die Verbindung von elektronisch gespeicherten Bild- oder Tonsequenzen zum Schneiden oder Aufnehmen

Event Creation: Kluge Köpfe lassen sich Veranstaltungen im Rahmen des Sponsoring oder Marketing einfallen, die von Unternehmen unterstützt werden

SERVICE ['sɜːvɪs]

Eye Appeal: Blickfang, taucht auch unter der Bezeichnung Eye Catcher oder Eye Stopper auf

F

Facing: Sichtbarer Bereich eines Produkts im Regal, z.B. die Vorderseite einer Verpackung

Fangwort: Gefangennehmendes Schlagwort, als Klassiker geistern „Gratis", „Neu" und „Sofort" durch die Supermärkte

Flip-Chart: Auch Flipflop. (1) Präsentationsmappe, in der die Blätter lose übereinander gelegt werden. (2) Ständer mit großformatigen Blättern, die einzeln umgelegt werden können. Ergebnisse von Besprechungen im größeren Kreise werden darauf festgehalten

Fly-Away: Mobile Sendeeinheiten für Satellitenübertragungen

Flyer: Lose Beilage bei >Mailings

Folder: Mehrmals gefalzter Prospekt

Follow Up: Folgeaktion auf eine Werbemaßnahme, z.B. Kampagne nach Preisnachlaß für ein Produkt

Font: Digitaler Zeichensatz für eine Schrift im Rahmen des >Desktop Publishing

Forecast: Vorhersage. Das geschätzte Agenturergebnis für die Budgetplanung einer Werbeagentur

Freelancer: Freier Mitarbeiter

Freebies: Kundenzeitschriften des Handels

Freeze Frame: Eingefrorene Filmszene. Populärer Effekt in Werbefilmen

French Door: Anzeigenformat. Hinter zwei, je nach rechts und links aufklappbaren Seiten kommt eine weitere, darunter liegende Anzeigenseite zum Vorschein

Fruppis: Frustrated Urban Professionals – Frustrierte Karrieristen in Metropolen. Griesgrämige Ex-Yuppies in der Midlife-Crisis

Full Service: Agenturen mit diesem Prädikat führen die gesamte Kundenbetreuung in Eigenregie aus – Planung, Media, Buchhaltung. Special Agenturen dagegen widmen sich nur bestimmten Teilbereichen

Fund Raising: Bei dieser Art der Werbung gilt es, möglichst viele Leute oder Institutionen zum Spenden für ein Projekt zu bewegen

G

Gadget: Blickfänger; z.B. können Schlüsselanhänger einem Mailing beigelegt werden, auch Gimmick

Gatefold: Anzeigenformat, dessen Anzeigenfläche sich durch das Öffnen einer oder mehrerer aufklappbarer Seiten vergrößert

Generics: Marken, deren Namen zum Begriff für alle Produkte gleicher Art geworden sind; z.B. Pampas sind zum Inbegriff aller Einweg-Windeln geworden

Green Washing: Bei dieser Methode wird das geringste ökologische Merkmal eines Produktes werblich an den Haaren herbeigezogen und in Umsatz umgemünzt

H

Hard Selling: Besonders hartes Verkaufen mit Ellenbogeneinsatz und um jeden Preis

Hidden Persuaders: „Geheime Verführer". Vielgelobtes, aber auch umstrittenes Buch mit gleichem Titel von Vance Packard über Methoden der Werbung

HDTV: High Definition Television – Technische Norm für einen neuen, hochauflösenden Qualitätsstandard für Fernsehbilder. Zur Auflösung des Fernsehbildes werden mehr als 1000 Zeilen verwandt (das in Deutschland verbreitete PAL-System arbeitet mit 625 Zeilen)

Home Shopping: Bestellen von Waren und Dienstleistungen über Bildschirmtext oder ähnliche bewegungslähmende Erfindungen. Der Kunde erhält alle gewünschten Infos per Bildschirm

Hot Shop: Agentur oder eine Gruppe von Kreativen, die avantgardistische Werbung machen. Beschränkt sich meist auf den kreativen Bereich, im Gegensatz zum >Full Service

Human Touch: Mit einer Portion Menschlichkeit zielen einige Werbekampagnen unter diesem Motto ins Herz, um den Konsumenten für sich zu gewinnen

I

Image Composing: Zusammenfügen verschiedener Bilder mit Computerhilfe

Imaging: Digitale Speicherung von Daten, Bildern und Dokumenten

In-Store Promotion: Verkaufsförderungsaktion, die im Laden stattfindet

Information Overload: Informationsüberfrachtung

Infotainment: In unterhaltender Form übermittelte Information

Inhouse System: In sich geschlossene Verkabelung eines Gebäudes für Telefon- oder Computeranlagen bzw. Radio- und TV-Anschluß. In das Netz kann insgesamt oder lokal auch Werbung eingeflochten werden

Insert: (1) Anzeige, die aus einem anderen Material als der Werbeträger besteht, auf dem sie erscheint. (2) Eingefügter Kasten innerhalb einer Anzeige. (3) Eingesetzter Filmausschnitt. (4) Austauschen von Bild- und Tonteilen im Rahmen des >Electronic Editing

Inside Rolling Gate: Nach innen eingeschlagene Anzeigenseiten, die auseinandergeklappt mindestens sechs Seiten öffnen

J

Jingle: Erkennungsmelodie für ein Produkt, bzw. gesungene Werbeaussage

Johnson-Box: Rubrik auf Werbemitteln, die das wesentliche des Angebotes zusammenfaßt

Junk Mail: Werbung, die der Konsument nicht beachtet

K

Kerning: Zusammenstellen von verschiedenen Symbolen oder Zeichen aus ästhetischen Gesichtspunkten

Kiss: Keep it simple and stupid – Beschreibe es einfach und leicht dümmlich. Wichtiges Gebot für Werbetexter, der Bevölkerung nicht allzuviel zuzumuten

L

Launch: Einführung einer Marke

Layout: Entwurf eines Werbemittels, der skizzenhaft die endgültige Gestaltung wiedergibt. Unterschieden wird zwischen Scribble (Skizze), Rough (roher Entwurf), Layout und Reinlayout (sehr detaillierte Version)

Lead Agency: Innerhalb eines internationalen Agenturverbundes gibt diese „Mütteragentur" die Richtlinien für eine Kampagne vor

Leaflet: Prospekt, Handzettel, Flugblatt

Licensing: Übertragen von lizenzrechtlich geschützten Objekten auf Werbemittel, z.B. auf der Rückseite von Kellogg's Cornflakes erscheinen Spielbergs Dinosaurier. Meistens vertreten Lizenzabteilungen oder -agenturen die Lizenzinhaber

Lobbying: Das Zustandekommen positiver Beziehungen zu politischen Entscheidungsträgern

Lookalike: Person, die einem Prominenten zum Verwechseln ähnlich sieht und als Double in der Werbung eingesetzt wird

Low Budget: Eine Werbefilmproduktion, die mit einem geringen finanziellen Aufwand gedreht wird

Low Interest: Produkt, dem der Verbraucher nur wenig Aufmerksamkeit schenkt

M

Mailing: Oberbegriff für per Post versandte Werbesendungen

Mail Order: Verkaufsmethode, bei der durch direkte Ansprache (Telefongespräch, persönlich formulierter Brief, etc.) Kaufreaktionen ausgelöst werden sollen >Direct Marketing

Mapping: Darstellung schwieriger Sachverhalte auf einer Kreisebene

Marketing: Ausrichten, Planen und Kontrollieren von Einflüssen auf den Verbraucher, mit dem Ziel, ihn zu einem bestimmten Verkaufs- und Bedürfnisverhalten zu bewegen

Matching: Angleichen

ADVERTISING SLANG

MAYA: Most advanced yet acceptable – Dann am vorteilhaftesten, wenn bekannt. Diese Zauberformel besagt, daß eine Gestaltung dann am effektivsten ist, wenn sie etwas Vertrautes mit etwas Neuartigem verbindet

Mee-Too: Produkt, das mit anderen vergleichbar ist und keine individuellen Merkmale aufweist

Meeting: In der Werbebranche gebräuchliche Ausrede, um von Anrufen verschont zu bleiben; sonst auch Besprechung

Mega Merger: Zusammenschluß von großen Firmen durch Aufkauf oder Verflechtung

Merchandiser: Dienstleister oder Angestellter eines Herstellers, der in den Regalen des Handels für die Regalpflege (Preisauszeichnung, Gestaltung, etc.) sorgt

Merchandising: (1) In den Markt bringen von Produkten, die in Zusammenhang mit Filmen oder Bücher stehen, T-Shirts, Spielzeug, etc. (2) Verkaufsflächenpflege

Merger: Zusammenschluß von Firmen

Milking Strategy: Diese Marketingstrategie hat möglichst hohe Gewinne aus der Vermarktung eines Produktes zum Ziel

Mnemonic Device: Visualisierung einer Werbebotschaft, z.B. steht der „Tiger im Tank" für die Leistungsfähigkeit des Teibstoffes von Esso

Mobys: „Mummy older, baby younger" – Ältere Mütter, kleine Kinder. Frauen, die erfolgreich die Karriereleiter erklommen haben und Mutter werden

Mock up: Model oder Muster

Modelling: Das geplante Ändern von Persönlichkeit und Image, als Vorreiter gilt Michael Jackson

Moonlighting: Erwünschter oder unerwünschter Nebenerwerb von Kreativen, die in ihrem Office für andere Agenturen oder Kunden die Nacht zum Arbeitstag machen

Morphing: Fließende Metamorphose von einem Bildinhalt zum Folgenden. Die Computertechnologie macht's möglich; siehe Picco Werbespot

Multiplying-Effekt: Der Einsatz einer Werbekampagne in unterschiedlichen Medien verstärkt die Wirkung. Hörfunkspots unterstützen die Wirksamkeit vor TV-Werbefilmen

Muzak: Werbemusik als Untermalung, z.B. in Supermärkten. Soll die Kaufbereitschaft steigern. M. wird nach psychologischen Gesichtspunkten für den jeweiligen Bedarf zusammengestellt

Network: (1) Gruppe von Menschen, die aufgrund gleicher Interessen zu bestimmter Zeit eine Einheit bilden. So verbindet das Hobby des Skilaufens eine bestimmte Bevölkerungsgruppe, deren soziale Struktur sonst wenig Gemeinsamkeiten aufweist. (2) Agenturnetz, das in verschiedenen Ländern Ableger hat

Nielsen: Bundesdeutsches Marktforschungsunternehmen. Teilt die Bundesrepublik in sieben vergleichbare sog. Nielsen-Gebiete auf. Diese werden im allgemeinen bei Marktforschungen oder Erhebungen verwendet.
1a : Schleswig-Holstein, Hamburg, Bremen, Niedersachsen.
2a : Nordrhein-Westfalen
3a : Hessen, Rheinland-Pfalz, Saarland
3b : Baden-Württemberg
4a : Bayern
5a : West-Berlin
5b : Ost-Berlin
6a : Mecklenburg-Vorpommern, Brandenburg, Sachsen-Anhalt
7a : Thüringen, Sachsen

NIMBY: Not in my backyard – Nicht in meinem Vorgarten. Allgemein verbreitete positive Einstellung zu gesellschaftlichen Entwicklungen, deren Auswirkungen auf den Einzelnen aber unerwünscht sind. „Ja" zu Umweltschutz, „Nein"zum teureren Kat-Neuwagen

No-Name-Product: Produkt ohne Markenbezeichnung. Diese sog. „weiße Ware" besticht vorwiegend durch einen unterdurchschnittlichen Preis

OCR: Optical Character Recognition – Schriftart, die für optisch-automatische Schrifterkennung genutzt werden kann

One-Shot Mailing: (1) >Direct-Mail-Aktion, die nur aus einer Aussendung besteht. (2) Einmaliges Versenden eines >Mailings

Opinion Leader: Jemand, der auf die Entstehung von Trends und Lebensstilen Einfluß nimmt. Jane Fonda gilt als die Mutter der Aerobic-Bewegung

Overhead: (1) Angestellter in einer Agentur, der nicht an der direkten Erstellung der Agentur-Leistung beteiligt ist. (2) Alle Kosten, die nicht durch Mitarbeiter oder direkt erbrachte Leistungen verursacht worden sind, z.B. Kosten für Forschung oder Strategiesuche

Overkill: (1) Über die Strenge schlagen und, z.B. bei einer Überpräsenz an Werbung, das Gegenteil erreichen. (2) Adressen, die beim Beseitigen von Doppelgängern in der Liste gestrichen werden, tatsächlich aber nicht doppelt vorhanden waren

Pack Shot: Packungsabbildung in einer Anzeige oder in einem TV-Spot >Freeze

Panel: Personenkreis, der als repräsentativ für eine bestimmte Zielgruppe gilt und mehrmals nach gleichen Methoden befragt wird

Peel-Off: Selbstklebendes Etikett, das vom Empfänger abgezogen werden kann; z.B. für eine Antwortkarte

Piggy Back: Werbebeilage, die einer Rechnung oder Werbesendung beigelegt wird

Pipeline: Produkte, die an den Handel verkauft, aber noch nicht in die Hände des Konsumenten gelangt sind. Der Pipeline-Effekt beschreibt einen „Warenstau" zwischen Produzent und Handel, der z.B. durch Billigangebote an den Handel ausgelöst werden kann

Pixel: Picture Element – Aus diesen Bildelementen setzt sich der optische Bildinhalt zusammen

PPM: Pre Production Meeting – Besprechung mit allen zuständigen Mitarbeitern vor Produktionsbeginn, um dem Ablauf eines Werbespots oder einer Anzeigenkampagne den letzten Schliff zu geben

Prime Time: Beste Sendezeit für Werbespots zwischen 19 Uhr und 22 Uhr. Aufgrund des zuschauerfangenden Programmes sitzen die meisten Leute vor dem Fernseher

Private Brand: Marke eines Handelsunternehmens. Das Produkt wird auch von Kaufhäusern oder Supermärkten gekauft und unter jeweils eigenem Namen in den Handel gebracht

Product Placement: Bezahlte Werbebotschaften in Spielfilmen, Serien oder (das gibt Ärger) redaktionellen Beiträgen

Promotion: Ergänzende Kommunikationsmaßnahme zur Steigerung des Umsatzes; gebräuchlich sind Preisausschreiben, Bonus-Punkte und Zwei-zum-Preis-von-Einem-Angebote
Consumerpromotion – richten sich an den Konsumenten
Dealerpromotion – Unterstützung des Verkaufens in den Handel
Staffpromotion – den Außendienst in Fahrt bringen

Promotional Licensing: Einsatz von lizenzrechtlich geschützten Zeichen, Bildern oder Begriffen für eine zeitlich begrenzte Verkaufsförderungs-Aktion

Prospect: Ein potentieller Kunde

Puppies: „Poor urban professionals" – In einer Metropole lebender, armer, freiberuflicher Schlucker, der für den Yuppie nur einen verächtlichen Blick übrig hat

Push and Pull: Push umschreibt das Verkaufen in den Handel, Pull beschreibt das An-den-Mann-bringen des Produktes. Push and Pull vereinigt beide Maßnahmen

Questionaire: Fragebogen

Rack Jobbing: Bei dieser Verkaufsform bedient der Lieferant eine Verkaufsfläche in einem Geschäft, bei Nichtverkauf nimmt er die Ware wieder zurück, z.B. werden Zeitschriftenregale meist mit dem R.-J.-System bedient

Random: Marktforschungsverfahren, bei dem die befragten Personen nach dem Zufallsprinzip ausgewählt werden

Ranking: Rangliste. In Werbeagenturen fiebert man der jährlichen nach Umsatz erstellten Branchenrangliste entgegen

SERVICE ['sɜːvɪs]

Re-Briefing: Die Agentur interpretiert das >Kunden-Briefing und klärt mit Rückfragen vorhandene Unklarheiten

Relaunch: Überarbeitung einer Marke durch Veränderungen am Produkt, an der Packung, der Werbung oder durch Wiedereinführung

Road Show: Bewegliche Werbemittel auf LKW, Spezialwaggons der Bahn oder Messeschiffen. Mit der Präsentationsshow können auch schlechte Orte erreicht werden, in denen schlechte Infrastruktur vorhanden ist (Messen in ländlichen Gebieten)

Royalty: Abgabe. Anteil einer Honorarrechnung, der z.B. an eine >Leadagentur als Provision abgeführt werden muß

Rub On: Siebdruckverfahren auf Folie. Durch Abreiben auf Papier und ähnliche Materialien kann der Druck übertragen werden, genutzt für die Layoutherstellung oder die Fertigung von Einzelvorlagen im fotografischen Bereich

Scanner: (1) Elektronisches Gerät zur digitalen Abspeicherung einer Bildvorlage. Die Daten können für das Desktop Publishing genutzt oder per Funkkontakt, bzw. Leitung versendet werden. (2) Lesegerät für Produkte, die mit Balkencode versehen wurden

Scratch´n Sniffn: Mit Duftstoffen behandeltes Werbemittel. Unter Druck oder bei Reiben der Oberfläche wird der Neugierige mit dem beworbenen Parfum umnebelt

Sreening: (1) Der Einsatz von Filterfragen bei einem Marktforschungstest. (2) Produktentwicklung

Scribble: Erster, noch ungenauer Entwurf >Layout

Selfliquidator: Werbehilfsmittel, dessen Kosten sich mit dem Verkauf des umworbenen Produktes harmonisieren, z.B. Strohhalme als Beigabe zu Colabechern

Selfmailer: Werbemittel einer >Direct-Mail-Aktion, das mit einem Druckvorgang hergestellt wurde, z.B. Karte, Prospekt

Selpies: Second life people – Karrieristen, deren Kinder flügge geworden sind und die unglücklicherweise bereits alles konsumiert haben

Service Design: Gestaltung von Dienstleistungskonzepten, z.B. für Hotels, Taxiunternehmen

Setcard: Folder oder Karte mit Aufnahmen und Infos von Film- und Fotomodels

Shadow-Anzeige: Unterdrucken eines Textes mit einem hellgrau aufgerasterten Motiv

Share of Advertising: Anteil, den die Werbekosten einer Marke an den Gesamtaufwendungen des Produktsegmentes haben

Skippies: School kids with income and purchasing power – Schulkinder mit eigenem Einkommen und Kaufkraft

Slice of Life: Ausschnitte aus dem Leben. Werbefilm, mit dem sich der Zuschauer durch realitätsnahe Darstellung einer Alltagsszene identifizieren soll. Wer wollte nicht schon immer mit am Rama-Frühstückstisch sitzen?

Social Marketing: Marketingmaßnahmen, die nicht auf eine Umsatzsteigerung, sondern die Einflußnahme auf das öffentliche Bewußtsein abzielen; Spendenaufrufe, Plakate gegen Ausländerfeindlichkeit etc.

Sophisticated: Auffällig raffiniert oder überdreht

Splatter-Effekt: Blutige Effekte in Filmen

Sponsoring: Der eine Person, Institution oder Veranstaltung finanziell unterstützende Werbende versucht mit dem S. ein positives Echo in der Öffentlichkeit zu erreichen

Store Check: Stichprobe im Handel, um Angebot, Konkurrenzmarken, Werbemaßnahmen und Artikelplazierung zu überprüfen

Storyboard: Der skizzierte Ablauf eines Werbefilmes mit Bilderläuterung und Interpretation. Wird zur Präsentation des Konzeptes oder der Absprache mit dem Filmteam angefertigt

Super Slow Motion: Extreme superlangsame Zeitlupe

Supplement: Veröffentlichung, die dem Käufer einer kostenlos Zeitung zukommt, es gibt Programm-S. (prisma) und Magazin-S. (Zeit-Magazin)

Sweepstake: Gratis-Verlosung, bei der die Gewinner im Losverfahren ermittelt werden; dadurch erhöht sich die Rücklaufquote

Syndication: Redaktionelle Beiträge, Radio- oder TV-Produktionen, die an Dritte weiterverkauft oder gegen Werbeplätze getauscht werden. Auch Werbekampagnen oder Motive daraus werden weitervermarktet

Teaser: Gestaltungselement, daß die Aufmerksamkeit besonders steigert

Telerim: Empirisches Testverfahren, für das in einem Stadtteil oder einem Ort möglichst in vielen Geschäften das Einkaufsverhalten gemessen wird. Werbemaßnahmen können dafür regional begrenzt eingesetzt werden >TV Cut In

Tele Shopping: Verkauf von Produkten oder Dienstleistungen via TV-Sendung. Der Zuschauer wird über die Angebote informiert und kann/soll umgehend telefonisch ordern

Testimonial: Empfehlende Aussage eines scheinbar neutralen Dritten in einem Werbespot. Sowohl Leserbriefe und Interviews mit zufriedenen Kunden, als auch Prominente verfehlen nicht ihre Wirkung (American Express-Kampagne)

Think Global Act Local: Weltumfassend planen, regionspezifisch handeln – Die für alle Verkaufsländer geltenden Standards eines Produktes oder einer Kampagne werden je nach Kulturkreis in den Regionen verändert

Tip On: Auf eine Anzeige geklebte Antwortkarte oder Prospekt

TV Cut In: Verfahren, bei dem Werbespots aus dem TV-Programm genommen und durch andere ersetzt werden. Wird z.B. für regional begrenzt wirkende Spots genutzt

Ultimate Product: Ein Produkt, das im Laufe der Zeit zum Kultobjekt geworden ist, z.B. der VW Käfer

UMP: Unique Marketing Position – Eigenständige Marketingkonzeption, die einem bestimmten Produkt eine einzigartige Stellung verschafft

USP: Unique Selling Proposition – Kaufanregender Vorteil eines Produktes, der dieses von anderen unterscheidet; der USP von Mercedes-Benz ist die Zuverlässigkeit

Value Adding: Das Hinzufügen von besonderen Attributen, die für den Konsumenten den Wert einer Ware erhöhen

VO: Voice Over – Gesprochener, den Werbespot begleitender Text. Der Sprecher bleibt unsichtbar (spricht aus dem „Off")

Wear Out: Abnutzung der Werbewirksamkeit durch ein zu häufiges Senden eines TV- oder Radiospots bzw. Wiederholen einer Anzeige

White Mail: Post von Kunden. Werden in Agenturen besonders ernst genommen

Woofs: Well off older folks – Wohlhabende Bürger älteren Jahrganges. Trotz Kurzsichtigkeit und Schwerhörigkeit leichte Beute des gewitzten Werbers

Yiffies: Young, individualistic, freedom-minded and few – Junger, individueller Konsument, der Zufriedenheit höher gewichtet, als Luxus und Modetrends

Yeppie: Young, european and proud of it – Junge Europäer mit eigenen Idealen

YMCK: Yellow, Magenta, Cyan und Kontrast – Englisches Kürzel für die vier Druckfarben. Gelb, Magenta, Cyan und Schwarz

Yuppies: Young urban professionals – Die Vorhut der Zeitgeistgläubigen. Konsumfreudige Angestellte in Metropolen mit hohem Einkommen und Hang zu prestigeträchtigen Produkten

Zapping: Das Hin- und Herschalten zwischen verschiedenen Fernsehprogrammen. Laut Marktforschung besonders beliebt bei Beginn eines Werbeblocks, davon sind jedoch nicht alle Werber überzeugt

SERVICE
['sɜːvɪs]
WERBERS
PFLICHTLEKTÜRE

FACHPRESSE & ANNUALS

Wer über die Veränderungen in der Agenturszene, Etatverschiebungen, innovative Marketingstrategien, Personalwechsel, Preise und Auszeichnungen mitreden will, braucht Informationsquellen. In Deutschland am Puls der Werbeszene:

w&v - werben und verkaufen
Europa-Fachpresse-Verlag GmbH
Thomas-Dehler-Straße 27
81737 München
Telefon (089) 678 04-0
Telefax (089) 678 04 - 108
Zeitung für den Marketing-Kommunikationsbereich mit Nachrichten, Berichten, Kommentaren.
Erscheinungsweise: wöchentlich, freitags
Auflage: ca. 25000

Horizont
Deutscher Fachverlag GmbH
Mainzer Landstraße 251
60326 Frankfurt
Telefon (069) 75 95 01
Telefax (069) 75 95-1870
Branchenzeitung für Marketing, Werbung und Medien. In Nachrichten, Berichten, Kommentaren, Reports und Fallstudien wird der Bereich Marketing-Kommunikation dargestellt.
Erscheinungsweise: wöchentlich, freitags
Auflage: ca. 15500

Insight
Herausgeber: Deutscher Kommunikationsverband BDW e.V.
Verlag Rommerskirchen
Rolandshof
53424 Remagen-Rolandseck
Telefon (02228) 931-0
Telefax (02288) 93 11 49
Kritischer, kommentierender und einordnender Wegweiser der Kommunikationsbranche.
Erscheinungsweise: monatlich
Auflage: ca. 11000

Media Spectrum
Media Daten Verlag
Postfach 42 60
65032 Wiesbaden
Telefon (06123) 700-0
Telefax (06123) 700-122
Monatzeitschrift für Mediaentscheider in Wirtschaft, Werbung und wissenschaftlichen Institutionen. Gilt als Forum und Mittler zwischen akademischer und angewandter Kommunikationsforschung und Mediaplanung.
Erscheinungsweise: um den 15. jeden Monats
Auflage: ca. 3250

Der Kontakter
märkte & medien verlagsgesellschaft mbh
Postfach 50 10 60
22710 Hamburg
Große Elbstraße 14
22767 Hamburg
Telefon (040) 31 16 51-0
Telefax (040) 31 66 58
Informationsdienst, der sich vor allem an Manager, Macher und Mittler von Werbung in den deutschsprachigen Märkten Europas richtet. Er besteht aus Nachrichten, Kommentaren, Wertungen und Orientierungshilfen.
Erscheinungsweise: wöchentlich, montags
Auflage: ca. 3000

kress report
kress report Verlag GmbH
Traubergstraße 13
70186 Stuttgart
Telefon (0711) 46 10 51
Telefax (0711) 48 48 31
kress report berichtet seit 1966 über Medien und Werbewirtschaft, die voneinander leben. Zielgruppe: Management, Chefredaktionen, Marketing-/Werbeabteilungen, Werbeagenturen, PR-Berater.
Erscheinungsweise: 14-täglich, donnerstags
Auflage: ca. 2200

text intern
Text Verlag GmbH
Postfach 10 61 24
20042 Hamburg
Telefon (040) 229 26-03
Telefax (040) 227 86 76
Informationsdienst für Medien, Werbung, Marketing und PR.
Erscheinungsweise: mindestens einmal wöchentlich – bei aktuellen Meldungen öfter
Auflage: ca. 2200

new business
Verlag Erwin Koch
Buchwaldstraße 23
22143 Hamburg
Telefon (040) 677 40 55
Telefax (040) 677 72 51
Marketingreport für Agenturen, Werbungtreibende und Medien.
Erscheinungsweise: wöchentlich, montags
Auflage: ca. 2000

Medien Aktuell
Infodienst Verlag GmbH
Friedrich-Ebert-Allee 3-11
22869 Schenefeld
Telefon (040) 839 10 64
Telefax (040) 839 12 78
Informationen über Zeitungen und Zeitschriften, Funk und Fernsehen, Werbung und PR.
Erscheinungsweise: wöchentlich, sonnabends
Auflage: 1800

Lürzer's Archiv
Lürzer GmbH
Hamburger Allee 45
60486 Frankfurt/Main
Telefon (069) 24 77 17-0
Telefax (069) 24 77 17-60
Die Werbefachzeitschrift veröffentlicht Anzeigenkampagnen aus aller Welt. Die Anzeigen werden übersetzt, erläutert und mit entsprechenden Credits (Agentur, Art Director, Texter) versehen.
Erscheinungsweise: zweimonatlich
Auflage: ca. 9000

Agenturen + Marken Adress
Media Daten Verlag
Postfach 42 60
65032 Wiesbaden
Telefon (06123) 700-0
Telefax (06123) 700-122
Bietet ca. 45000 Adressen von Agenturen, Markenartikelherstellern, Werbemittelherstellern, Verlagsrepräsentanten, Spezialmittlern und Diensten aus ganz Deutschland.
Erscheinungsweise: zweimal jährlich, im März und September
Auflage: ca. 3000

ADC-Jahrbuch
Herausgeber:
Art Directors Club Verlag GmbH
Grabenstraße 2
40213 Düsseldorf
Telefon (0211) 32 63 54
Jährlich erscheinende Zusammenstellung der besten kreativen Arbeiten von ADC-Mitgliedern mit vielen Hintergrundberichten, Kommentaren und Adressen.
Erscheinungsweise: jährlich
Auflage: ca. 4000

Der Kontakter porträtiert die Deutsche Agenturlandschaft
märkte & medien verlagsgesellschaft mbh
Große Elbstraße 14
22767 Hamburg
Telefon (040) 31 16 51-0
Telefax (040) 31 66 58
Knapp 200 deutsche Agenturen werden mit ihren Kampagnen und Agenturinformationen dargestellt.
Erscheinungsweise: jährlich
Auflage: ca. 3500

DIE GRUNDAUSBILDUNG

Es gibt Tausende von Fachbüchern zum Thema Werbung – zu den Essentials zählen folgende:

Jochen Becker: Marketing-Konzeption

Dr. Klaus Brandmeyer/ Deichsel:
Der situative Mensch

Dr. Klaus Brandmeyer/ Deichsel:
Die positive Distanz

Dr. Klaus Brandmeyer/ Deichsel: Die magische Gestalt – Die Marke im Zeitalter der Massenware

Manfred Bruhn: Sponsoring

Jeremy Bullmore: Behind the Scenes in Advertising

Clausewitz: Vom Kriege

Chiat/Day: The First Twenty Years

Ernest Dichter: Strategie im Reich der Wünsche

Ernest Dichter: Grundidee, Entwicklung u. heutige wirtschaftliche Bedeutung des Marktanteils

Hans Domizlaff: Die Gewinnung öffentlichen Vertrauens

Hans Domizlaff: Typische Denkfehler der Reklamekritik

Jerry Della Femina: Flauschig weich wird selbst die Leiche

J. Festinger: A Theory of Cognitive Dissonance

Max Gallo: Geschichte der Plakate. Die Bibel der Plakatgraphik.

Ortega y Gasset: Psychologie der Massen

Howard L. Gossage: Ist die Werbung noch zu retten

Eva Heller: Wie Werbung wirkt – Theorien und Tatsachen

Claude Hopkins: Scientific Advertising

Philip Kotler: Marketing Management

Werner Lippert: Lexikon der Werbebegriffe

Werner Kroeber-Riel/ Gundolf Meyer-Hentschel: Werbung – Steuerung des Konsumentenverhaltens

Raymond Loewy: Häßlichkeit verkauft sich schlecht

Alex Mackenzie: Die Zeitfalle

K.M. Magyar/ P.K. Magyar: Marktpioniere und Pioniermanagement

Marshall McLuhan: Understanding Media

Heribert Meffert: Marketing

Robert Nieschlag: Marketing

C. Northcote Parkinson: Parkinson's Law of the Pursuit of Progress

Pflaum: Praktisches Lehrbuch der Werbung

Neil Postman: Wir amüsieren uns zu Tode

David Ogilvy: Geständnisse eines Werbemannes

David Ogilvy: Was mir wichtig ist

Peters/ Waterman: Auf der Suche nach Spitzenleistungen

Rosser Reeves: Werbung ohne Mythos

Al Ries/ Jack Trout: Positioning

Ken Roman, Jane Maas: How to Advertise

Lutz Rosenstiel/ Edwald: Werbung und Werbepsychologie

Walter Schönert: Werbung, die ankommt

Wolf Schneider: Unsere tägliche Desinformation

Jacques Seguela: Hollywood wäscht weißer

Szallies/ Wiswede: Wertewandel und Konsum

Starch: Measuring Readership and Advertising Results

STERN Bibliothek: Die Geschichte der Anzeige

Bob Stone: Successful Direct Marketing Methods

Paul Watzlawik: Menschliche Kommunikation